Bildung und Schlüsselqualifikationen

Zivilisationen & Geschichte

Herausgegeben von
Ina Ulrike Paul und Uwe Puschner

Band 39

Zu Qualitätssicherung und Peer Review der vorliegenden Publikation

Die Qualität der in dieser Reihe erscheinenden Arbeiten wird vor der Publikation durch einen Herausgeber der Reihe geprüft.

Notes on the quality assurance and peer review of this publication

Prior to publication, the quality of the work published in this series is reviewed by one of the editors of the series.

Ursula Konnertz / Sibylle Mühleisen (Hrsg.)

Bildung und Schlüsselqualifikationen

Zur Rolle der Schlüsselqualifikationen
an den Universitäten

Bibliografische Information der Deutschen Nationalbibliothek
Die Deutsche Nationalbibliothek verzeichnet diese Publikation
in der Deutschen Nationalbibliografie; detaillierte bibliografische
Daten sind im Internet über http://dnb.d-nb.de abrufbar.

Umschlagabbildung
© Rebecca Konnertz.

ISSN 1867-092X
ISBN 978-3-631-66408-7 (Print)
E-ISBN 978-3-653-05519-1 (E-Book)
DOI 10.3726/ 978-3-653-05519-1

© Peter Lang GmbH
Internationaler Verlag der Wissenschaften
Frankfurt am Main 2016
Alle Rechte vorbehalten.
Peter Lang Edition ist ein Imprint der Peter Lang GmbH.

Peter Lang – Frankfurt am Main · Bern · Bruxelles ·
New York · Oxford · Warszawa · Wien

Das Werk einschließlich aller seiner Teile ist urheberrechtlich
geschützt. Jede Verwertung außerhalb der engen Grenzen des
Urheberrechtsgesetzes ist ohne Zustimmung des Verlages
unzulässig und strafbar. Das gilt insbesondere für
Vervielfältigungen, Übersetzungen, Mikroverfilmungen und die
Einspeicherung und Verarbeitung in elektronischen Systemen.

Diese Publikation wurde begutachtet.

www.peterlang.com

Inhalt

Ursula Konnertz
Einleitung 7

Karin Amos
Statt eines Grußworts
Nationale Traditionen, internationale Bezüge und Bildung 25

Andreas Dörpinghaus
Der Schlüssel zur Halbbildung
Der Verlust der politischen Tugend 39

Andrea Liesner
Der Verzicht auf politische Tugend als Managementstrategie?
Beispiele aus der Universität 49

Ralf Becker
Wilhelm von Humboldts Idee der Bildung 75

Hans-Klaus Keul
Bildung, Schlüsselqualifikationen und die kulturelle Moderne
Zur Rolle der Schlüsselqualifikationen an den Universitäten 93

Ludwig Huber
„Studium Generale" oder „Schlüsselqualifikationen"?
Ein Orientierungsversuch im Feld der Hochschulbildung 101

Caroline Y. Robertson-von Trotha,
Miriam Friedrichs und Marco Ianniello
Die Verantwortung der Universitäten im Spannungsfeld
von Spezialwissen und Schlüsselqualifikationen: die Rolle
des Studium Generale 123

Jens J. Rogmann
„Persönlichkeitsentwicklung" als „Qualifikationsziel"
an deutschen Universitäten? 141

Sebastian Jünger
Bildungsziel Persönlichkeitsentwicklung? Lehrer/innenbildung
durch Kompetenzorientierung am Beispiel des Moduls
Personale Kompetenz (MPK) für Lehramtsstudierende 161

Stefanie Enderle und Alexa Maria Kunz
„Gibt's da einen Schein für?"
Einblicke in studentische Lebenswelten 173

Frank Multrus
Befunde aus dem Studierendensurvey und dem
Studienqualitätsmonitor 197

Anne Sliwka und Britta Klopsch
Service Learning als hochschuldidaktische Arbeitsform:
Innovative Wege zu fachlicher Expertise und
professioneller Handlungskompetenz 211

Julia Gerstenberg
Humboldt reloaded: Ein Beispiel zur Umsetzung
Forschenden Lernens 227

Janine Wiese und Petra Kleinser
Forschungsnahes Lehren und Lernen im Service
Learning an der Universität Tübingen 235

Sibylle Mühleisen
Das Forum SQ Baden-Württemberg 243

Dank 245

Autor/innen 247

> „Die Lerninhalte, die demokratische Gesellschaften den jungen Menschen vermitteln, verändern sich radikal, und diese Veränderungen sind keineswegs wohlüberlegt. Getrieben vom Gewinnstreben der eigenen Volkswirtschaft vernachlässigen Gesellschaften und ihre Bildungssysteme genau die Fähigkeiten, die benötigt werden, um Demokratien lebendig zu halten. (...)"
>
> *Martha C. Nussbaum*

Ursula Konnertz

Einleitung

Ausgangsfrage

„Können Schlüsselqualifikationen bilden?" – der Titel der Tagung des Forum Schlüsselqualifikationen in Hegne 2014 weist auf ein nicht geklärtes Verhältnis hin, auf eine Frage, die seit dem Beginn der Umsetzung der Reform im Zentrum der Bolognakontroversen hierzulande steht.

Mit Schlüsselqualifikationen[1] werden diejenigen Ziele der Reform verbunden, die jenseits von Forschung und Wissenschaft, jenseits der disziplinären Studieninhalte auf die Berufsbefähigung der Studierenden zielen und den Ausbildungsaspekt eines wissenschaftlichen Studiums unterstreichen. Zusammen mit dem politischen Rahmen der Reform, mit dem institutionellen Umbau der Universitäten und der Studiengänge war dies von Beginn der Reform an nicht unumstritten.

In welchem Verhältnis stehen die beiden so unterschiedlichen Begriffe Schlüsselqualifikationen und Bildung zueinander? Wie wird dieses Verhältnis

---

1 Die Bedeutung des Begriffs Schlüsselqualifikation wurde in der Geschichte des Forum SQ mit Beginn des Bologna Prozesses im Anschluss an Mertens, Dieter: „Schlüsselqualifikationen. Thesen zur Schulung für eine moderne Gesellschaft". In: *MittAB* (1974), http://doku.iab.de/mittab/1974/1974_1_MittAB_Mertens.pdf, sowie der Kompetenzdefinition von Weinert (2001) und den jeweiligen Verlautbarungen der KMK und der Akkreditierungsagenturen auf der Arbeitsebene immer schon sehr kontrovers diskutiert.

in der überfachlichen und fachlichen Lehre der Universitäten verstanden, umgesetzt und gelebt? Gibt es, im Verhältnis von Bildung und Schlüsselqualifikationen selber begründet, normative Zielsetzungen der heterogenen Lehrinhalte jenseits der von Bologna geforderten Förderung der beruflichen Handlungsfähigkeit der Studierenden? Welche Qualitätskriterien müssen die Veranstaltungen erfüllen?

So fragen und darüber streiten wir im Forum Schlüsselqualifikationen, seitdem wir durch die Umsetzung der Bologna Beschlüsse damit beauftragt sind, für die Bachelorstudiengänge Lehrveranstaltungen im Bereich der Schlüsselqualifikationen (oder Schlüsselkompetenzen) zu entwickeln und zusätzlich anzubieten.

Die Tagung planten wir, weil wir uns an der *öffentlichen* Klärung der Fragen beteiligen wollen. Wir wollten uns gemeinsam mit möglichst vielen KollegInnen auch von Hochschulen aus anderen Bundesländern einerseits in einer wissenschaftlichen Reflexion deskriptiv über die Praxis, über Inhalte, Formate und Abläufe, über heterogene Zielsetzungen, die Wünsche und die Lebenswelten der Studierenden, über die Gründe der Veränderungen der Inhalte in den letzten zehn Jahren sowie die politischen, institutionellen, strukturellen und diskursiven Rahmenbedingungen der Reform verständigen. Andererseits ist die Klärung der zentralen Begrifflichkeiten und ihrer Bedeutungen und Verwendungen immer dringlicher geworden, das wurde auf der Tagung sehr deutlich.

Im Zentrum der kontroversen Diskussionen allerdings stand das Nachdenken über die aktuellen und historischen Konzeptionen der *akademischen Bildung* selber und damit implizit über die diesen Konzeptionen inhärenten anthropologischen Bilder vom Menschen. So wurde in vielen Beiträgen mit Referenz auf die theoretischen Grundlagentexte der Geschichte des Bildungsbegriffs das Verhältnis von Schlüsselqualifikationen zum Bildungsanspruch nach Bologna thematisiert und mit einer Diskussion über die Universität, die wissenschaftliche (Aus)Bildung und die Frage nach dem, was Bildung der Persönlichkeit an der Universität theoretisch und praktisch bedeuten kann, verbunden.

Krise der Universität – Krise der Bildung

In der ersten Podiumsdiskussion rückte der Begriff der *Krise* als adäquate Beschreibung des aktuellen Zustands der Universität in den Vordergrund, eine Krise allerdings, die die Universitäten selber öffentlich nicht als Krise und damit auch nicht als Chance zur Veränderung begreifen.

„Eine Krise", so schreibt Hannah Arendt 1958 in „Die Krise in der Erziehung", „ist die Chance, gerade auf Grund der Krise, welche die Fassaden wegreißt und die Vorurteile vernichtet, dem nachzufragen und nachzudenken, was sich in ihr von dem Wesen der Sache selbst offenbart hat. Der Verlust von Vorurteilen heißt ja nur, daß wir die Antworten verloren haben, mit denen wir uns gewöhnlich behelfen, ohne auch nur zu wissen, daß sie ursprünglich Antworten auf Fragen waren. Eine Krise drängt uns auf die Fragen zurück und verlangt von uns neue oder alte Antworten, auf jeden Fall aber unmittelbare Urteile. Eine Krise wird zu einem Unheil erst, wenn wir auf sie mit schon Geurteiltem, also mit Vor-Urteilen antworten. Ein solches Verhalten verschärft nicht nur die Krise, sondern bringt uns um die Erfahrung des Wirklichen und um die Chance der Besinnung, die gerade durch sie gegeben ist.

So sehr sich in einer Krise etwas Allgemeines zeigt, so wenig kann man dies Allgemeine je ganz und gar aus den konkreten und spezifischen Umständen lösen, unter denen es zum Vorschein kommt."[2]

Die aktuelle Krise[3] der Bildung zeigt sich in konkreten und spezifischen Umständen, die wir gerade auch im Innern der Universität im Bereich der Lehre beschreiben, explizieren und deren (verdeckt) normative Ausrichtung wir diskutieren und ohne Vorurteile neu justieren, bzw. (selbst)kritisch transformieren können. Die aktuelle Krise der Bildung ist zugleich auch und vielleicht vor allem eine Krise der Universität und des Wissens. Die aktuelle Krise

---

2 Hannah Arendt geht in ihrem Vortrag (in Bremen 1958) mit der damaligen reformpädagogischen, im Wesentlichen auf das Werk des Philosophen John Dewey zurückzuführenden „Progressive Education" und den in ihren Augen fatalen Auswirkungen falsch verstandener Erziehung von Kindern in der Schule und generell dem Verhältnis der Erwachsenen zu Kindern und Jugendlichen für die Schul- und Collegebildung hart ins Gericht. Die damaligen Diskussionen vor allem an den Liberal Art Colleges (z.B. am Bard College und auch am Black Mountain College) mit denen von heute in ihren Kontexten und theoretischen Prämissen wie Ergebnissen zu vergleichen, wäre lohnenswert. Hannah Arendt: Die Krise in der Erziehung. In: *Zwischen Vergangenheit und Zukunft. Übungen im politischen Denken I*, München, 2000.
3 Die Krise als Resultat einer historischen Entwicklung steht als Begriff *nicht* für Katastrophe und *nicht* für apokalyptische Bildungsvisionen à la Picht.

hierzulande[4] ist nun nicht vom Himmel gefallen, sie ist eine Antwort auf die Reformen von Bologna vor 15 Jahren. Die Bolognareform ihrerseits war eine Antwort auf eine lange schwelende Krise in vielen der unterschiedlichen europäischen Bildungssysteme, und auch davor gab es die Bildungskrisen der BRD, die in den 1980er Jahren, in den 1970ern und 1960ern, und die Zeit der Neu- und Rekonstituierung der deutschen Universitäten nach der NS-Zeit, also nach 1945 bis in die 1950er Jahre.

Auf alle diese Krisen, darauf wies *Ludwig Huber* in Hegne in der Podiumsdiskussion[5] hin, kamen die Fragen und die Beschreibung der Problemlagen nur zum Teil, die Antworten, die die teils gravierenden strukturellen, institutionellen und inhaltlichen Transformationen nach sich zogen, nie aus dem Innern der Universität selbst, sie kamen von außen. In der Öffentlichkeit medial mehr oder weniger stark präsent, wird die aktuelle Krise, je nach Perspektive auf das Problem unterschiedlich, mit sich wiederholenden Schlagworten und historischen Referenzen auf nationale Bildungstraditionen dargestellt. Die Bildungsinstitutionen, die Universitäten selber, die Wissenschaftlerinnen und akademischen Verantwortlichen jedoch mischen sich, politisch betrachtet, wenig in ihrem eigenen konkreten Umfeld der Lehre öffentlich als kritische Intellektuelle und Experten ein. Sie diskutieren nicht öffentlich das Konkrete ihres Bereichs im Hinblick auf allgemeine Fragen der akademischen Bildung und den damit verbundenen gesellschaftlichen Problemlagen. Wenige gehen reflexiv mit der Krise um, wie auch *Andreas Dörpinghaus* am Ende seines Beitrages konstatiert. Damit wird der Bildungsdiskurs in der Öffentlichkeit weitgehend staatlichen Institutionen, Wirtschaftsverbänden und Stiftungen, in Europa den Europäischen

---

4   Es gibt einen Kern der Bildungskrise, der nicht national ist, sowenig wie unsere Bildungstradition nur national ist (vgl. den Beitrag von *Karin Amos* in diesem Band); sie ist auch nicht nur europäisch und geht insofern auch über die Reaktionen auf Bologna hinaus, sie ist vielmehr Teil einer durch die neoliberale ökonomische Globalisierung herbeigeführten Krise der Demokratien. (Vgl. Wendy Brown, *Die schleichende Revolution. Wie der Neoliberalismus die Demokratien zerstört*, Berlin 2015, Kap. 6 ‚Die Ausbildung des Humankapitals', S. 209–268.)

5   Am 5.6.2014 auf der Bildungstagung „Können Schlüsselqualifikationen bilden. Zur Rolle der Schlüsselqualifikationen an den Universitäten" im Tagungshaus des Kloster Hegne bei Konstanz.

Organisationen, Interessenvertretungen und dem Feuilleton überlassen.[6] Die Fachverbände (mit Ausnahme der der Erziehungswissenschaften[7] und einzelner Philosophen) und die einzelnen WissenschaftlerInnen sind eher still. Erstaunlich ist zudem, auch dies betonte Huber, das Ausbleiben eines wahrnehmbaren Widerstands bei den Studierenden. Zuletzt gab es 2009 unterstützt von der GEW den großen, gegen die Auswirkungen der Bologna Reformen gerichteten Bildungsstreik, in dem an den einzelnen Universitäten über mehrere Tage sehr viele inhaltliche Diskussionen stattfanden.[8]

Was aber sind, Arendts Aufforderung aufgreifend, die Fragen, auf die die Reformen seit 1945 jeweils welche Antworten gaben? An welche der Antworten und Diskurse lässt sich, eingedenk ihrer Geschichtlichkeit und ihrer anderen (gesellschaftspolitischen) Kontexte, anknüpfen? Wo lässt sich das, mit Arendt gesprochen, „Wesen der Sache selbst" auffinden, das als regulative Idee für eine heutige kritische Zeitanalyse *und* für Transformationen des Bestehenden gleichermaßen beerbt werden kann?

Akademische Bildung als offenes Programm

1969 fragte, vier Jahre nach dem „Bürgerrecht auf Bildung" von Dahrendorf und auf den ersten Blick erstaunlich aktuell, der Tübinger Pädagoge Andreas Flitner in einer Ringvorlesung zum Thema: „Was wird aus der Universität? Standpunkte zur Hochschulreform" nach dem Sinn ‚akademischer Bildung'.[9] Er geht in seinem Vortrag den Fragen und Antworten der

---

6 Inwieweit die durch den Qualitätspakt Lehre des BMBF seit 4 Jahren geförderte Zusammenarbeit der Hochschulen auf den Arbeitsebenen an kleineren konkreten Projekten und Problemen und die Arbeitsgruppen und Tagungen der HRK an diesem Problem grundsätzlich etwas ändern, wird man wahrscheinlich erst in einigen Jahren beurteilen können.
7 Cf. z.B. die Sonderhefte in der Vierteljahresschrift für wissenschaftliche Pädagogik, Ferdinand Schöningh, Paderborn München Wien Zürich.
8 Welche Konsequenzen daraus an den einzelnen Standorten konkret folgten, müsste genauer untersucht werden. Generell gab es in der Folge eine bis heute andauernde Überprüfung der Studierbarkeit der Studiengänge und eine Korrektur der Umsetzung der Bologna Beschlüsse auf der Ebene von Modulhandbüchern, Prüfungsdichte etc.
9 Flitner, Andreas: „Die Universität – Berufsschule oder Bildungsstätte? Über den heutigen Sinn einer akademischen Bildung". In: Schulz, Gerhard (Hg.): *Was wird aus der Universität? Standpunkte zur Hochschulreform*, Tübingen 1969, S. 9–25.

jeweiligen Bildungskrisen in der BRD nach. Das politische und moralische Versagen der Universitäten und der Akademiker während der NS-Zeit brachte, so Flitner, nach dem 2. Weltkrieg das „Thema menschlich-politischer Erziehung des künftigen Akademikers stark in den Vordergrund", es bedurfte eines Gegengewichts zur Spezialisierung in einer Fachwissenschaft, eines „Gegengewichts gegen Funktionalismus und Spezialisation; menschliche und soziale Erziehung und akademische Allgemeinbildung machen darum die zusätzlichen großen Aufgaben der Universität aus."[10] Die Antwort, ausgeführt 1948 im „Blauen Gutachten"[11], war die Bewegung des „Studium generale"[12], die dann aber, so Flitner, aufgrund ihres (heute müsste man hinzufügen: damaligen) Allgemeinbildungsbegriffs, vor allem aber angesichts der hohen Spezialisierung in den Wissenschaften schnell nicht mehr zeitgemäß war und keine langfristig hinreichende Antwort auf die Frage geben konnte, was akademische Bildung denn nun genau sein sollte. Einen Kern allerdings traf sie mit dem Gegenmodell zum funktionalen Menschen sehr wohl. Gegen die Aufforderung Schelskys von 1960, an den Universitäten die „Bildungsaspirationen doch überhaupt aufzugeben", und in Ablehnung einer „Technokraten Universität" der Forschung und einer unkritischen Berufsschule, gegen die totale Verzweckung der Universität, mit der sie sich selber abschaffen würde, setzt Andreas Flitner Akademische Bildung als „Korrektiv des wissenschaftlichen Positivismus und des gesellschaftlichen Funktionalismus. In Auseinandersetzung mit studentischen Erwartungen und nur mit den Studierenden

---

10 Ibid., S. 14.
11 Gutachten zur Hochschulreform vom Studienausschuss für Hochschulreform, „Das blaue Gutachten" (1948). In: Rolf Neuhaus: *Gutachten zur Hochschulreform 1945–59*. Franz Steiner Verlag 1961, S. 289–368.
12 Das Tübinger Leibniz Kolleg – 1948 auf Initiative der französischen Militärregierung gegründet – war eine der Einrichtungen (Kollegienhaus) für studentisches Gemeinschaftsleben mit Lehrveranstaltungen für ein allgemeinbildendes Studium, das sich bis heute gehalten hat als Propädeutikum.
Zur Entwicklung und zum Inhalt eines aktuellen Studium generale Programms am KIT vgl. den Beitrag von Robertson-von Trotha, Friedrichs, Ianniello; zur begrifflichen Abgrenzung zum SQ-Bereich siehe den Aufsatz von Ludwig Huber in diesem Band. Allgemein zur Geschichte, vgl. Papenkort, Ulrich: *„Studium generale". Geschichte und Gegenwart eines hochschulpädagogischen Schlagwortes*. Weinheim 1993.

zusammen lösbar, sieht er 1969 drei Aufgaben für die (damalige) Zukunft: 1. eine kritische Auseinandersetzung mit der Berufs- und Arbeitswelt aus dem eigenen Fach heraus (ethische, soziale Fragen), eine Auseinandersetzung, die nicht zu verwechseln ist mit Praxis (und Praktika), die, so Flitner, nur das erfolgreiche *Verhalten* lehrt, 2. die politisch-soziale Bildung und das reflektierte Engagement und 3. die reflektierte Auseinandersetzung und der Umgang mit sich selbst. Letzteres mag oberflächlich betrachtet anschlussfähig klingen an die heutigen Optimierungsdiskurse, aber – weitergedacht – eher in Richtung Förderung ästhetischer Urteilskraft und eines Selbstsorge Konzeptes und der Frage nach dem ‚Guten Leben' zu zielen. Ethische und politische Urteilskraft in und außerhalb des eigenen Faches zu stärken, der Bildung ästhetischer Urteilskraft und der reflektierten Selbstsorge einen Raum innerhalb der Universität zu geben, das Festhalten an einer *regulativen Idee* der Universität, in der akademische Bildung konstitutiv neben der Ausbildung enthalten sein muss, das Festhalten an dem unhintergehbaren Zusammenhang von Demokratie, politischer Tugend und Bildung, all das entspricht gänzlich unpathetisch dem Versuch, die Kantischen Fragen nach dem, was wir wissen können, was wir tun sollen und nach dem, was ein Mensch ist, im Studium generell zu verankern. Dem aufklärerischen Ideal eines humanistischen Menschenbildes entspricht andererseits das Ideal einer Universität als öffentlichem Ort der Kritik im Sinn des Kantischen Aufklärungstextes.

Reicht das als Ansatz für die Frage, was das „Wesen der Sache selbst" unserer aktuellen Krise der Bildung ist, über die es nachzudenken gilt und die bei der Frage nach dem unbestimmten Verhältnis von Bildung und Schlüsselqualifikationen weiterhilft?

Die Universitäten veränderten sich nach 1968. In den 1970er und 1980er Jahren kam es in der BRD zu Ausdifferenzierungen der Hochschultypen, Neugründungen, stetig steigenden Studierendenzahlen, zum Öffnungsbeschluss. Nach der Wende wurde die grundlegende Struktur des Bildungswesens in Westdeutschland auf Ostdeutschland übertragen. Bildungsgerechtigkeit wurde unter anderen zum wichtigen Thema. Schlagworte wie Massenuniversität, Reformunfähigkeit, Unterfinanzierung, der Entwissenschaftlichung von Studiengängen einerseits und hoher Spezialisierung des Wissens andererseits prägten den Beginn der 1990er Jahre und Jürgen Mittelstrass diagnostizierte 1992 für die Universitäten eine

Strukturkrise und einen Modernisierungsbedarf[13]. Auch sieht er, dass die Universität von der kurzen Zeit der Humboldt Idylle, wie er es nennt, in das „schwere Wetter" einer Ausbildungskatastrophe geraten sei. Die Frage, wie akademische Bildung in der von Flitner skizzierten Weise verwirklicht werden kann, stellte sich nicht mehr in der gleichen Weise. Die äußeren Verhältnisse hatten sich grundlegend geändert. Antworten und neue Perspektiven aus dem Inneren der Universitäten gab es kaum. Eine neue Dynamik wurde erst von den durch die „Bologna-Erklärung" ausgelösten Reformen der Studiengangstruktur mit der Einführung gestufter Studiengänge angestoßen. Bologna versuchte auf die Fragen der Krise eine strukturelle Antwort zu geben. Und im Land formulierten viele Akteure in der Folge die formalen und inhaltlichen Bildungsziele der neuen Studiengänge für den (Wirtschafts-)Standort Deutschland neu.

Und heute? Wird der Verlust des „Wesens der Sache" beklagt? Oder was wird als Defizit im Innern der Universität mit großer Unzufriedenheit benannt, was von außen als falsche und dringend zu korrigierende Umsetzung der Bildungsziele von Bologna beschrieben? Meint man das gleiche, wenn die gleichen Begriffe benannt werden? Längst hat eine Umdeutung zentraler Begriffe durch die ökonomische Rahmung der Reform stattgefunden. Aufschlussreich für viele Texte in den letzten Jahren sei hier nur auf das Gutachten vom Frühjahr 2015 des Aktionsrates Bildung mit dem Titel „Bildung. Mehr als Fachlichkeit"[14] hingewiesen. Zentrale Begriffe sind hier Förderung der Persönlichkeitsentwicklung, ein Ausdruck den Flitner schon 1969 für ein Klischee und für instrumentalisierbar hielt, und „verantwortliches Handeln" als „mündiger Bürger".

Dies vor Augen haben die Vorträge in Hegne versucht, alte Fragen noch einmal neu zu stellen, alte Antworten aufzunehmen und neue Antworten anzudenken und zur Diskussion zu stellen, einen Kern herauszuarbeiten, der für eine zeitgemäße akademische Bildung für unsere Zeit nicht verhandelbar ist.

---

13 Mittelstrass, Jürgen: *Die unzeitgemäße Universität*, Frankfurt 1994.
14 vbw – Vereinigung der Bayrischen Wirtschaft e.V. (Hrsg.): *Bildung. Mehr als Fachlichkeit. Gutachten.* Waxmann Münster 2015. vbw – Vereinigung der Bayrischen Wirtschaft e.V., S. 104–105; 156–157.

Mit Humboldt weit über Humboldt hinaus

In ihrem Grußwort greift *Karin Amos* einleitend ein Thema auf, das in den Kontroversen um die Bolognareform eher weniger beachtet wird. Die Betonung einer deutschen Bildungstradition, die gegen die Verwerfungen der Reform, hervorgerufen durch eine mit Bologna identifizierte Internationalisierung, verteidigt wird, insinuiertdie Genese der Tradition als ausschließlich nationaler. Andere Traditionen sind hier aber, so Amos, mit einzubeziehen. Das bolognakritische, sich auf den Mythos Humboldt beziehende Narrativ ignoriert, so Amos weiter, dass es im Bezug auf das Arendt'sche Allgemeine, Humboldts Idee der Universität, dies Allgemeine ganz und gar aus den konkreten und spezifischen historischen Umständen löst und damit vor allem den elitären und ausschließenden Anspruch der damaligen Universitätsidee unterschlägt. Humboldt alleine ist keine Antwort auf die Fragen heute.

Mit seinem Text „Der Schlüssel zur Halbbildung" führt *Andreas Dörpinghaus* in die Diskussion zur Krise der Universität ein. Für ihn schreibt die eindeutige Ausrichtung der Lehre an Employability und Kompetenzerwerb, an Ökonomisierung und Rationalisierung von Forschung und Lehre nach dem Systemwandel, den Bologna herbeigeführt hat, eine Tiefengrammatik einer Postbildung fest, der man nicht entkommen kann. Der Mensch ist nur mehr Humankapital, und die Logik der Verwertbarkeit von Wissen und Bildung erzieht die einzelnen zur Unmündigkeit.[15] Kompetenz tritt an die Stelle von Bildung, die Einpassung der Universitäten in die Kontrollgesellschaft (Deleuze) bedeutet für die einzelnen Studierenden, sich selbstgesteuert in die Normalisierungsdiskurse und an die geforderten „outcomes" einzupassen.

Das ist das Gegenmodell zu *Bildung als Distanzleistung*. „Die Verzögerung der Zeit", so Dörpinghaus, „ist diejenige Form der Distanz, die

---

15 Wie global die Bildungskrise ist (und Bologna an sich hier zu Lande nicht der Grund, wohl aber die Ursache ist) zeigt Martha Nussbaum in ihrem Buch *Not for Profit* für die USA und Indien auf. Der Abbau der Humanities als notwendiger Ort kritischer Reflexion an den Universitäten ist eine Gefahr für die Demokratie. (Vgl. dazu auch der programmatische Text von Derrida, *Die unbedingte Universität*, FfM 2001) Vgl. dazu auch Weiler, Hans N. Amerikas Hochschulen in der Krise – Ist das Modell USA in Gefahr? retrieved: http://web.stanford.edu/~weiler/Vortrag_Freiburg_2012.pdf.

der Reflexivität der Erfahrung sowie dem Verstehen innewohnt und die notwendige Bedingung von Bildungsprozessen ist."

Verortet Dörpinghaus eine der Ursachen der Krise der Universität und der Bildung in der Tiefengrammatik der Postbildung, so richtet *Andrea Liesner* ihre bildungstheoretische Untersuchung auf die Folgen aktueller Strategien des Hochschulmanagements, auf die Systemakkreditierung an deutschen Hochschulen, die Kooperation von Hochschulen mit Unternehmen und den Druck auf Wissenschaftler, Drittmittel einzuwerben. Sie fordert den öffentlichen Charakter von Universitäten und ihre Verpflichtung zur vorbehaltlosen Wahrheitssuche wieder zu stärken, damit Bildung in der Universität einen Ort haben kann, ein Ort, der erstritten werden muss.

Wilhelm von Humboldt ist bei Dörpinghaus eher ein impliziter Bezugspunkt, *Hans-Klaus Keul* erinnert ausgehend von Humboldt, mit dezidert philosophischer Perspektive, an die Fragen, die zum Thema der Tagung in Hegne geführt haben: „Sind die im Rahmen der Schlüsselqualifikationen erworbenen Fertigkeiten und Fähigkeiten Teil der universitären Bildung oder befördern sie nur die „Employability", die Beschäftigungsfähigkeit der Studierenden? Dienen sie allein den Verwertungsinteressen der Wirtschaft, so dass nur ökonomische Nützlichkeitserwägungen ihre raison d'être bilden? Ja, um welche Art von Wissen handelt es sich bei diesen Qualifikationen überhaupt?"

Er zeichnet mit Humboldt über Humboldt hinausgehend die Folie, von der aus die zeitgenössische Verengung und Reduktion des Bildungsbegriffs kritisch hinterfragt und ein Hauptanliegen eines modernen Bildungskonzepts, das sich im Rahmen einer humanen Praxis verortet, benannt werden kann. Zunächst folgt er „Humboldts folgenreiche(r) Differenzierung im Begriff der Bildung (…), die zwischen allgemeiner Bildung oder der Bildung des Menschen und der besonderen oder der Berufsausbildung unterscheidet. (…) beide Arten der Bildung, die allgemeine und die spezielle, folgen verschiedenen Grundsätzen: Die allgemeine zielt auf die Entfaltung des ganzen Menschen, dessen Kräfte gestärkt und geläutert werden sollen; durch die spezielle hingegen entfaltet der Mensch nur anwendungsorientierte Fertigkeiten." Und „der Selbstzweckcharakter der Bildung zum Menschen" gibt den Grund, „auf dem die Berufsausbildung dann aufruht". Über Hegels Begriff der Bildung benennt Hans-Klaus Keul das Hauptanliegen moderner Bildung: Es besteht in der allgemeinen Wissensvermittlung entsprechend der unterschiedlichen „Modi der Welterfahrung". Ein moderner Bildungsbegriff trennt nicht zwischen Bildung und Ausbildung, Bildung nämlich, darauf weist er abschließend hin, „Bildung schließt den angemessenen Gebrauch des Wissens ein, die praktische Klugheit also, das erworbene Wissen auf die jeweilige Situation passend anwenden zu können – und das heißt das Wissen zu gebrauchen, ohne die jeweilige Situation zu verletzen. Dazu aber bedarf es vor allem der Schulung eines eigenartigen Vermögens, dem der Urteilskraft." Das hatte auch schon in den 1960 Jahren Flitner gefordert, eingedenk der Bildungsdiskussion nach dem 2. Weltkrieg mit dem Versuch, für die Zukunft ein solch moralisches und politisches Versagen der Wissenschaftler und Studierenden wie in der NS-Zeit zu verhindern.

Auch *Ralf Becker* liest Humboldt philosophisch und entfaltet dessen Idee der Bildung in einer anthropologischen Interpretation, um die Aktualität Humboldts zu unterstreichen. Bildung, so Becker mit Humboldt, ist vor allem auch die Selbstverständigung über ihre Prämissen, das heißt über die Selbst- und die Weltstellung des Menschen. Humboldts Bildungsidee ist gerade nicht nur Ausdruck eines spezifischen historischen *Welt- und Menschenbildes*, sondern es kam ihm darauf an, „die Vielfalt der Weltansichten, wie sie sich in den verschiedenen Sprachen artikulieren, gleichsam durch zu deklinieren, um so etwas über die Eigenart menschlicher Selbst- und Weltgestaltung zu erfahren".

In einer anderen Weise nimmt der Nestor der deutschen Hochschuldidaktik und Pädagoge *Ludwig Huber* die Diskussion zu konkreten, inhaltlich unterschiedlichen Angeboten im überfachlichen Bereich auf. Grundsätzlich sieht er in den Reformen von Bologna zumindest eine Chance, genau das zu verwirklichen, was Flitner gefordert hatte. Er stellt in seinem Beitrag die beiden Begriffe „Studium generale" und „Schlüsselqualifikationen" nebeneinander und versucht ihre Bedeutung in der jeweiligen Abgrenzung voneinander und in ihrem Verhältnis zum Bildungsbegriff zu schärfen. Er unterwirft die ungenaue Verwendung der Begriffe einer Kritik. Von den Zielen eines Studiums her denkend skizziert er ein Konzept „Allgemeiner Bildung" und orientiert sich am Bildungsbegriff Hartmut von Hentigs: „,Bildung' ist eine Geistesverfassung, Ergebnis eines nachdenklichen Umgangs mit den Prinzipien und Phänomenen der eigenen Kultur".

Akademische allgemeine Bildung ermöglicht nach Huber einen reflektierten Spezialisten. Ideale Lehrformate sind für ihn Projekte forschenden

Lernens, die Bildung im Medium der Wissenschaft ermöglichen. Schlüsselkompetenzen sind Elemente der allgemeinen Bildung. Ihr Ort ist das Fach, auch Orientierungs- und Reflexionswissen ist fachlich in jedem Studiengang sinnvollerweise jeweils anders. Fachübergreifende Orte in Zusatzveranstaltungen können nur Übergangslösungen sein, solange die Studiengänge dafür keinen integrierten Raum bieten. Wie notwendig eine Reflexion auf Begrifflichkeiten und Semantiken für die Angebote der überfachlichen Lehre ist, nicht zuletzt um Antworten auf der Ebene der Ausgestaltung der Lehre für eine akademische Bildung zu finden, zeigt Huber klar auf.

Caroline Y. Robertson-von Trotha, Miriam Friedrichs und *Marco Ianiello* führen aus, wie am KIT in Karlsruhe schon sehr früh der Anspruch formuliert wurde, mit dem Studium generale Studierende der Technischen Hochschule neben der Vermittlung der für den Beruf notwendigen Fachkenntnisse auch für gesellschaftliche und kulturelle Fragestellungen zu sensibilisieren. Fach- und Orientierungswissen werden als komplementär und nicht als gegensätzlich verstanden; Orientierungswissen als Schlüsselqualifikation ermöglicht erst eine interdisziplinäre und interkulturelle Reflexionskompetenz. Die zu fördern ist, so die AutorInnen, Bestandteil eines zeitgemäßen Bildungsauftrags einer Universität. Sowohl Huber als auch die Karlsruher AutorInnen vom ZAK zeigen eine klare Ausweitung des überfachlichen Angebots der Schlüsselqualifikationen auf.

Jens Rogmann fragt kritisch nach der Genese des „Studienziels Persönlichkeit", nach seiner Bedeutung, den Prämissen und Vorannahmen, die z.B. in einem ganz bestimmten zugrundeliegenden neoliberalen Menschenbild liegen (können). Das führt ihn zu einer Unterscheidung zwischen dem, von vielen ganz unterschiedlichen Akteuren der Bildungsdiskussion als Bildungsziel der Universitäten zurzeit inflationär geforderten Qualifikationsziels Persönlichkeitsentwicklung einerseits und dem Begriff der Persönlichkeitsentfaltung andererseits, den er dagegen als kritischen Begriff setzt. Eine Entfaltung „kritischer Persönlichkeiten" bedarf des kritischen Denkens in der Auseinandersetzung mit Anderen, es bedarf der Praxis und Weltbezüge, des selbstreflexiven Lernens in sozialkommunikativen Bezügen einer Präsenzuniversität und es bedarf für Studierende des Angebots von Erfahrungsräumen, die, und hier grenzt er sich von Huber ab, die eigene Fachkultur überschreiten.

Sebastian Jünger diskutiert „Persönlichkeitsbildung", in dem er mit einem anderen Blick auf die kontroverse Diskussion um Kompetenz, Performanz und Bildung schaut. Er fragt nach der Bedeutung der Einführung des Kompetenzbegriffs in die Lehrerbildung. Bezogen auf die historische Entwicklung der Lehrerbildung seit Humboldt unterstreicht er die Sinnhaftigkeit des berufsbezogenen (Aus)Bildungsmoduls Personale Kompetenz in der Lehrerbildung für die Lehrerpersönlichkeit[16], um das umzusetzen, was schon Flitner gefordert hatte, nämlich in der Universität kritisch auf den Beruf zu schauen.

Ohne die Studierenden sind die Fragen nach der Ausrichtung der fachübergreifenden Lehrangebote, nach Inhalten, Formaten und Zielen nicht zu beantworten. Wer sind die Studierenden, für die und vor allem aber mit denen wir die überfachlichen Lehrangebote konzipieren und durchführen? Wer sind diejenigen, die die Erfahrungsräume in unseren Programmen nutzen, die sie kritisch bewerten, sie ablehnen, sie verändern wollen? Sie gehören in der Regel, aber das ist für Bildungszusammenhänge immer schon konstitutiv, einer anderen Generation an, sie haben einen anderen Weltzugang, haben andere Biographien und Geschichten, sie haben andere Glücks- und Zukunftsvorstellungen, sind anderen Subjektivierungen unterworfen. Die Beiträge von *Frank Multrus* und *Stefanie Enderle und Alexa Maria Kunz* führen aus dem Bereich der Hochschulforschung in Erhebungen zu Perspektiven der Studierenden ein. Multrus stellt die Konstanzer quantitative Umfrage des Studierendensurveys vor, um die Erwartungen der Studierenden an die universitäre (Aus)Bildung im Hinblick auf ihren späteren Beruf zu erfragen. Die qualitative Untersuchung von Kunz und Enderle erforscht Lebenswelten der Studierenden, um darin Anhaltspunkte für die Inhalte und Formate der SQ-Angebote zu finden.

Über Orte in der Lehre und Lehrformate, in denen akademische Bildung an der Universität real und konkret geschieht oder auch scheitern kann, geben zum Abschluss die Beiträge zu Forschendem Lernen und zu Service Learning Auskunft.

Das große universitätsweite Projekt für Bachelorstudierende „Humboldt reloaded", das *Julia Gerstenberg* beschreibt, knüpft mit seinem Namen an die Forderung Humboldts „Bildung durch Wissenschaft" an. Das Lehrformat des

---

16 So war das MPK vor Umstellung der Lehramtsausbildung mit dem WS 2015/16 in Baden-Württemberg in Bachelor-Master Studiengänge Bestandteil der Lehramtsstudiengänge.

Forschenden Lernens, dessen Lernkonzept Ludwig Huber so klar in seinen Arbeiten didaktisch entwickelt und beschrieben hat, steht für die klassische Integration der Förderung von Methodenkompetenzen in einem fachlichen Projektseminar durch Forschungserfahrung, das Theorie und Praxis verbindet.

Diese programmatische Integration von Kompetenzförderung in Projektseminaren findet sich auch, in veränderter Form und mit einem anderen Schwerpunkt, im Format des Service Learning.

Sicher eines der interessantesten Lehrformate, das, auf den reformpädagogischen Konzepten John Deweys basierend, aus den USA importiert wurde und in den letzten zehn Jahren verstärkt – dies nicht zuletzt ermöglicht durch die Bolognastrukturen – in die Hochschulen und Universitäten hier zu Lande Einzug gehalten hat, ist das Service Learning. Etwa in der Lehrerbildung, wo es, wie *Anne Sliwka* und *Britta Klopsch* schreiben, um „komplexe Erfahrungen" geht, „die das Potenzial haben, Wissen, Fertigkeiten und Haltungen der Studierenden auf transformative Weise zu verändern". Dem Erwerb fachlicher Kompetenzen, der Förderung von Methoden-, Sozial- und Handlungskompetenzen, wissenschaftlicher Inhalte und Reflexion als Zielen für die Studierenden entspricht für eine gemeinwohlorientierte Partnerorganisation die (bedarfsgerechte) Realisierung eines Projekts.

Anspruchsvoll ist auch die Verknüpfung der beiden Lehrformate, des Forschungsnahen Lehren und Lernens in Service Learning Projekten, wie *Janine Wiese* und *Petra Kleinser* ausführen.

Das Tübinger Projekt des forschungsnahen Lernens im Service Learning ermöglicht angepasst an die Qualifikationsstufen den Studierenden, innerhalb eines universitären Veranstaltung gemeinsam mit einem außer universitären Partner Verantwortung für ein gemeinnütziges Projekt der Zivilgesellschaft zu übernehmen. Darüber hinaus kann hier Wissenschaft und Forschung als „Bestandteil der Gesellschaft erfahren" werden. Individuell werden die Studierenden, die dabei konkret und kontextuell verortet sind, „mit Verantwortungsübernahme" bzw. kritisch zu verantwortender Wissenschaft konfrontiert. Neben den schon oben erwähnten Kompetenzen werden hier vor allem auch ethische und politische Urteilskraft ausgebildet, und zwar in einem nicht kompetitiven Gemeinschaftsprojekt. In beiden Lehrformaten ist jedoch ein sehr hohes Engagement (nicht nur) der Studierenden gefragt, in den Modulhandbüchern sind solche großen Formate eher selten vorgesehen, zumindest nicht auf Bachelor Niveau.

Orte, Lehrformate und Inhalte des SQ-Bereichs und das Ziel von Bildung

In der Krise, so schreibt Hannah Arendt in ihrem Aufsatz, liegt die Chance, über das Wesen der Bildung selber nachzudenken. Dieses Nachdenken, so führt sie weiter aus, zielt auf das Allgemeine und lässt sich dennoch nicht „aus den konkreten und spezifischen Umständen lösen, unter denen sie zum Vorschein kommt." Wenn die Krise der Bildung sich auch in dem Verhältnis von Schlüsselqualifikationen und Bildung zeigt, dann ist sie nicht von den konkreten Praxen der überfachlichen Lehrangebote an den Universitäten zu trennen, nicht von den Orten, von Formaten und Strukturen und Inhalten, in denen sie zum Vorschein kommt.

Das Ziel der Bildung selbst, der Kern, der in der aktuellen Krise gefährdet ist, lässt sich dann aber auch unter den gegebenen Strukturen an diesem Ort auffinden, verteidigen oder verändern.

Der Ort der Schlüsselqualifikationsangebote ist die Universität. Die Universität als unbedingte, als regulative Idee, als Ort der Ermöglichung öffentlicher Kritik im Sinne Kants, wird um den Ort als öffentlichen Ort der Kritik und des Infragestellens, als Ort der demokratischen Bildung in postfordistischen Zeiten ringen müssen. Die Humanities sind als Bestandteil einer Universität hierfür eine Voraussetzung.[17]

Der Ort der – im Sinne von Jens Rogmann – kritischen Schlüsselqualifikationsangebote liegt, wie auch die Angebote des Studium generale und des Orientierungswissens, in der Regel im überfachlichen Bereich. Damit ist eine Struktur vorgegeben, die akademische Bildung ermöglicht, eine Struktur, die diesen Ort als einen auszeichnet, der für die Studierenden freier und selbstbestimmter sein kann, nicht zuletzt weil er notenfrei und nicht kompetitiv angelegt ist. Es treffen Studierende aus unterschiedlichsten Disziplinen und Fachkulturen, in unterschiedlichsten Semestern mit unterschiedlichsten Fragen in kleinen Gruppen aufeinander und arbeiten zusammen an den unterschiedlichsten Themen.

Die Inhalte des gesamten Bereichs, akademische Bildung, Vorbereitung auf die Berufswelt, epochale Schlüsselfragen wie Nachhaltigkeit, globale Gerechtigkeit, Wirtschaftsfragen, Migration, Big Data, Technologien, Klimawandel

---

17 Cf. Anm. 3 und Anm. 13.

u.a. werden an vielen Universitäten als Seminare angeboten. Das unterschiedliche Wissen, auch das unterschiedliche implizite Wissen, das die Studierenden mitbringen und sich gemeinsam erarbeiten oder explizit machen, kann in Fragen münden, die idealerweise wieder in das eigene Fach zurückgetragen werden, möglicherweise auch nicht wirklich bewusst und erst viel später als Erfahrung vom Einzelnen bemerkt.

Paradigmatisch kann eine solche Bildungserfahrung im Service Learning gemacht werden.

An diesem Lehrformat lassen sich zudem einerseits sämtliche Gefahren der Verkehrung von Bildung in Anpassung und der Optimierung des Humankapitals für den Arbeitsmarkt aufzeigen, als auch kann andererseits das Gelingen von Bildungserfahrungen im Sinne eines humanistischen Bildungsideals deutlich gemacht werden. Skeptisch kann man werden, wenn die Erfahrungen in einem Service Learning Projekt auf ein Engagement für den Lebenslauf, als Praxiserfahrung für den Beruf, als nützliche Anwendung von Wissenschaft reduziert werden. Und skeptisch kann man werden, dass Service Learning zurzeit von vielen Akteuren der Bildungsdebatte außerhalb der Universität als ideales Format für das Bildungsziel „Citizenship" des (eigen)verantwortlichen „Lerners" genannt wird.

Dennoch: Ein eindrückliches Beispiel für die gelingende Bildungserfahrung in Service Learning Formaten sind die in vielen Universitätsstädten entstandenen, bzw. zurzeit entstehenden Refugee Law Clinics. Was zeichnet diese aus? Die Studierenden engagieren sich oft selbstorgansiert. Sie eignen sich Wissen in Rechtsbereichen des Asyl-und Aufenthaltsrechts, des Sozialrechts, des Völkerrechts und der Menschrechte sowie philosophischer Gerechtigkeitstheorien an. Sie müssen sich mit den politischen Situationen und deren Geschichte in Herkunftsländern von Flüchtlingen und bei uns beschäftigen und Recherche betreiben. Sie lernen andere Menschen zu beraten, zu informieren, und das oft mit Hilfe von Dolmetschern. Sie müssen sich Kenntnisse aus der Traumaforschung ebenso aneignen wie aus den Postkolonial Studies und den Gender Studies. Sie erfahren die Rechtswissenschaft als Wirklichkeitswissenschaft und erarbeiten sich gemeinsam Praxiswissen. Sie lernen gemeinsam mit den schutzsuchenden Asylbewerbern viel über kritische Interkulturalität, über die jeweilige andere Kultur und Religion und das Gemeinsame. Sie müssen verantwortlich einem anderen verletzlichen Menschen gegenüber handeln und sich professionell für eine Ausbildung in den genannten Themen bewusst entscheiden und zur Mitarbeit für einen längeren Zeitraum, in der Regel auch zur Supervision, verpflichten.

Fachwissen, kritische Auseinandersetzung mit dem späteren Beruf, politisch-soziales Engagement und reflexive Auseinandersetzung mit der eigenen Person, akademische Bildung, das alles ist nicht mit ECTS-Punkten aufzuwiegen und nicht mit Anerkennung als Studienleistung oder als nützlicher Zusatz für die Karriere. Die Selbstverständlichkeit, mit der in diesen Refugee Law Clinics zutiefst moralisch und politisch aufgeklärt gehandelt wird, Bildungsprozesse im besten Sinne akademischer Bildung ablaufen, zeigt den Weg an für die Bewahrung und Schaffung von Strukturen im SQ-Bereich, die solche Bildungserfahrungen ermöglichen, Strukturen, die mit den Studierenden gemeinsam ausgefüllt werden können.

An dem Beispiel lässt sich noch ein weiteres zeigen: nicht nur unsere Gesellschaft verändert sich durch die steigende Migration der flüchtenden Menschen aus Kriegs-und Krisengebieten, aus tödlicher Armut nach Europa, auch die Universitäten werden sich verändern. Je mehr Studierende aus anderen, vor allem nichtwestlichen Ländern an die Hochschulen kommen, desto klarer wird die Chance in der aktuellen Bildungskrise werden, gerade im überfachlichen Bereich sich neu über das, was das Wesen der Bildung ausmacht, zu verständigen. Wurden bislang vor allem für inländische Studierende Kurse zu „interkultureller Kompetenz" für die Berufswelt angeboten und Integrationskurse für die ausländischen Studierenden, so wäre es an der Zeit, Diskussionen aus anderen Bildungstraditionen in das akademische Bildungskonzept miteinzubeziehen und es so zu transformieren. Es wäre dies die Chance zu einer kritischen Interkulturalität, die auf „epistemologische Gerechtigkeit im universitären Bereich heute" zielt, und „nicht nach dem bewährten kolonialen Modell, das noch immer in Geltung ist" verfährt, in dem „weiter auf die Strategie gesetzt wird, neue Studienbereiche innerhalb der alten akademischen Rahmenordnung zu schaffen". Nur so kann „ausgehend vom Dialog der Kulturen"[18] mit den migrantischen Studierenden zusammen ein Bildungsbegriff für unsere Zeit entwickelt werden.

---

18 Fornet-Bétancourt, Raúl: Einführung. In: Fornet-Bétancourt (Hrsg.): *Bildungstraditionen, Spiritualität und Universität. Perspektiven zur interkulturellen Transformation akademischer Ausbildung.* Mainz Verlag Aachen 2015, S. 14.

Das Verhältnis von Schlüsselqualifikationen und Bildung ist ein offenes, ein schwieriges, die Lehrangebote verändern sich in Form und Inhalt. Die Chance der Bildungskrise besteht in der Chance zur Veränderung durch Studierende und Lehrende, zur Schärfung, zur Korrektur dessen, was jede Generation unter schwierigen Bedingungen in ihrer Zeit und für ihre Zeit immer wieder neu als akademische Bildung öffentlich in der Universität zu bestimmen hat.

Karin Amos

Statt eines Grußwortes[1]
Nationale Traditionen, internationale Bezüge und Bildung

Abstract This paper focuses on two central aspects of the debate concerning the Bologna process: internationalization and education (or: Bologna vs. Humboldt). The compatibility of both aspects is essentially contested as internationalization is often criticized for trivializing higher education. The purpose of the present paper is to contribute to this debate by considering internationalization not as a recent phenomenon but rather inscribed into national traditions. Therefore new approaches, beyond the Humboldtian ideals have to be taken into consideration and traditions of education theory must be critically reassessed.

Als Prorektorin für Studierende, Studium und Lehre der Universität Tübingen liegt mir die Auseinandersetzung mit der Frage des Forum SQ „Können Schlüsselqualifikationen bilden?" besonders am Herzen. Das Thema (be)trifft mich in zweifacher Hinsicht. Zum einen als Prorektorin, welche die Ausgestaltung des Bologna-Prozesses begleitet und aktuell in der Umstellung der Lehramtsstudiengänge auf die konsekutiven Studienformate nochmals besonders intensiv mit dieser ebenso tiefgreifenden wie (noch immer) kontroversen Bildungsreform konfrontiert ist. Zum anderen als Erziehungswissenschaftlerin, die sich mit Fragen der Bildungsgerechtigkeit und mit dem Zusammenhang von Governance und Gouvernementalität befasst, also mit der Frage, wie Steuerungs- und Regelungsfragen auf den System- und Organisationsebenen mit Selbst- und Fremdführungstechniken zusammenhängen. Mir sind also die Kontroversen und Spannungen um den Bologna-Prozess gleich durch mehrfache Kontexte vertraut. Aus den Diskussionen mit Kolleginnen und Kollegen aus anderen Ländern weiß ich auch, dass bei aller Kritik, die der Bologna-Prozess auch international erfahren hat, kein anderes Land so an- und ausdauernd mit der Hinterfragung befasst ist. Es

---

1 Dieser Text ist die ergänzte Fassung des Grußwortes, das ich auf der Tagung in Hegne gehalten habe.

gibt in der deutschen Diskussion um Bologna nichts, was nicht beständig thematisiert würde: von der Kürze der Studiendauer des Bachelorstudiums angefangen, über die Kompetenzorientierung und die Modularisierung, bis hin zum Anspruch auf Employability und den grundsätzlichen Verdacht, dass Bologna Medium neoliberaler Umsteuerung sei. Ich war bei der Einführung der Diplomstudiengänge nicht dabei und weiß nur aus der Literatur, dass auch diese nicht unumstritten waren, aber ich hege einen starken Zweifel daran, dass das damals neue Studienformat so lange hinterfragt wurde, wie dies in der aktuellen Reform der Fall ist. Damit will ich nicht bestreiten, dass kritische Auseinandersetzungen nicht nur legitim, sondern in der Wissenschaft, in Forschung und Lehre, auch notwendig sind. Es lässt sich aber vermuten, dass Bologna zum Inbegriff für grundsätzliche Veränderungen des Hochschulsystems geworden ist und sich am Reizwort Bologna der gesammelte Unmut entlädt. Auffallend ausgeblendet in der Debatte sind die Gestaltungsmöglichkeiten, denn es gibt kein enges Bologna-Korsett, welches auf europäischer Ebene geschnürt wird und in das die Hochschulen hinein gepresst werden; es gibt vielmehr relativ breite Vorgaben, die viel Spielraum zulassen. Und so ist es eine unbeabsichtigte, aber nicht unvorhersehbare Konsequenz von „Bologna", dass das Hauptziel: die Schaffung eines gemeinsamen europäischen Bildungsraumes bis auf eine geteilte „Währung", das European Credit Transfer System (ECTS), mitnichten zu einer Angleichung der Studiengänge geführt hat. Wenn überhaupt, so ist die Landschaft noch vielfältiger und – negativ ausgedrückt – unübersichtlicher geworden. Aber positiv gewendet bedeutet dies eben auch, dass es gerade nicht den einen homogenen Bologna-Prozess gibt. Den Kritikern ist sicher zuzustimmen, wenn sie bemerken, dass die Schaffung eines europäischen Bildungsraumes eng mit der Vision eines europäischen Wirtschaftsraumes verbunden ist und damit auch das Bologna-Ziel der ‚employability' eindeutig im Kontext des globalen ökonomischen Wettbewerbs zu sehen ist. Damit rücken auch soft skills wie die Schlüsselqualifikationen in den Verdacht, einer reinen Zweckrationalität unterworfen zu werden und primär auf die Logik ökonomischer Brauchbarkeit gerichtet zu sein. Der Bildungsaspekt droht darüber verloren zu gehen. Und mit diesem Spannungsfeld beschäftigt sich die Tagung. In den Diskussionen um die Verteidigung eines als bedroht empfundenen Bildungsgedankens ist der mehr oder weniger explizite Vergleich jedoch schräg: verglichen wird eine als defizitär empfundene Realität mit einer Idee, einer Vision. In der Realität sind Hochschulen schon immer Orte der Bildung und der Ausbildung gewesen, wird von ihnen – zumal als öffentlichen Einrichtungen – erwartet, dass sie die junge Generation nicht nur bei der Entfaltung ihrer Potenziale unterstützen, sondern auch für Berufe qualifizieren.

Ich möchte im Folgenden eine Beziehung ansprechen, die hier vielleicht von Interesse sein kann, nämlich die zwischen ‚dem Internationalen' und ‚Bildung'. Diese Beziehung, das wäre meine These, wird oft, meistens unausgesprochen, als dichotome gefasst. Da sind einerseits die Anmutungen des Internationalen, sei es Form der Globalisierung oder – unmittelbarer – der Europäisierung, die mit dem Projekt der neoliberalen Governance in Zusammenhang gebracht werden und der eine ‚verzweckte' Gouvernementalisierung des Individuums anstelle von in Autonomie und Mündigkeit führende Subjektivierung entspricht. Dem korrespondiert die Kurzform: Bologna versus Humboldt. Nicht selten sind diese Wahrnehmungen als Verfallsgeschichte konzipiert. Aufgrund von Einflüssen von ‚außen' finde dieser Erzählung zufolge eine Preisgabe des Ideals statt, vollziehe sich ein Wandel zu Vereinseitigung und Verengung, Verflachung und – im negativen Sinne – Verdichtung. Nicht selten wird in diesem Kontext Europäisierung und Amerikanisierung kurzgeschlossen und – sehr verkürzt ausgedrückt, als Trivialisierung des Studiums verstanden. Drei Aspekte spielen hier eine Rolle: der Sprachenverfall durch Dubbish: der Druck zur Internationalisierung, zu englischsprachigem Lehrangebot führe zu einem sprachlichen Differenzierungsverlust und damit zu Deutsch plus Rubbish, also Dubbish; die konsekutiven Studienformate werden ohnehin mit dem angloamerikanischen Modell und damit als gegenläufig zum deutschen bzw. europäischen Studienmodell betrachtet; schließlich aus einer Mischung der genannten Aspekte ein subreptives, also erschlichenes Argument: Mit der Umstellung auf Bologna, mit der Internationalisierung und der zunehmenden Verwendung des Englischen, halte ein Geist Einzug in die deutschen Universitäten, der aus einer Mischung von Pragmatismus und Neoliberalismus bestehe, der sich (ausschließlich) an Employability und Effizienz ausrichtet. Dieser Sichtweise zufolge gibt es eine deutsche Tradition, die unter dem Druck des Internationalen zerstört oder jedenfalls zum Nachteil verändert werde. Das Internationale steht für die Verzweckung, Bildung hingegen für Zweckfreiheit; das eine ziele auf die Nützlichkeit des homo oeconomicus, das andere auf die reine Menschenbildung. Es wäre eine eigene Untersuchung wert, die Interpretationen des Bologna-Prozesses im Lichte von Hayden Whites kulturwissenschaftlicher Analyse der Tropics of Discourse zu analysieren, um das Metanarrativ genauer herauszuarbeiten.

Bevor ich auf grundsätzlichere Aspekte eingehe, hier nur eine kleine formale Anmerkung: Humboldts Bildungsbegriff eignet sich vielleicht auch deshalb als Projektionsfläche für vielfältige Deutungen, weil die Hauptdokumente eher skizzenhaften Charakter tragen und so abstrakt formuliert sind, dass auf vielfältige Art angeschlossen werden kann. Humboldts Perspektive war nicht Jeffersons ‚aristocracy of talent' und er teilte schon gar nicht Walt Whitmans Enthusiasmus für den ‚common man', sondern muss im Kontext seiner Zeit gelesen werden, in welcher die Ständegesellschaft eine Realität war, die auch bildungstheoretisch nicht überwunden wurde. Auch Humboldts Berliner Universität ist nicht die Inkarnation einer bildungstheoretischen Vision, sondern eine Institution, die sich bei ihrer Gründung nicht wesentlich von ihren Schwestern, den alten Landesuniversitäten, unterschied. Und dieser Befund betrifft nicht nur die Zusammensetzung von Lehrenden und Studierenden, nicht nur die Tatsache, dass es sich um eine Veranstaltung für eine sehr kleine männliche Elite handelte, sondern auch die Konzeption der Universität. Die Motoren der Entwicklung, die dynamische Kraft der gesellschaftlichen Modernisierung, vor allem seit dem letzten Drittel des neunzehnten Jahrhunderts, waren weniger von der Humboldt'schen Bildungsidee angetrieben als von der zunehmenden Bedeutung der Natur- und den neuen Ingenieurwissenschaften. Wie groß die Kluft zwischen Zuschreibung und Realität universitärer Innovation um die Jahrhundertmitte des auch als „langes Jahrhundert" bezeichneten neunzehnten Jahrhunderts sein konnte, illustrieren auch die internationalen Erfahrungen. So zeigte sich Henry Adams, Spross einer der bedeutendsten Familien Neuenglands, der, wie viele andere seiner ebenfalls privilegierten Zeitgenossen, die deutschen Universitäten Göttingen und Berlin wegen ihrer Fortschrittlichkeit aufsuchte, tief enttäuscht. Weder dort noch an irgendeinem anderen Ort fand er ‚Education'. Bedauerlicherweise wurde in der Übersetzung von J. Lesser aus dem Jahre 1953, ‚Education' mit ‚Erziehung' wiedergegeben. Es handelt sich aber bei dem in der dritten Person Singular verfassten und 1907 erstmalig veröffentlichten Roman, The Education of Henry Adams, eher um einen (Anti)Bildungsroman; auf jeden

Fall müssen beide Bedeutungsdimensionen von Erziehung und Bildung mitbedacht werden, wenn man verstehen will, wonach dieser berühmte Spross der neu-englischen gesellschaftlichen Elite suchte. Programmatisch artikulierte er sein Anliegen bereits in der dem Roman vorangestellten Vignette, die ich aufgrund ihrer Bedeutung im Kontext der Tagung vollständig zitieren möchte:

> „Jean-Jacques Rousseau begann seine berühmten «Bekenntnisse» mit einer stürmischen Anrufung Gottes: «Ich habe mich gezeigt, wie ich war: verächtlich und gemein, wo ich es war; gut, edel und erhaben, wo ich es war. Ich habe mein Inneres enthüllt, so wie Du selbst es gesehen hast, ewiger Vater! Versamml um mich die ungezählten Scharen meiner Mitmenschen und lasse sie meine Bekenntnisse hören. Lasse sie über meine Unwürdigkeit seufzen und über meine Niedrigkeit erröten. Laß jeden von ihnen seinerseits zu den Füßen Deines Thrones sein Herz mit demselben Freimut enthüllen und lasse dann jeden von ihnen zu Dir sagen, wenn er es wagt: ‚Ich war ein besserer Mensch!'»
>
> Jean-Jacques war ein sehr großer Erzieher in der Art des 18. Jahrhunderts, und sehr viele glauben, daß er mehr Einfluß ausgeübt hat als irgendein anderer Lehrer seiner Zeit; aber seine besondere Methode, die menschliche Natur zu verbessern, wurde nicht allgemein bewundert. Die meisten Erzieher des 19. Jahrhunderts haben es abgelehnt, sich vor ihren Zöglingen als gemeinere oder verächtlichere Wesen zu zeigen, als erforderlich ist, und selbst der bescheidenste Lehrer verhüllt, wenn er kann, die Fehler, mit denen die Natur uns alle so reichlich geschmückt hat, wie sie Jean-Jacques damit schmückte; denn er denkt, wie die meisten religiösen Geister zu denken geneigt sind, daß der ewige Vater selbst keine ungemischte Freude empfinden dürfte, wenn wir immer nur die unerfreulichsten Einzelheiten seiner Schöpfung ihm vor die Augen bringen.
>
> So findet das 20. Jahrhundert unglücklicherweise nur wenige neuere Führer, denen es folgen oder ausweichen könnte. Die amerikanische Literatur bietet kaum ein wirkliches Musterbeispiel höherer Erziehung. Der Zögling muß über Jean-Jacques hinaus zu Benjamin Franklin zurückgehen, um nur ein Vorbild von Selbsterziehung zu finden. Sieht man von dem verlassenen Bereich der toten Sprachen ab, so hat nie jemand untersucht, welcher Teil der Erziehung sich nach seiner Erfahrung als nützlich erwiesen hat und welcher nicht. Dieses Buch versucht, diese Fragen zu prüfen.
>
> Jean-Jacques war als Erzieher in der Hinsicht bei weitem der erste: er hat ein Warnungsmal gegen das Ich errichtet. Seit ihm und besonders dank ihm neigte das Ich immer wieder dazu, sich auszulöschen und, zu Modellzwecken, eine Puppe zu werden, der man das Kleid der Erziehung anzieht, um ihm zu zeigen, ob die Tracht gut oder schlecht paßt. Das Studienobjekt ist das Gewand, nicht die Gestalt. Der Schneider richtet die Puppe wie die Kleider nach den Wünschen des Kunden her. Des Schneiders Absicht in diesem Buche ist es, junge Menschen auf Universitäten und auch sonstwo dazu zu erziehen, Weltmänner zu sein, jeder

Schwierigkeit gewachsen; und das Gewand, das ihnen vorgeführt wird, soll die Fehler des Flickwerkes aufzeigen, das ihre Väter getragen haben.

Besonders sollte der tatkräftige junge Mensch von seinem Lehrer Meisterung der Werkzeuge verlangen. Der junge Mensch selbst, das Subjekt der Erziehung, ist eine bestimmte Form von Energie; das zu erstrebende Ziel ist Ökonomie der Kräfte; die Erziehung besteht teils im Wegräumen von Hindernissen, teils in unmittelbarer Anwendung der Kraft. Ist all das erreicht, dürfen die Werkzeuge und Modelle weggeworfen werden.

Die Puppe hat darum denselben Wert wie jede geometrische Figur von drei oder mehr Dimensionen, die man beim Studium von geometrischen Beziehungen verwendet. Da kann man sie nicht entbehren; sie ist der einzige Maßstab für Bewegungen, Verhältnisse und menschliche Bedingungen. Sie muß den Anschein von Wirklichkeit haben, sie muß für wirklich gehalten werden; man muß sie behandeln, als hätte sie Leben. Wer weiß? Vielleicht hatte sie es! 16. Februar 1907."[2]

Dieses lange Zitat ist in mehrfacher Hinsicht von Bedeutung. Zum einen zeigt es, dass das Nachdenken über Erziehung und Bildung in der westlichen Welt einen bestimmten Referenzrahmen hatte. Dazu zählte die Literatur der alten Sprachen, Griechisch und Latein, ebenso wie die Vertrautheit mit der englischen und kontinentaleuropäischen Moderne. Ein kultivierter, gebildeter Amerikaner wie Henry Adams war mit Aristoteles und Platon ebenso vertraut wie mit dem im Zitat erwähnten Jean Jacques Rousseau; die neu-englischen Transzendentalisten hatten zudem im ersten Drittel des 19. Jahrhunderts den deutschen Idealismus, ihre weibliche Vertreterin Margaret Fuller hat auch Goethe in die amerikanische Diskussion eingeführt. Die großen Theologen, Philosophen und Literaten waren also bekannt in den USA. Aber dies führte nicht dazu, sie auf ein Podest zu heben oder wie eine Monstranz vor sich her zu tragen, sondern sich mit ihnen zu befassen, sie zu lesen, zu kritisieren, ganz so, wie Adams es hier mit Rousseau tut. Seine Anspielung auf die Schneiderpuppe, auf Kleider und ihren Zuschnitt, rekurriert auf Thomas Carlyles satirischen Roman: Sartor Resartus, in welchem sich Carlyle mit dem deutschen Idealismus, verkörpert durch den Protagonisten Diogenes Teufelsdröckh, kritisch auseinandersetzt. Diese kleine Reminiszenz ist nicht nur für sich bedeutsam, sondern gleichzeitig dafür, dass Internationalisierung mitnichten ein rezentes Phänomen darstellt. Im

---

2   Henry Adams: *Die Erziehung des Henry Adams. Von ihm selbst erzählt.* Aus dem Amerikanischen übersetzt von J. Lesser. Manesse Verlag, Zürich 1953.

Gegenteil: Die Geburt der nationalen Gesellschaften im 18. und vor allem im 19. Jahrhundert ist durch eine doppelte und widersprüchliche Bewegung gekennzeichnet. Die Konstruktion nationaler Eigenheiten bei gleichzeitiger intensiver Beobachtung von Entwicklungen ‚anderswo'. Und so haben nicht nur Koselleck und Kollegen des Projekts ‚Geschichtliche Grundbegriffe' darauf hingewiesen, dass es, mit Rebecca Horlacher gesprochen, eine Bildungstheorie vor der Bildungstheorie gegeben hat, bei der Lord Shaftsbury eine wichtige Rolle spielte ebenso wie Coleridge und Carlyle, dem bereits erwähnten Autor von Sartor Resartus; vielmehr haben auch kulturwissenschaftliche Arbeiten wie die von Lloyd und Thomas in Culture and the State 1998 bestätigt, dass sich im 18. Jahrhundert überraschende Konfluenzen zwischen Staats- und Kulturtheorien ausmachen lassen. Je genauer man also schaut, umso weniger lässt sich die These vom deutschen ‚Bildungssonderweg' halten. Was eine genauere Betrachtung indessen sehr wohl zeigen kann, ist, dass die Akzente durchaus unterschiedlich gesetzt wurden. So drückt das Adams-Zitat die Erwartung aus, Bildung solle die jungen Menschen befähigen mit Widrigkeiten umzugehen, sie vorbereiten auf den Umgang mit Unwägbarkeiten. Dies betrifft sowohl konkrete Problemlösungen als auch Fragen der grundsätzlichen Haltung. Am deutlichsten aber sind die Differenzen nicht in der Theorie, sondern in der sozialgeschichtlichen Bedeutung von Bildung im jeweiligen Länderkontext. In Deutschland avancierte Bildung unter Berufung auf Wilhelm von Humboldt zum zentralem Distinktionsmerkmal. Hier zeigt sich also in der Tat ein deutlicher deutscher Sonderweg. Das Kompositum ‚Bildungsbürger', vor allem in seinen vielfältigen und reichen Konnotationen, ist in der Tat singulär, aber keineswegs, wie der Mythos ‚Bildung' suggerieren möchte, unabhängig von den Verstrickungen mit der Welt des Wirtschaftens, sondern auf eine spezifische, aber verdeckte Weise, verstrickt mit ihr.

Was all das also sagen will ist, dass die Dinge komplexer sind als die meist dichotomen Deutungen suggerieren. Hinzu kommt, dass wir uns in der deutschen Bildungstheorie nach wie vor sehr schwer damit tun, andere bildungstheoretische Traditionen zu rezeptieren. Dies trifft auch, aber nicht ausschließlich, auf die anglo-amerikanischen Traditionen zu. Bis heute ist etwa John Deweys Ansatz hierzulande eher randständig. Während wir die Pädagogik Montessoris oder Pestalozzis etwa schon längst ‚vereinheimischt' haben, ist Dewey nach wie vor ein Fremder geblieben, mit dessen Ansatz wir uns insgesamt schwer tun – der sehr verdienstvollen jüngeren Arbeiten Oelkers, Neumanns oder Bellmanns ungeachtet. Vielleicht hängt dieser Befund auch damit zusammen, dass ein differenzierteres Wahrnehmen der vereinseitigenden Interpretation des Pragmatismus zuwider läuft, welche die Diskussion hierzulande lange Zeit geprägt hat und noch immer nachwirkt.

Die andere Beobachtung betrifft die grundsätzlich untrennbare Verstrickung zwischen der nationalen und der internationalen Dimension. So kann eine Rekonstruktion des Begriffs der Schlüsselqualifikationen zeigen, dass dieser Begriff erst dann seine aktuelle Wirkung entfaltete, als er von der transnationalen Ebene, i.e. den Internationalen Organisationen aufgenommen wurde. Nun ist es zweifellos richtig, dass die Rezeption des Begriffs der Schlüsselqualifikationen auf diejenigen Aspekte verweist, die neben den fachlichen Kompetenzen für eine bestimmte Berufstätigkeit qualifizieren. Insofern hat der Begriff eine enge Verbindung zu employability und steht damit in Verdacht, im gleichen Kontext wie die oben genannten neoliberalen Umsteuerungen zu stehen, aber offener formuliert, geht es zunächst darum, den Blick für die Bedeutung dessen zu öffnen, was sich nicht unter fachliches Wissen oder fachliche Kompetenzen subsumieren lässt. Ich möchte damit andeuten, dass alle Debatten, die mehr oder weniger deutlich von einer verlorenen oder vielleicht auch noch nie erreichten ‚Reinheit' von ‚Bildung' ausgehen, eine bestimmte Erzählperspektive einnehmen. Anders gesagt: sie erzählen die Geschichte der universitären Bildung auf eine bestimmte Weise; diese Geschichte lässt sich aber auch anders erzählen. Beispielsweise so, wie Henry Adams das Problem formulierte: Was sollen Erziehung und Bildung bewirken, leisten, auch bezwecken? Welches sind ihre Aufgaben? Welchen individuellen und gesellschaftlichen Ansprüchen sollten sie gerecht werden? Wenn die Fragen so gestellt werden, sind ‚Verunreinigungen' von Anfang an mitenthalten. Es ist dann auch nicht mehr die Ökonomie an sich, welche mit Bildung interferiert, sondern eher die Frage, welche Rationalität von Ökonomie wie mit welcher Bildungsrationalität interagiert.

Um die Diskussion voranzubringen, möchte ich gerne an folgenden Zusammenhang erinnern: Seit der modernen universitären Bildung geht es darum, die unterschiedlichen Komponenten: berufliche Qualifikation, Allgemeinbildung und Persönlichkeitsbildung zu vereinbaren. Seit der Wende zum letzten Jahrhundert oder präziser: seit den ersten Dekaden des 20.

Jahrhunderts setzt die vertraute Krisenrhetorik ein: Gewarnt wird vor einer Akademikerschwemme und vor einer Verweiblichung. Inwieweit dies mit einer Kritik an der sozialen Herkunft der Studierenden verbunden ist, muss noch näher untersucht werden.

In jedem Falle gab und gibt es immer noch unterschiedliche Einschätzungen, wie die Aufgaben: Menschenbildung, wissenschaftlich fundierte Berufsbildung und Forschung in einer Institution zu bewältigen sind. Während die einen die Universität hierfür für völlig ungeeignet erachten, sind die anderen der Überzeugung, dass es die Hochschulen sind, die eben hierfür prädestiniert sind.

Alles in allem plädiere ich dafür, die Traditionen kritisch in den Blick zu nehmen und eine neue Geschichte zu schreiben, welche die Rolle des Internationalen nicht als aktuelles Phänomen beschreibt, sondern als von Anfang an in die Konstitution des Nationalen eingeschrieben. Ebenso wie nationale Traditionen und internationale Bezüge ein Spannungsverhältnis bilden, so sind auch die Schlüsselqualifikationen in ein widerstreitendes Feld eingeschrieben. Die Beantwortung der Frage der Tagung, ob Schlüsselqualifikationen bilden können, hängt daher entscheidend davon ab, was denn unter Bildung verstanden wird. An dieser Stelle erweist es sich aus meiner Sicht als überaus kurzsichtig, wenn wir die bildungstheoretische Diskussion auf Humboldt beschränken. Nicht nur, weil zwischen Humboldt und uns zweihundert Jahre Auseinandersetzung liegen und sich neben Theologie und Philosophie seit etwa einhundert Jahren auch eine dauerhaft institutionalisierte Erziehungswissenschaft mit Bildungsphilosophie und Bildungstheorie befasst, sondern vor allem auch, weil es anders gelagerte Traditionen gibt, die hierzulande wenig aufgegriffen werden. Eines der prominentesten Beispiele ist John Dewey. Dewey provoziert die gängigen deutschen Geschichtsschreibungen gleich in mehrfacher Hinsicht. Er begann seine Karriere mit einer intensiven Rezeption des deutschen Idealismus, besonders in der Hegel'schen Prägung, setzte sich mit dieser Perspektive aber frühzeitig kritisch auseinander, indem er den in der Entstehung befindlichen Pragmatismus entscheidend mitprägte und zu einem seiner wichtigsten Vertreter wurde. Dewey ging es um die Überwindung von Dualismen, und damit, das zeigt unsere ausgeprägte Neigung zu dichotomer Darstellung bis heute, lag er quer zu den Narrationen, die wir im nationalen Kontext entwickelt haben. Dewey betrachtete es als eine der fatalen abendländischen Entwicklungen, dass Kontemplation über Aktion gestellt ist, Nachdenken über Handeln und sich daraus soziale Hierarchien ableiten. Für Dewey gehört beides zusammen und entfaltet sich am besten in Gemeinschaft. Intelligenz ist daher auch eher eine soziale als eine individuelle Eigenschaft, denn wie sich menschliche Potenziale entwickeln können, hängt entscheidend ab von den Anregungen und dem Perspektivenreichtum der jeweiligen Umgebung. Humboldts ‚Einsamkeit' ist bei Dewey also weit weniger bedeutsam als ‚Gemeinschaft'. Erkenntnisse sind letztlich daran zu messen, ob sie zur Lösung von die Gemeinschaft betreffenden Problemen beitragen, sie müssen sich in der Praxis bewähren. Deweys pragmatischer Instrumentalismus wurde oft kritisiert und gerade vor der Folie eines zweckfreien neuhumanistischen Bildungsbegriffs als defizitär befunden. Dabei könnte man die Argumentation ebenso gut umkehren: Individuum und Gesellschaft sind bei Dewey fundamental aufeinander verwiesen, sie hängen wechselseitig voneinander ab; das Individuum ist nicht ohne Gemeinschaft zu haben und die Gemeinschaft nicht ohne Individuen. Bei Humboldt hingegen ist die Gemeinschaft, die Welt, das Nicht-Ich, letztlich dem Individuum, dem Subjekt, untergeordnet. Dieses nutzt die Welt, um sich zu bilden. Die Welt und damit auch die Gemeinschaft dient den individuellen Selbstbildungsprozessen, die den Maßstab bilden. Die Menschheit, das Ideal der Menschheit, soll im Individuum einen so vollkommenen Ausdruck als möglich finden. Mündigkeit und Autonomie sind individuelle Eigenschaften, die über Bildung zu erreichen sind. Damit ist dieser Bildungstheorie auch eine Hierarchisierung der Menschheit inhärent, in Gebildete und weniger Gebildete, in diejenigen, die sich viel Welt aneignen können, und diejenigen, die nur eingeschränkten Zugang haben, in diejenigen, denen der gesamte Reichtum der Welthorizonte geöffnet wird, vor allem durch Sprachen (Humboldt dachte hier vor allem an die klassischen antiken Sprachen Griechisch und Latein), kurz, in diejenigen, die tatsächlich Mündigkeit und Autonomie erlangen (Kants 4. Stufe der Erziehung – die Moralisierung), und diejenigen, die zu keiner autonomen Urteilsbildung fähig sind. Es ist zudem sicher auch kein Zufall, dass es für Humboldt kein gesellschaftliches Kollektiv gibt, als dessen Teil der Einzelne zu sehen wäre. Dies hängt mit dem ständegesellschaftlichen Kontext zusammen. Für Humboldt sind Staat und ‚Welt' die zentralen Referenzpunkte. Deweys Referenz hingegen ist eine moderne Massendemokratie mit all ihren Herausforderungen wie Pluralisierung, Heterogenität, soziale Ungleichheit unter Bedingungen formaler Gleichheit usw. Mit Dewey lässt sich die Brücke schlagen zwischen Schlüsselqualifikationen und Service Learning, im Sinne von Dienst an der Gemeinschaft leisten. Auch bei Service Learning, ähnlich wie bei der Auseinandersetzung um die Schlüsselqualifikationen, steht der Verdacht im Raum, hier finde Vereinnahmung im Sinne einer an Nützlichkeit und Brauchbarkeit orientierten Zurichtung des Menschen statt. Diese Sichtweise ist aber symptomatisch für die konstruierte Humboldt-Tradition der deutschen Debatte. In Deweys Perspektive stellt sich die Frage nicht, denn es können durchaus mehrere Aspekte eine Rolle spielen. Entscheidend ist etwas anderes: Gemeinschaftliches Handeln und die Verantwortung, die vor allem auch Angehörige privilegierter (hier vor allem bildungsprivilegierter) Schichten gegenüber denjenigen haben, die weniger bevorzugt sind. Dies ist nicht als paternalistischer Gestus zu verstehen: Gerade im Service Learning geht es um ein gemeinschaftliches Miteinander und um ein Voneinander-Lernen. Dass in diesem Kontext auch ‚verwertbare' Schlüsselqualifikationen erlernt werden, ist dabei kein Problem.

Was wollte ich mit diesen Schlaglichtern zeigen? Ich wollte die Notwendigkeit illustrieren, dass wir nicht einer bestimmten Traditionskonstruktion verhaftet bleiben, sondern uns kritisch der Frage stellen, welches die aktuellen Herausforderungen und die angemessenen Antworten sind. Um dies nochmals kurz zusammenzufassen:

Der universitäre Kontext

Universitäten sind universale Institutionen, die aber auf je spezifische Weise interpretiert und gelebt werden. In Deutschland, das ist bei allen weiterführenden Überlegungen mit zu bedenken, gibt es eine außerordentlich starke idealistische Strömung, die bis weit ins 20. Jahrhundert fortwirkte und die unter anderem erklärt, wie der Mythos ‚Humboldt' entstanden ist. In diesem Zusammenhang sind Begriffe wie das ‚Wesen' der Universität und die quasi religiösen Überhöhungen zu reflektieren, in welchen Vorstellungen von Wissenschaft als Reinheit und Selbstlosigkeit auch als zweckloses Suchen transportiert werden. Auch wenn es sicher richtig ist, dass die Humboldt'sche Universitätsidee zu einem internationalen Modell wurde, soll darüber nicht vergessen werden, dass dieses Modell immer national spezifisch angepasst und eingepasst wurde. Unsere aktuelle Bologna-Kontroverse ist gewissermaßen ein Wiederaufleben der bereits vor hundertfünfzig

Jahren geführten Auseinandersetzung um Wissenschaft und Spezialisierung in einem von Technik und Naturwissenschaft geprägten Zeitalter einerseits und der Sehnsucht nach Synthese und Ganzheitlichkeit andererseits. Diese an einem perennierenden Neuhumanismus orientierte deutsche Universitätsidee führte zwar dazu, dass hierzulande auch die Philosophie und die Geisteswissenschaften einen großen Platz einnehmen, der in anderen Ländern zum Teil signifikant verengt wurde, muss aber dennoch auf seine Angemessenheit bei der Beantwortung aktueller Herausforderungen hinterfragt werden. Es geht dabei nicht darum, einer rein an utilitaristischen Gesichtspunkten orientierten Universität das Wort zu reden, sondern sich vielmehr den aktuellen Herausforderungen zu stellen und mit der Analyse neue Antworten zu verbinden.

Das Reizwort Bologna

An der Art und Weise, wie sich in Deutschland die Diskussionen verhakt haben und welch starker Affekt gegen die selbstgemachte! Reform auch 14 Jahre nach Einführung derselben noch zu verzeichnen ist, zeigt sich meines Erachtens am deutlichsten, wie stark unter der Oberfläche die neo-idealistischen Deutungsmuster zum Verständnis der Universität fortwirken. Wie bereits betont, geht es nicht darum, Kritik zu unterbinden. Das wäre in der Tat fatal, denn was immer Universität ist, sie ist Ort des Hinterfragens und der Reflexion. Wenn diese Kritik aber Deutungsmustern verhaftet ist, die nicht mehr unmodifiziert zur Gestaltung einer gesellschaftlichen Realität geeignet sind, dann sollte man sehr wohl über Art und Weise und die Ziele der Kritik nachdenken. Derzeit empfinden viele Studierende in nachvollziehbarer Weise, dass ihre Lehrenden in vielen Fällen nichts von ‚Bologna' halten und der Meinung sind, dass die Studienformate nicht taugen. Dass sich die Studierenden dann formal an den ECTS-Anforderungen orientieren ist kein Wunder, denn es wird ihnen nicht vermittelt, dass es sich um lebendige und gestaltbare Formate, sondern um ein von außen verordnetes Zwangskorsett handelt.

Die Kontexte

Die Vorstellungen von Universität, die Idee der Universität betreffende Deutungsmuster und der Bologna-Prozess bilden den Rahmen für die

Schlüsselqualifikationsdebatte. Je nachdem welchem Metanarrativ die Beobachterin/der Beobachter verhaftet ist, welche ‚tropologische Einkleidung', mit Hayden White gesprochen, sie/er verwendet, entsteht eine spezifische Problemwahrnehmung. So lässt sich die Frage: Können Schlüsselqualifikationen bilden? Zum einen vor dem Hintergrund der Vision von einem ökonomischen Wirtschaftsraum skeptisch als Verzweckung beantworten. Dies vor allem vor dem Hintergrund der idealistischen Tradition. Sie lässt sich, am anderen Ende des Spektrums, auch mit einem emphatischen Ja sicher beantworten. Auch dieses Ja, sicher, ist nicht voraussetzungsfrei. Es ist an die Kondition gebunden, dass der Erwerb von Schlüsselqualifikationen Erfahrungsräume bereichert, vielfältige und nicht ‚einfältige' Wachstumsprozesse anregt und auf diese Weise bildet. Darin können durchaus auch Nützlichkeitsaspekte und konkrete Zwecke – auch unter ökonomischen Gesichtspunkten – enthalten sein, aber dies ist nicht ausschlaggebend, weil sie eingebettet sind in individuelle/soziale Verantwortungskontexte.

Es ist zu wünschen, dass die kontroversen Diskussionen von Hegne zu den Schlüsselqualifikationen in den nächsten Jahren weiter geführt werden.

Andreas Dörpinghaus

Der Schlüssel zur Halbbildung
Der Verlust der politischen Tugend[1]

Abstract The Bologna process implemented a system change in university. Education and academics/science were marginalized whereas economic considerations direct the value of science. This article gives a critical analysis.

Gegenwärtig befindet sich die Universität als Institution in einer Krise, obwohl sie im Selbstverständnis ignoriert wird. Die Krise entzündet sich an den Fragen, ob der Gedanke einer wissenschaftlichen Bildung, wie er vor allem von Wilhelm von Humboldt formuliert wird, derzeit einen Ort im Gefüge universitärer Forschung und Lehre findet und die Ausrichtung der Universität an dem Gedanken der Employability und des Kompetenzerwerbs den Kern dessen trifft, was Universitäten für Kultur und Gesellschaft bedeuten. Solche Fragen, vor dem Hintergrund der gegenwärtigen Lage drängend, werden als anachronistisch abgetan. Im unbewussten Krisenmanagement werden sie randständig gehalten oder rhetorisch mehr oder weniger geistesanwesend marginalisiert. In zumeist öffentlich wirksam inszenierten Diskursen ist dagegen nach wie vor überraschend viel von Bildung die Rede, die einen quasi-religiösen Status in den mit ihr verbundenen Erwartungen erhält. Sie trägt das Heilsversprechen in eine bessere Zukunft. Doch der Streit, was Bildung sei, wird so außer Kraft gesetzt und findet, wenn überhaupt, nur noch in extraordinären Gefilden Gehör. Es gehört offenbar zur derzeitigen Verwendung des Begriffs Bildung dazu, gleichsam als seine Überlebensbedingung, die Frage nach ihrer Bedeutung, die zugleich an die Wurzeln des kulturellen und gesellschaftlichen Selbstverständnisses ginge, gerade nicht zu stellen. Stattdessen wird ein Verständnis einer vermeintlichen Bildung lautstark proklamiert, das hier als Post-Bildung bezeichnet werden soll. Ihr Wesen ist das Außerkraftsetzen von Bildung durch ihre bloße Verwaltung und Kontrolle. Die Vorstellung, die zentrale

---

[1] Dieser Aufsatz wurde 2014 unter dem Titel „Post-Bildung. Vom Unort der Wissenschaft" publiziert in: *Forschung & Lehre* 7/14, Bonn 2014, S. 540–543.

Aufgabe der Universität sei die Bildung im Medium der Wissenschaft, degeneriert zu der bloßen Idee ihrer Verwaltung im Zeichen der Post-Bildung. Kurzum: Die gegenwärtige Idee der Universität ist schlichtweg nur noch ihre Verwaltung: Und zwar die Verwaltung der Wissenschaft und die Verwaltung der Verwaltung. Und in der Tat sind Reformen an Universitäten seit Jahren Verwaltungsreformen im Zeichen ihrer Ökonomisierung und Rationalisierung. Diese Post-Bildung ist dabei gänzlich wertfrei, ethisch uninteressiert, inhaltslos, reflexionsneutral, orientierungslos und partikular, dafür leistungsorientiert, kontrollbesessen und extrem evaluativ.

Die intrinsische Motivation, die Bildung mit dem Interesse an einer Sache und der unnachgiebigen Neugier verbindet, sich Fragen zu widmen, die gerade keine unmittelbare Verwertbarkeit haben, wird zu einer extrinsischen Aufforderung, den Anforderungen der Employability und der Verwertbarkeit von Kompetenzen Folge zu leisten. Die Post-Bildung wird so zu einem äußerst effizienten Instrument der Dienstbarmachung von Menschen als volkswirtschaftlich ertragreiches Humankapital vor allem unter der Ägide der OECD, der nahezu sakraler Status zukommt. Der Mensch ist nunmehr nur noch ein Mittel zu einem ihm fremden Zweck. Der Effekt war und ist bis heute ein unpolitisches universitäres Bildungssystem, das strukturell und konzeptionell Anpassungsverhalten als Verhüllung des „blinden Gehorsams" befördert, zur Unmündigkeit erzieht und nützliche Kompetenzen als grundständige pseudowissenschaftliche „Volksbildung" vermittelt. Der intendierte Habitus eines Lebenslangen Lerners wird zum Medium einer umfassenden Macht, die ihren Ausdruck in einer permanenten Anpassung an vorgegebene Ordnungsmuster und die Ausbildung von Kompetenzen für solche Anpassungsleistungen zum Gegenstand hat; eine neue Form biologistisch-evolutionärer Human-Metaphysik.

Kompetenz tritt an die Stelle von Bildung

Theodor W. Adorno hat bereits am Ende der 1950er-Jahre verdeutlicht, dass Bildung zur Halbbildung verkommen sei. Doch die derzeitige Post-Bildung erlaubt nicht einmal mehr, anders als die Halbbildung, ein latentes, subkutanes Verständnis von Bildung, das als Folie der eigenen Unzulänglichkeit gelegentlich zu dienen in der Lage wäre. Stattdessen ersetzt Post-Bildung den Bildungsbegriff durch den operativen, positiven, evaluativen Begriff der Kompetenz, der diese Unzulänglichkeit der Halbbildung nicht einmal mehr kognitiv erlaubt, ja, kein Desiderat sieht, weil er nur noch das Gelingen kennt, gewissermaßen ein „Yes-we-can", ein dauerhaftes „I-like-it", eben kein Scheitern. Kompetenzen werden, anders als Bildung, lediglich trainiert oder eingeübt, und es ist immer nur eine Frage der Zeit, wann sie erworben werden. Somit kann die Post-Bildung die Frage nach Bildung aufheben und an Universitäten institutionalisiert werden, und zwar im Kern durch drei Mechanismen:

Kompetenzen – so der Jargon der Post-Bildung – werden als Bildung „verkauft", erstens, und die Illusion, durch sie gebildet zu sein, so zweitens, verhindert jede Möglichkeit, nach Bildung überhaupt noch zu fragen oder zu suchen. Zu diesen beiden Mechanismen gesellt sich ein dritter: Das Bildungssystem verspricht eine Gleichheit aller durch Bildung und legt damit zugleich den politischen Streit um Gleichheit aller bei, ja stellt die Ungleichheit so auf Dauer. Es blieb bis heute bei dieser Versprechung. Es geht nicht um den Einzelnen, nicht um Bildung und Gleichheit, sondern darum, das Bildungssystem und mit ihm die Gesellschaft in einem ökonomisch reduzierten Verständnis leistungsfähiger zu machen. Daher besteht die Logik der Post-Bildung darin, mit so wenig Mitteln wie möglich zu verbergen, dass es mit ihr nicht um Bildung geht. Sollte dies brüchig werden, müssen Reformen, Nachbesserungen oder neue Versprechungen her, die am Ende nur die Aufgabe haben, diese drei Mechanismen zu verbergen.

Permanente Kontrolle

Die Post-Bildung selbst unterliegt keiner Kontrolle, sie ist Kontrolle. Die Universitäten in allen ihren Bereichen – der Wissenschaft und der Verwaltung – sind zum Behufe des eigenen Heils dieser permanenten Kontrolle unterworfen. Ihr nach außen getragener Wille zur Selbstverbesserung gehört zur modernen Kontrolltechnologie der Post-Bildung. Auf ihn bezogen sind Menschen und Institutionen beständig defizitär – eine neue Erbsünde. Die Kontrolle wird so zu einer ‚fürsorglich' daherkommenden pastoralen Prozessmacht, die vermittelt, es gehe um das Heil der Beteiligten, um den Schlüssel zum Erfolg. Die moderne Selbstentzifferung des Post-Bildung-Subjekts, also die Weise, wie Menschen und Institutionen sich selbst verstehen sollen, geschieht somit nicht mehr vor dem Hintergrund eines quasi göttlichen Gebots oder Verbots, sondern lediglich in Orientierung an der potenziell geforderten Selbstbesserung und Qualitätssicherung. Diese Kontrolle braucht allerdings radikale Sichtbarkeit.

Mit „Bologna" konnte die Universität reformiert, das heißt, an die Struktur einer alles verwaltenden Kontrollgesellschaft angepasst werden. „Bologna" steht so am Ende für eine umfassende Normalisierung im Zeichen der Gleichheit im Ungleichen. Doch die Universitäten kranken am Ende nicht an Bologna, eher Symptom als Ursache, sondern vielmehr an einer Autoimmunerkrankung. Der immunologische Schutz der Universität war stets eine regulative Idee der wissenschaftlichen Bildung, der Glaube an Wahrheit und Erkenntnis sowie die leidenschaftliche Neugier in der Weltbegegnung. Die konstatierte Auflösung der Universität als Ort von Bildung, Wissenschaft und Erkenntnis erfolgt von innen, am Ende durch die Stilllegung ihrer Frage nach der Bildung des Menschen im Medium der Wissenschaft und so, in der Folge, durch ihre Entpolitisierung. Mit ihrer zunehmend fehlenden Möglichkeit der Orientierung an Bildung verliert sie ihr anachronistisches und widerständiges, d.i. ihr politisches Potenzial. Gerade gegen den Zugriff ihrer Indienstnahme formierte sich die Universität immer wieder verändert in ihrer Autonomie und Widerständigkeit. Daher betonte Wilhelm von Humboldt stets die Wichtigkeit der Selbstzweckhaftigkeit der Bildung, die er mit der politischen Autonomie der Universität sowie ihrer konstitutiven Freiheit in Forschung und Lehre zu verbinden wusste. Jede Freiheit oder Autonomie bleibt auf die Machtstrukturen bezogen, die sie einschränken oder verhindern will. Das an die Universitäten herangetragene Diktat der Nützlichkeit und der Widerstreit gegen diese Indienstnahme müssen also aufeinander bezogen bleiben. Darin ist die Universität stets der Idee nach, die als regulative quasi per definitionem nicht faktisch sein darf, politisch, und zwar im Widerstand und Widerstreit gegen ihre Bevormundung und Entmündigung. Dieser dialektische Widerstreit von wissenschaftlicher Bildung und ihrer ideologischen Festschreibung ist konstitutives Moment sowohl der Erneuerung wissenschaftlicher Erkenntnisse als auch des politischen Aufbegehrens heteronomer und restaurativer Zugriffe.

Normalisierungsdiskurs

Dieser gesellschaftliche und kulturelle Streit um Bildung wird durch die Post-Bildung, die in der Bolognareform einen vorläufigen Höhepunkt erlangt, außer Kraft gesetzt, indem sie ihn in einen universalistischen verwaltend-kontrollierenden Normalisierungsdiskurs überführt. Während der dialektische Widerstreit ein offener Prozess der mitunter wechselseitigen Beförderung ist, kennt der Normalisierungsdiskurs der Post-Bildung keine Grammatik des Begriffs Bildung, die über das Verständnis von Bildung zu verhandeln erlaubte. Das heißt, die Logik von Bildung wird der Logik der Post-Bildung machtvoll untergeordnet und nach deren Regeln gerichtet, verwaltet und somit stillgelegt. Eine im Grunde partikulare Logik also, die der Verwaltung und Kontrolle, universalisiert sich und wird zur Logik bzw. zu der Idee der Universität schlechthin. Der Normalisierungsdiskurs der Post-Bildung wahrt dabei den Anschein des Strittigen, so sind Wettbewerbe, Rankings, Akkreditierungen sowie Evaluationen (usw.) kompensatorische Inszenierungen des Streitbaren. Das Kompetenzmodell ist dabei die mehr oder weniger geheime Grammatik der Post-Bildung und soll am Ende die effektive Selbststeuerung einer permanenten Anpassung an die potenziellen, in der Regel späterhin gesellschaftlichen, insbesondere beruflich inspirierten Ansprüche und Normalisierungen etablieren.

Für Wilhelm von Humboldt war die Universität ein Ort der Freiheit in Forschung und Lehre, getragen vom gemeinsamen Interesse an wissenschaftlichen Fragen. Die Schule habe es mit fertigem Wissen zu tun, die Universität gerade nicht. Die Idee der Universität im Anschluss an Wilhelm von Humboldt ist mit der Vorstellung verbunden, Wissenschaft sei ein offener Prozess, der durch ein Nicht-Wissen getragen ist, das das Interesse und die Neugier wachhält. Doch nur inhaltliche Auseinandersetzungen mit Gegenständen, die umständlich sind und gerade nicht voraussetzungslos ergriffen werden können (Adorno), fördern Bildungsprozesse. Beschämend sind Zeiten, die solcher Erwähnung bedürfen. Es geht also bei der wissenschaftlichen Bildung nicht um die Anhäufung von mehr oder weniger nützlichen Teilkompetenzen, sondern um ein vielseitiges Interesse für diejenigen Fragen, die zur Orientierung wichtig sind und auf die Menschen gemeinsame Antworten als Sinnentwürfe suchen.

Bildung als Distanzleistung

Post-Bildung und Bildung, das wird deutlich, folgen also schlichtweg entgegengesetzten Logiken, sie sind gleichsam nicht kompatible „Programmiersprachen". Genauer: Während Post-Bildung über ihre Grammatik des Kompetenzmodells eine Anpassungsleistung intendiert, ist Bildung schlichtweg eine Distanzleistung. Bildung markiert das reflexive Moment einer Erfahrung, die zum Tribunal des bisher Gedachten wird. In seinem Fragment zur Theorie der Bildung des Menschen bezieht Wilhelm von Humboldt die für jede Erfahrung konstitutive Wechselwirkung von Begriff und Anschauung auf den Bildungsbegriff und begründet somit den unlösbaren Zusammenhang von Bildung und Erfahrung. Das Verständnis von Bildung muss sich allein aus der Reflexivität dieser Erfahrung selbst herleiten. Daher rührt Kants berühmte Warnung, dass Begriffe ohne Anschauung leer seien, also über keinerlei Gehalt verfügen. Anschauungen ohne Begriffe wiederum seien blind, das heißt, sie können sich in keiner Weise verstehend auf die Welt richten. Mit anderen Worten und verkürzt formuliert: Ohne Bildung sind Menschen quasi blind. Und Bildung ist eine Fähigkeit der Distanz, die gleichsam das Sehen erlaubt.

Diese Distanzleistung, die in nuce Resultat natürlicher begrifflicher Fähigkeiten des Menschen ist, findet ihren alleinigen Ausdruck in der Zeit, und zwar als Verzögerung[2]. Mit anderen Worten: Die Verzögerung der Zeit ist diejenige Form der Distanz, die der Reflexivität der Erfahrung sowie dem Verstehen innewohnt und die notwendige Bedingung von Bildungsprozessen ist. Sie markiert als ein Grenzphänomen gerade den Übergang von der bloßen Nutzbarmachung von etwas im Kontext der Post-Bildung hin zur reflexiven Frage nach seinem Sinn und seiner Bedeutung. „Um zu reflectieren", so Wilhelm von Humboldt, „muss der Geist in seiner fortschreitenden Thätigkeit einen Augenblick still stehn"[3].

Als begriffliche Wesen leben Menschen vor allem in einer Welt des Sinns, nicht in einer Umwelt, der sie sich lediglich stets anzupassen hätten. Die Anpassung kennt keine Wechselwirkung, keine begriffliche Gestaltung von Welt, keine Weltmodellierung, keine Neugier. Den Menschen zu behandeln, als bestünde sein Leben ausschließlich in der Anpassung an Vorgegebenes, ihm nicht die Fähigkeit der Gestaltung zu gestatten und ihn somit

---

2 Cf. Dörpinghaus, Andreas / Uphoff, Ina Katharina: *Die Abschaffung der Zeit. Wie Bildung erfolgreich verhindert wird.* Wissenschaftliche Buchgesellschaft: Darmstadt 2012.
3 Humboldt, Wilhelm von: *Werke Bd. V.* Wissenschaftliche Buchgesellschaft: Darmstadt 2002, S. 97.

zu unterstützen, sein Leben „in die eigene Hand" zu nehmen, beraubt ihn ethisch einer Würde, so schwer dieser Begriff auch wiegt, die für das Zusammenleben schwer verzichtbar ist.

Freiheit in Forschung und Lehre

Universitäten berufen sich zu Recht auf Freiheit in Forschung und Lehre, die immerhin Bestandteil des Grundgesetzes ist. Doch kündigt die Statik und die juridische Festschreibung von Studienqualifikationen diese Einheit auf. Bologna ist weder mit der Freiheit von Forschung und Lehre noch mit der Einheit von Forschung und Lehre vereinbar. Die Freiheit in und die Einheit von Forschung und Lehre haben ihren Ursprung im Widerstand gegen ein vormodernes statisches Wissenschaftssystem, das Wissen an Universitäten weitgehend nur noch kanonisch reproduzierte. Dagegen war die Idee der Einheit von Forschung und Lehre, ein offenes Wissenssystem zu begründen, das sich aus der Offenheit der Forschung ergibt. Wissenschaft wird so zu einem offenen, nicht abschließbaren Prozess des Fragens und des bleibenden forschenden Interesses. Bologna ist, so betrachtet, ein problematischer Rückfall in die Trennung von Forschung und Lehre. Forschung sollte die Lehre dynamisieren. Stattdessen wird heute fertiges, abgeschlossenes, zur Prüfung generiertes Wissen gelehrt, das nach Humboldt auf dem Niveau des Schulunterrichts situiert ist. Vielmehr muss die Ordnung, die das Wissen feststellt, im universitären Studium aufgebrochen werden. Es darf nicht nur ein Recht auf Freiheit respektive Einheit von Forschung und Lehre geben, sondern zugleich ein Recht auf die Freiheit des Lernens und der Neugier. Studierende müssen eine kritische Haltung zur Wissenschaft haben dürfen, anderenfalls ersetzt der Glaube die Wissenschaft. Sie müssen zu selbstständigen Urteilen kommen können, nicht nur Punkte sammeln wie bei Payback. Wir sind als Lehrende Wissenschaftlerinnen und Wissenschaftler, keine Lehrerinnen und Lehrer, Studierende sind angehende Akademikerinnen und Akademiker, keine Schülerinnen und Schüler. Die wissenschaftliche Lehre ist keine schulische Lehre.

Es geht in der Überwindung universitärer Krisen stets um die Bewahrung eines wissenschaftlichen Zuganges zur Welt, der die Universitäten historisch kontingent legitimiert und eine Kulturleistung ist. Die Universität lebt von ihrer Freiheit in Forschung, Lehre und Lernen. Sie ist selbst, obwohl

Institution, stets eine Werdende im Prozess der Wissenschaft und auf die Erneuerung durch die Nachkommenden angewiesen. Bildung und Lernen werden in der Post-Bildung nicht mehr als Prozess begriffen, sondern nur noch als Ergebnis, als Outcome, das nach Standards formal bewertet wird. Die Gleichheit im Ungleichen ist das Ziel. Die Bolognareform hat eine Implikations- oder Folgegrammatik, die aus ihrer Kompetenzorientierung folgt: Nicht mehr die Wissenschaften oder ihr Zugang zum Wissen strukturieren das Studium, sondern der Gedanke programmatisch inhaltsabstinenter formal-modularisierter Zusammenstellungen von quantitativer Zeit, die sogenannten Workloads, die praktische Anwendbarkeit suggerieren. Die komplexe Vorstellung dagegen eines wie auch immer vorgestellten und ausdifferenzierten Horizonts einer Wissenschaft, also eines in sich sperrigen Gebietes, das „umständlich" ist, wird obsolet. An ihre Stelle treten vielmehr additive, überprüfbare Abfolgen. Eine radikale Linearität im verschulten Gleichschritt der Kohorten. Kompetenzen sind stets partikular, sie addieren sich aber nicht zu einem guten Leben auf (Aristoteles), sondern erhalten ihren Sinn nur durch die Vorstellung und den Begriff der Bildung, die den Horizont und die Orientierung des Handelns ausmacht. Mit anderen Worten: Bildung ist nicht teilbar. Ein Freiraum der rekursiven Entwicklung von Persönlichkeit oder eines mündigen Ethos ist in der Post-Bildung nicht vorgesehen. Vielmehr tritt die Akkreditierung des Lebens an die Stelle mündiger Lebensführung. Universitäten werden nicht nur akkreditiert, sie sind selbst Akkreditierungsagenturen geworden, die nur noch Kompetenzen akkreditieren. Sie akkreditieren Menschen. Der Gedanke der infiniten Akkreditierung liegt nicht fern. So besteht nicht mehr der Ruf nach einem unbewegten Beweger, wohl aber nach einem unakkreditierten Akkreditierer.

Mit „Bologna" wurde endgültig ein Systemwechsel der Universität vollzogen, der Bildung und Wissenschaft marginalisiert und selbst nur noch nach ökonomischen Gesichtspunkten, weniger nach wissenschaftlichem Wert bemisst. Universitäten verdienen nicht die öffentlichen Gelder, wenn sie zu „polizeilichen" Dienstleistern und Handlangern degradiert werden, wenn sie dem Diktat der Nützlichkeit verschrieben werden, Auftragsforschung betreiben und durch Forschungsdogmen ihre Freiheit, Kreativität und das Spielerische verlieren. Universitäten sollten ihrer eigenen Dialektik von Bildung und Post-Bildung reflexiv begegnen und sie als neue, quasi politische Aufgabe und als Bestandteil der eigenen Wissenschaft selbst betrachten.

Universitäten brauchen Freiheit, sonst sind sie das Geld nicht wert, das man ihnen permanent kürzt. Universitäten sind auf Krisen spezialisiert, an ihnen brechen immer auch wichtige gesellschaftliche und kulturelle Problemlagen auf. Umso wichtiger ist es, dass sie auf Krisen antworten. Derzeit herrscht weitgehend Stille.

Literatur

Dörpinghaus, Andreas / Uphoff, Ina Katharina: *Die Abschaffung der Zeit. Wie Bildung erfolgreich verhindert wird.* Wissenschaftliche Buchgesellschaft: Darmstadt 2012.

Humboldt, Wilhelm von: *Werke Bd. V.* Wissenschaftliche Buchgesellschaft: Darmstadt 2002.

„Tugend (Subst.), die – vor vielen Jahrzehnten und Jahrhunderten quasi das Erziehungsziel schlechthin. Wortgeschichtlich kommt es von »taugen«. Etwas oder jemand taugt für etwas. Ein Jemand z.B. für eine bestimmte Tätigkeit. Dann ist er tauglich und damit tugendhaft. Die alten Griechen sagten dazu areté. Heute sagt man eher (→) Kompetenz. Areté erinnert stark am Ares, den Gott des Krieges. Gemeint war damit nicht nur Kühnheit (Tapferkeit), sondern auch List und Tücke. Bei der Kompetenz dürfte es sich ähnlich verhalten. Erst die Christen verformten dann den Tugendbegriff so, dass praktisch nichts mehr rausprang. Demut wäre z.B. eine Tugend. So sagten sie. Nietzsche sagte dann ganz richtig: Ja, schon, aber eine Tugend für Sklaven"[1]

Andrea Liesner
Der Verzicht auf politische Tugend als Managementstrategie? Beispiele aus der Universität

Abstract This contribution analyzes current strategies of university management from an empirical and a educational theoretical perspective. The article focuses on the system accreditation at German universities, the cooperation of universities with the business sector, and the pressure on researchers to raise third party funds. Based on this analysis, this contribution will argue for the need to strengthen the public character of universities and their obligation to search for truth without any reservations.

Die folgenden Überlegungen knüpfen an den Beitrag von Andreas Dörpinghaus in diesem Band an. Denn unsere Überlegungen zum Thema gehen tatsächlich oft in ähnliche Richtungen, wenngleich wir verschiedene

---

1   Schirlbauer, Alfred: „Tugend." In: id.: *Ultimatives Wörterbuch der Pädagogik. Diabolische Betrachtungen*. Sonderzahl-Verlag: Wien 2012, S. 87.

Schwerpunkte setzen. Der folgende Beitrag ist entsprechend als Ergänzung und gleichzeitig als Perspektivwechsel konzipiert. Ich möchte zeigen, dass der gegenwärtige Zuschnitt von Bildung nicht nur mit einem *Verlust* politischer Tugend zu tun hat, sondern zum Teil auch mit einem bewussten *Verzicht* auf diese. Das zeigt sich vor allem in den strategischen Zielen heutiger Bildungseinrichtungen, insbesondere denen der Universität. Mit diesem Verzicht aber, so meine These, riskiert sich die Universität gewissermaßen selbst: Sie gefährdet sich nämlich als eine Institution, die öffentlich und der Bildung verpflichtet ist.

Ihrer Idee nach hat sie seit der Antike „ein einziges übergreifendes Ziel: Erkenntnis, und zwar umfassende Erkenntnis", ohne Einschränkungen dessen, „was es zu erforschen und zu welchem Zwecke es zu erforschen sei."[2] Aus dieser Freiheit von Forschung und Lehre leitet sich ihre Aufgabe ab, wissenschaftliches Denken anzuregen. Dessen Grundsätze gelten sowohl für diejenigen, welche Wissenschaft zu ihrem Beruf machen wollen, als auch für diejenigen, welche sich in akademischen Ausbildungen befinden: In philosophischer Tradition lässt sich diese „Haltung der Wissenschaftlichkeit" zunächst mit der sokratischen „Disziplinierung des Denkens" kennzeichnen[3]. In der Neuzeit kam der Anspruch auf eine methodische Nachvollziehbarkeit hinzu sowie das „Bewusstsein, dass jede Untersuchung an Voraussetzungen gebunden ist und nur auf Grund bestimmter Voraussetzungen erfolgen kann".[4]

Um wissenschaftlich genannt werden zu können, bedarf das Bemühen um Erkenntnis zudem bis heute des Kriteriums der Öffentlichkeit: „Der einzige Test dafür, ob etwas als wahr gelten kann, besteht darin, das Behauptete öffentlich zu machen und auf diese Weise allen, die sich an der Wahrheitssuche beteiligen wollen, Gelegenheit zu geben, das Behauptete zu widerlegen oder Einwände geltend zu machen. Das Gespräch zu suchen und das Gespräch zu

---

2 Cf. Hügli, Anton: „Über das Gute in Bildung und Lehrerbildung und die Frage, wie man dies misst." In: Böhm, Winfried et al. (Hrsg.): *Kritik der Evaluation von Schulen und Universitäten*. Ergon-Verlag: Würzburg 2004, S. 24.
3 Cf. ibid., S. 25.
4 Cf. ibid.

wollen, ist darum das A und O einer Universität, insbesondere das Gespräch mit der nachrückenden Generation, die die Wahrheitssuche fortsetzen soll."[5]

Beides, also die freie Suche nach Erkenntnis und das öffentliche Ringen um Wahrheit, wird heute auf eine spezifische Weise eingeschränkt. Begrenzungen der grundgesetzlich verbürgten Freiheit von Forschung und Lehre sind zwar so alt wie das Grundgesetz selbst. Das unternehmerische Profil aber, das sich heute viele Universitäten geben – sei es aufgrund politischen Drucks oder auch aus eigenem Antrieb – scheint eine veränderte Qualität solcher Begrenzungen anzuzeigen.

Diese Überlegung soll in drei Schritten erläutert werden:
1. Bildung und wirtschaftlicher Strukturwandel
2. Hochschulmanagement heute
   2.1 Systemakkreditierung
   2.2 Kooperationen mit Unternehmen
   2.3 Einwerbung von Forschungs- und Lehrmitteln
3. Bildung, politische Tugend und Schlüsselqualifikationen

Einleitend skizziere ich den wirtschaftlichen Kontext, in dem Bildungsreformen heute weltweit stattfinden. *Zweitens* werde ich an einem Beispiel diejenigen Kriterien skizzieren, welche heute als Qualitätsmerkmale eines vorbildlichen Hochschulmanagements gelten. Aus ihnen kann man ziemlich präzise ableiten, welche Idee von Universität heute im öffentlichen Diskurs vorherrschend ist, also von ihrer Gestalt, ihren Zielen, ihren Aufgaben. Und man kann sie entsprechend konkret nach den Implikationen für universitäre Bildung befragen. *Drittens* und zum Abschluß folgt ein knapper Ausblick zum Zusammenhang von Bildung, politischer Tugend und Schlüsselqualifikationen.

1. Bildung und wirtschaftlicher Strukturwandel

Mit dem Begriff ‚Postfordismus' wird in der Politologie eine spezifische kapitalistische Formation bezeichnet, die im letzten Drittel des 20. Jahrhunderts entstand. Spätestens mit dem Ende des Abkommens von *Bretton Woods*, das nach dem Zweiten Weltkrieg für die Stabilität der Wechselkurse

---

5 Ibid., S. 35.

gesorgt hatte, wurde deutlich, dass die in westlichen Industriestaaten bis dahin vorherrschende Form des kapitalistischen Wirtschaftens an ihre Grenzen gelangt war. Die Kombination von standardisierter Massenproduktion (Fordismus) und wohlfahrtsstaatlicher Steuerung (Keynesianismus) stellte längerfristig keine stabilen Unternehmensgewinne mehr in Aussicht. Unter maßgeblichem Einfluss von OECD, IWF, WTO und Weltbank setzten sich daraufhin weltweit neoliberale Strategien zur Überwindung der Krise durch. Ob mit ihnen tatsächlich „eine *historisch neue* kapitalistische Formation – Postfordismus genannt – entstanden ist oder die entsprechenden Prozesse nur eine Fortdauer der Fordismuskrise anzeigen", wird wissenschaftlich bis heute kontrovers diskutiert.[6]

Die wichtigsten Merkmale des wirtschaftlichen Strukturwandels allerdings sind kaum strittig. Zu ihnen gehört eine Veränderung der Lohn- und Arbeitsbedingungen; diese differenzieren sich aus, werden informeller und unsicherer. Gleichzeitig werden soziale Sicherungen abgebaut oder privatisiert, Gewerkschaften verlieren an Einfluss. Gemeinsam führen diese Entwicklungen zu einer Auflösung des bisherigen Verhältnisses zwischen Massenproduktion und Massenkonsum, und auch Wirtschaftswachstum und Konsumsteigerung beginnen sich zu entkoppeln. Tendenziell führen diese Entwicklungen zu einem gleichbleibenden oder sogar sinkenden Einkommen der meisten Arbeitnehmer. Den Postfordismus kennzeichnen zudem eine stärkere Abhängigkeit der Wirtschaft von den Kapital- und Finanzmärkten und eine geringere staatliche Kontrolle dieser Märkte. Gleichzeitig wächst der Einfluss unternehmerischer Oligopole, d.h. einiger weniger Großkonzerne, die global vernetzt sind und sich gegen Konkurrenz schützen.[7]

Im Mittelpunkt dieses Strukturwandels steht jedoch die intensive Suche nach neuen Möglichkeiten der Kapitalverwertung. Entsprechende Anstrengungen kennzeichneten zwar auch schon frühere Formen der neuzeitlichen Marktwirtschaft; sie konzentrieren sich heute aber vor allem auf die Privatisierung jener Ressourcen, welche bislang zum Gemeinwohl gezählt wurden

---

6 Cf. Hirsch, Joachim: „Postfordismus: Dimensionen einer neuen kapitalistischen Formation." In: id. / Jessop, Bob / Poulantzas, Nicos (Hrsg.): *Die Zukunft des Staates*. VSA-Verlag: Hamburg 2001, S. 130ff.
7 Cf. ibid.

oder als nicht verkäuflich galten: Gene und Zellen, Wasser und Luft, Bildung und Kultur. Im Postfordismus werden Natur und Wissen zu lukrativen Zukunftsmärkten, die es zu erschließen gilt. Dementsprechend weiten sich auch die Bereiche aus, die zwecks effektiverer Verwertbarkeit rationalisiert werden: Die Organisation immaterieller Arbeit, also Arbeit z.B. in Forschung und Entwicklung, in der Produktionsvorbereitung und -steuerung oder im Dienstleistungssektor, orientiert sich zunehmend an Formen der Rationalisierung und Effizienzsteigerung, welche bereits die Informations-, Kommunikations-, Bio- und Gentechnologien profitabel nutzbar machten.

Das letzte Merkmal des wirtschaftlichen Strukturwandels, das im Zusammenhang mit dem Thema Universität wichtig ist, besteht in dem rasanten Wandel des Raum-Zeit-Verhältnisses. Große Distanzen verlieren aufgrund der Internet-basierten technischen Möglichkeiten ebenso an Bedeutung wie lokale Zeitunterschiede und nationalstaatliche Grenzen: Es bilden sich miteinander vernetzte ökonomische Metropolregionen, und da sich deren Rhythmus immer stärker vom langsameren der Peripherie unterscheidet, wird die Steuerung und Regulation dieser Verhältnisse zu einer enormen Herausforderung.[8]

Was hat all das mit Bildung zu tun?

Der beschriebene wirtschaftliche Strukturwandel und seine massive Unterstützung durch globale Marktinstitutionen haben seit den 1990er Jahren *auch* die Vorstellung populär werden lassen, wir lebten in einer Wissensgesellschaft, die sich mit einer wissensbasierten Ökonomie auf einem globalen Markt behaupten muss. Dazu tragen vor allem die Aktivitäten der OECD bei, die sich weltweit darum bemüht, ihre Leitidee von „Bildung als Humankapital" durchzusetzen[9]. Die Organisation fährt dabei eine Doppelstrategie: Zum einen rät sie den nationalstaatlichen Regierungen, angesichts der leeren öffentlichen Kassen die Ausgaben für den Bildungsbereich zu senken, und zum anderen plädiert sie für eine Erhöhung seiner Effizienz. Das bedeutet konkret, dass strukturell auf Privatisierungen und auf einen betriebswirtschaftlichen Umbau staatlicher Bildungseinrichtungen

---

8 Cf. ibid., S. 139.
9 Cf. Münch, Richard: *Globale Eliten, lokale Autoritäten. Bildung und Wissenschaft unter dem Regime von PISA, McKinsey & Co.* Suhrkamp-Verlag: Frankfurt/M. 2009.

gesetzt wird; inhaltlich werden eine Orientierung an Grundkompetenzen bzw. Schlüsselqualifikationen und die Befähigung zum lebenslangen Lernen empfohlen.

Die entsprechenden politischen Reformen werden seit Jahren international und interdisziplinär erforscht, im deutschsprachigen Raum unter anderem als „Ökonomisierung der Bildung bzw. der Wissenschaft"[10]. Im Folgenden geht es lediglich um *einen* Aspekt dieses inzwischen sehr breiten und differenzierten Themas, nämlich um die betriebswirtschaftliche („manageriale") Umsteuerung von Hochschulen:

Sie ist insofern schon allein deshalb beachtenswert, weil die wettbewerbsorientierte Reform deutscher Universitäten bis heute auf einem Quasi-Markt stattfindet. Staatlichen Hochschulen ist es gesetzlich untersagt, monetären Profit zu erwirtschaften. Die Gratwanderung zwischen dem simulierten und dem realen Markt ist aber gleichwohl in vollem Gange, und so genannte *Public Private Partnerships* im Forschungs- und Personalbereich boomen. Manche von ihnen sehen vor, dass die Rechte an den Ergebnissen staatlich finanzierter Forschung an die privaten Investoren gehen, andere bestehen in so genannten Kernkompetenzzentren oder Austauschprogrammen, mit denen beide Seiten Gewinne erwirtschaften. Als „Partnerschaft" wird heute auch bezeichnet, wenn an staatlichen Hochschulen im Auftrag von Firmen gebührenpflichtige Studiengänge eingerichtet werden oder wenn Sponsorengelder zur Umbenennung von Hörsälen mit Markennamen führen, wie 2007 im Falle des ALDI-Hörsaals der Fachhochschule Würzburg.[11] Derartige Verschiebungen zwischen dem staatlichen und dem privaten Sektor

---

10 Cf. ibid., zudem u.a. Höhne, Thomas: *Ökonomisierung und Bildung. Zu den Formen ökonomischer Rationalisierung im Feld der Bildung.* Springer VS-Verlag: Wiesbaden 2015; Gericke, Christina / Liesner, Andrea: „Geben und Nehmen auf Augenhöhe? Kooperationen zwischen Schule und Wirtschaft als Herausforderung der sozioökonomischen Bildung." In: Andreas Fischer et al. (Hrsg.): *Sozioökonomische Bildung. Bundeszentrale für politische Bildung,* Bonn 2014, S. 368–389; Ptak, Ralf: „Mehr und bessere Bildung durch Markt und Wettbewerb? Thesen zur politischen Ökonomie der aktuellen Bildungsdebatte." In: Lohmann, Ingrid et al. (Hrsg.): *Schöne neue Bildung? Zur Kritik der Universität der Gegenwart.* Transcript-Verlag: Bielefeld 2011, S. 105–120.

11 Cf. Holland-Letz, Matthias: *Schöne neue Hochschulwelt. GEW-Privatisierungsreport 6,* Frankfurt/M. 2008, retrieved 6.7.2015 from: http://www.gew. de/Binaries/Binary34669/080415_GEW_Priva_6_final.pdf; Liesner, Andrea:

folgen nicht mehr dem Gemeinwohl, sondern Partikularinteressen. Und sie werden massiv dadurch gefördert, dass sich das Selbstverständnis der Universität verändert. Hochschulen geben sich heute unternehmerisch, sie formulieren Leitbilder, arbeiten an ihrer corporate identity und werden gemanagt statt geleitet. Das alles hat massive Auswirkungen auf das, was universitäre Bildung meint und kann, aber dazu später. Zunächst zum Stichwort „Management".

2. Hochschulmanagement heute

Hochschulen werden heute vielerorts nicht mehr geleitet, sondern „gemanagt". Und wer das besonders gut kann, erfährt politische und öffentliche Anerkennung. Seit 2008 vergibt z.B. das Gütersloher Zentrum für Hochschulentwicklung CHE einmal jährlich die Auszeichnung „Hochschulmanager des Jahres", ursprünglich zusammen mit der Financial Times Deutschland und seit dem Ende dieser Zeitung mit der ZEIT. Das CHE wählt dafür üblicherweise verschiedene Leiterinnen und Leiter deutscher Hochschulen aus, deren Arbeit öffentlich als vorbildlich präsentiert wird.

An dieses Ranking kann man mindestens drei Fragen stellen:

Wer sind die Experten, die die Qualität von Hochschulleitungen beurteilen können?
Wie gehen sie bei ihrer Beurteilung vor? Und
nach welchen Kriterien bemessen sie schließlich die Qualität von Hochschulleitung?

Wer gilt hier als hochkarätig und warum? Hinweise darauf geben zum einen die Herkünfte der kontinuierlichen und der wechselnden Mitglieder der Jury: 2012 und 2013 blieben zwei Professoren Mitglied, einer in der Funktion als Geschäftsführer des CHE, eine ausgewiesen als Präsidentin der Deutschen Universität für Weiterbildung. Als Dritter scheint obligatorisch der oder die Preisträgerin des Vorjahres hinzuzukommen. Ausgeschieden sind nach 2012 drei: eine Professorin aus dem Personalvorstand der Deutschen Telekom, eine Redakteurin aus der Bildungssparte der G+J Wirtschaftsmedien und ein

---

„Vom öffentlichen Gebrauch der Vernunft." In: Ricken, Norbert et al. (Hrsg.): *Umlernen*. Fink-Verlag: München 2009, S. 279–289.

dänischer Universitätsrektor.[12] Sie wurden 2013 ersetzt von einer ehemaligen Landesministerin für Wissenschaft und Wirtschaft, einer stellvertretenden Vertreterin des Ressorts „Chancen" der ZEIT und dem Vizepräsidenten der deutschen Hochschulrektorenkonferenz.[13]

Zum anderen sind die Kriterien wichtig, nach denen Hochschulleiter in den Nominierungsblick genommen werden. Sie müssen mindestens drei Jahre im Amt sein und seitdem eine deutliche Qualitätssteigerung ihrer Institution erreicht haben. Inhaltlich wird diese an folgenden Kriterien bemessen: 2012 ging es um „nachweisliche Verbesserungen" in den Bereichen „Internationalisierung, Frauenförderung und öffentlich-private Kooperationen"[14], 2013 um ebensolche in den Bereichen „Forschung und Lehre, Internationalität, bei Wettbewerben und in der Karriereförderung"[15], 2014 wurde der Preisträger für seine Fähigkeiten geehrt, „Balance zu halten, Ziele zu definieren und diese im Team mit klar verteilten Rollen gemeinsam umzusetzen"[16]. In einem mehrstufigen Verfahren werden dazu vom CHE Daten vom Deutschen Akademischen Austauschdienst zusammen mit solchen der Alexander von Humboldt-Stiftung und des CHE-Hochschulrankings ausgewertet. Die auf dieser Grundlage vor-ausgewählten Leitungen der vierzig am höchsten gerankten Hochschulen wurden zudem schriftlich befragt, welches Führungsverständnis und welche Maßnahmen zu den Erfolgen geführt hätten.

All die nominierten Hochschulleitungen gelten als hochkarätig, weil sie die Kriterien bedienen, die von außen gesetzt werden und innerhalb der Hochschulen durchaus Zuspruch finden. In der Pressemitteilung der FH Münster hieß es 2013 entsprechend anerkennend:

„Zum zweiten Mal war sie nominiert, nun hat sie die begehrte Auszeichnung erhalten: Prof. Dr. Ute von Lojewski, Präsidentin der Fachhochschule Münster, ist ‚Hochschulmanagerin des Jahres 2013'. Während der ‚ZEIT KONFERENZ Hochschulmanagement' am heutigen Donnerstag

---

12 Cf. CHE: *Hochschulmanager(in) des Jahres,* retrieved 6.7.2015, from http://www.che.de.
13 Cf. ZEIT: *Pressemitteilung vom 28.11.2013,* retrieved 6.7.2015, from http://www.zeit-verlagsgruppe.de.
14 Cf. *CHE 2012.*
15 Cf. *ZEIT 2013.*
16 Cf. *CHE 2014.*

(28. November) in Berlin ehrte eine Expertenjury die Wirtschaftswissenschaftlerin für ihre Verdienste um die Entwicklung und Erfolge der Fachhochschule Münster. Von Lojewski sei es gelungen, mit ihren Reformen in vielen Bereichen eine Vorreiterrolle einzunehmen, sei es durch die Systemakkreditierung, Kooperationen mit Unternehmen oder die Einwerbung von Forschungs- und Lehrmitteln, so das Urteil der sechsköpfigen Jury. ‚Frau von Lojewski und die Fachhochschule Münster stehen für ein selbstbewusstes, eigenständiges Profil. Es ist ihr und ihrer Mannschaft gelungen, die FH Münster in ihren spezifischen Stärken zu erhalten, zu entwickeln und zu positionieren', sagte die ehemalige Ministerin für Wissenschaft und Wirtschaft des Landes Sachsen-Anhalt, Birgitta Wolff, in der Laudatio. Ihr Jury-Kollege, CHE-Geschäftsführer Prof. Dr. Frank Ziegele, ergänzte: ‚Ute von Lojewski verkörpert das Bild der Hochschulmanagerin geradezu idealtypisch – sie weiß die Ansätze der Betriebswirtschaftslehre richtig einzusetzen, indem sie für ihre Anpassung an die Besonderheiten und die Kultur einer Hochschule sorgt. Sie agiert als Führungsperson, schafft aber beispielsweise mit dem Qualitätsmanagement gleichzeitig Strukturen und Prozesse, die den richtigen Rahmen für Führungshandeln setzen.'"[17]

So weit. Wie einleitend angekündigt, folgt exemplarisch ein ausführlicher Blick auf die einzelnen Strategien und Maßnahmen, für die die Münsteraner FH-Leiterin ausgezeichnet wurde, also für die Systemakkreditierung, für die Kooperationen mit Unternehmen und für die Einwerbung von Drittmitteln für Forschung und Lehre.

2.1 Systemakkreditierung

Der Bielefelder Soziologe Stefan Kühl analysiert die aktuelle Umstellung des Akkreditierungsverfahrens von Programm zu System so:

> „Als das Akkreditierungsverfahren um die Jahrhundertwende an den deutschen Hochschulen eingeführt wurde, waren damit enorme Hoffnungen verbunden. Endlich – so die Position der Bildungspolitiker(innen) fast aller Parteien – würde die Genehmigung der Studiengänge aus den staatlichen Zwängen der Ministerialverwaltung befreit und damit die Basis für eine ganz neue bunte Vielfalt von neuen Studiengängen geschaffen werden. Die Verschiebung der Kompetenzen

---

17 Cf. FH Münster: *Prof. Dr. Ute von Lojewski ist „Hochschulmanagerin des Jahres 2013".* Pressemitteilung vom 28.11.2013.

für die Genehmigung von Studiengängen von einer letztlich durch Wahlen legitimierten Ministerialbehörde hin zu privatwirtschaftlich agierenden Akkreditierungsagenturen passte in eine Zeit, in der in einem fast Orwellschen Stil Wissenschaftsministerien in Innovationsministerien umbenannt wurden, Bundesländer neue Hochschulgesetze als Hochschulfreiheitsgesetze bezeichneten und das New Public Management weitgehend ungeprüft als neues Wundermittel zur Steuerung von Hochschulen propagiert wurde. [...] Inzwischen besteht jedoch eine überraschende Einigkeit, dass das Akkreditierungsverfahren von einzelnen Studiengängen als gescheitert gelten muss."[18]

Dieses Scheitern führt nun aber keineswegs dazu, dass man in Betracht zöge, sich von der Akkreditierung in Gänze zu verabschieden. Nein, man setzt vielmehr auf eine Veränderung des Verfahrens, auf einen Perspektivwechsel: weg vom Klein-Klein des Prüfens, ob einzelne Studiengänge einer Hochschule den Regeln entsprechen, hin zum Blick aufs Ganze:

„Hochschulen sollen die internen Genehmigungs- und Evaluationsverfahren so genau standardisieren und dokumentieren, dass man davon ausgehen kann, dass am Ende ‚gute [bzw. bessere] Studiengänge' herauskommen"[19].

Soziologisch stellt sich diese Umstellung von der Programm- auf die Systemakkreditierung vor allem als eine Verschiebung von Machtverhältnissen dar:

„Die Gestaltung von Studiengängen ist eine Frage der Kompetenz – und zwar der Kompetenz im doppelten Wortsinne: Einerseits der Fähigkeit, einen dem Fach angemessenen Studiengang zu entwickeln, und andererseits des formal abgesicherten Rechts, diesen Studiengang so auch durchzuführen. Auch wenn die unter dem Label ‚Bologna-Reform' eingeführten Instrumente wie Leistungspunkte und Module die Gestaltung von methodisch durchdachten Studiengängen extrem erschwert haben, würde man die Fähigkeit (also die eine Seite der Kompetenz) für die Gestaltung eines Studiengangs spontan in den einzelnen Fachbereichen ansiedeln. Wie sollten auch beispielsweise ein(e) aus der Physik stammende(r) Prorektor(in) für Lehre und ihre/seine Stäbe einschätzen können, wie zum Beispiel ein Masterstudiengang Deutsch als Fremdsprache am besten aufgebaut sein sollte? Aber auch wenn die Fähigkeit zur Gestaltung von Studiengängen offensichtlich in den Fachbereichen liegt, liegen die formalen Kompetenzen zur Gestaltung und Durchführung des Studienganges damit nicht automatisch auch bei ihnen.

Bei der Umstellung von der Programm- auf die Systemakkreditierung werden sich diese formalen Kompetenzen verschieben und damit auch die Machtverhältnisse bei der Gestaltung von Studiengängen. Im alten System der Programmakkreditierung

---

18 Kühl, Stefan: *Wenn Hochschulmanager von Systemen sprechen*. 2014, S. 23.
19 Cf. ibid., S. 25ff.

hat man es mit einem Machtspiel von drei Akteuren zu tun – der Hochschulleitung, den Fachbereichen und den Akkreditierungsagenturen. Dieses Machtspiel war insofern austariert, als dass bei der Programmakkreditierung die Agentur als eine Art ‚Dritter' zwischen Hochschulleitung und Fachbereichen agierte. Zwar wird der Akkreditierungsantrag letztlich von der Hochschulleitung gestellt, und natürlich hat die Akkreditierungsagentur – Stichwort privatwirtschaftliches Unternehmen – Interesse daran, möglichst viele neue Akkreditierungsanträge von dieser Hochschulleitung zu bekommen, aber gleichzeitig sitzen im Gutachtergremium für einen Studiengang vorrangig Fachexperten(innen), die eher den Argumenten der Fachbereiche zugeneigt sind.

Mit der Systemakkreditierung werden die Machtverhältnisse jetzt verschoben, weil die Akkreditierungsagentur kaum noch als Dritter zwischen Hochschulleitung und Fachbereichen agiert, sondern letztlich zum finanziell abhängigen Zuarbeiter der Hochschulleitung und ihrer Stäbe wird. Die Karten im Machtspiel zwischen Zentrale und Dezentrale werden neu gemischt."[20]

Nun sind allerdings „die Auseinandersetzungen zwischen der Zentrale und den Dezentralen eines der klassischen Spannungsfelder in jeder Organisation", und

„Kurt Tucholsky hat bereits in den zwanziger Jahren des vorigen Jahrhunderts das Spannungsfeld treffend beschrieben, das für ‚Kleinkinderbewahranstalten, Außenministerien, Zeitungen, Krankenkassen, Forstverwaltungen und Banksekretariate' und – man mag ergänzen – auch für Fachhochschulen und Universitäten gilt: Die ‚Zentrale' – so Tucholsky – ‚weiß alles besser'. Die Zentrale habe ‚die Übersicht, den Glauben an die Übersicht und eine Kartothek' (gemeint ist das Campus Management System). ‚In der Zentrale sind die Männer' (von den Frauen in der Zentrale konnte Tucholsky noch nichts wissen) ‚mit unendlichem Stunk untereinander beschäftigt, aber sie klopfen dir auf die Schulter und sagen: ‚Lieber Freund, Sie können das von Ihrem Einzelposten nicht so beurteilen! Wir in der Zentrale ...'" ‚Die Zentrale', so die Beschreibung Tucholskys, ‚hat zunächst eine Hauptsorge: Zentrale zu bleiben. Gnade Gott dem untergeordneten Organ, das wagte, etwas selbständig zu tun! Ob es vernünftig war oder nicht, ob es nötig war oder nicht, ob es da gebrannt hat oder nicht –: erst muss die Zentrale gefragt werden. Wofür wäre sie denn sonst Zentrale!'"[21]

Wir werden also abwarten müssen, ob die Systemakkreditierung tatsächlich zu besseren Studiengängen führt – oder nur zu einer weiteren Stärkung des

---

20 Ibid., S. 27.
21 Cf. ibid., für Tucholsky i.O. vgl. unter dem Pseudonym Peter Paster: „Die Zentrale." *Die Weltbühne.* 21. Jg. 1925, vollständiger Nachdruck der Jahrgänge 1918–1933, Athenäum-Verlag: Königstein/TS. 1978.

Hochschulmanagements. Eine solche könnte dann auch zu zentral verordneten Neuzuschnitten des Bereichs Schlüsselqualifikationen führen. Mit einem solchen Neustart wäre allerdings keineswegs nur das Risiko einer ‚von oben' diktierten langweiligen Neuauflage irgendwelcher ‚Basisqualifikationen' verbunden. Wenn Hochschulleitungen wollen, können sie damit stattdessen auch die Chance auf die Entwicklung eines anspruchsvollen Studiums Generale nutzen, wie es heute z.B. schon an der Uni Tübingen, an der PH Weingarten oder an der HCU Hamburg geschieht.

Für Kühl jedenfalls ist es „nur eine Frage der Zeit", bis das bisherige Verfahren, also die Akkreditierung einzelner Studiengänge abgeschafft wird:

> „Vielleicht wird es das Bundesverfassungsgericht sein, das die Genehmigung von Studiengängen über private Agenturen kippen wird, vielleicht werden es die Hochschulpolitiker sein, die nicht mehr bereit sind, die enormen Kosten für die Akkreditierung zu finanzieren, vielleicht wird es auch eine mutige Hochschulrektorin oder eine mutige Unipräsidentin sein, die erklärt, dass die eigene Hochschule für einen solchen bürokratischen Irrsinn keine Zeit und – angesichts der Unterfinanzierung der Hochschulen – auch kein Geld hat, und einfach aus dem Akkreditierungsverfahren aussteigt. In Deutschland sind bisher fast die Hälfte der Studiengänge aus verschiedenen Gründen nicht akkreditiert – ohne dass das bisher Studierende, Arbeitgeber(innen) oder auch Graduiertenschulen irgendwie besonders interessiert hat."[22]

Sein Blick auf die Alternative, also auf die mit der FH Münster preisgekrönte neue Systemakkreditierung, macht jedenfalls skeptisch.

Damit zum zweiten Merkmal guten Hochschulmanagements:

2.2 Kooperationen mit Unternehmen

In Hochschulen finden seit nunmehr zwei Jahrzehnten gravierende Verschiebungen im Verhältnis zwischen privat und öffentlich statt.[23] Zu ihnen gehört die massiv geförderte Kooperation mit privatwirtschaftlichen Unternehmen

---

22 Cf. ibid., S. 25.
23 Cf. Liesner, Andrea 2009/2010; international z.B. Brown, Roger und Carasso, Helen: *Everything for sale? The Marketisation of UK Higher Education*, Routledge-Verlag: London 2013; McGettigan, Andrew: *The Great University Gamble: Money, Markets and the Future of High Education*. Pluto-Verlag (Palgrave Macmillan): Basington und Hampshire 2013.

ebenso wie der Druck auf Wissenschaftler, Drittmittel einzuwerben. Zunächst wieder einige Beispiele für aktuelle Kooperationen:

– *IMI*: Das siebte EU-Forschungsrahmenprogramm, das derzeit läuft, beinhaltet unter anderem vier Technologieinitiativen. Deren höchstdotierte ist die *Innovative Medicines Initiative* (IMI, Laufzeit 2007–2017). Als eine *public-private-partnership*, die der EU-Kommission als erfolgreiches Vorbild für die anderen Initiativen gilt, steht die IMI seit einigen Jahren in der Kritik deutscher Universitäten und Forschungsinstitute, weil sie „einen uneingeschränkten und unbefristeten Zugang zu Forschungsergebnissen aus europäischen Universitäten zugunsten aller weltweit agierenden Mutter- und Tochtergesellschaften der europäischen Pharmaindustrie"[24] vorsehe. Knackpunkt der ppp seien die Beteiligungsregeln, die juristisch die Rechte am geistigen Eigentum festlegen. Für die Leiterin der Brüsseler Helmholtz-Dependance degradieren diese Regeln „die europäischen Universitäten und öffentlichen Forschungseinrichtungen zu Wasserträgern der Industrie" und verfehlen noch dazu das Ziel, „qualifizierte Forscher in Europa zu halten."[25]

– *Kernkompetenzzentren, Austauschprogramme und geteilte Professuren*: Politisch wird seit Jahren unter den Stichworten ‚Wissenstransfer' und ‚Praxisnähe' eine engere Zusammenarbeit von Universitäten und Unternehmen gefordert. Diese realisiert sich – meist weniger beachtet – auch in kleineren, lokalen Projekten. In Augsburg etwa werden die „engen Regeln des Hochschulgesetzes", die ein gewinnorientiertes Arbeiten der Universitäten verbieten, über ein neu eingerichtetes „Kernkompetenzzentrum" für IT und Finanzdienstleistungen geweitet.[26] Das Zentrum gehört zwar zur Universität, Verträge wie die mit der Deutschen Bank oder MLP werden aber üblicherweise persönlich mit einem Professor für Wirtschaftsinformatik und einigen seiner ehemaligen Mitarbeiter geschlossen. Diese haben „dazu eigens drei GmbH gegründet", und die private Auftragsforschung rechnet sich: „Immerhin 2 Mio. Euro" so genannter „‚Deckungsbeiträge aus der

---

[24] Cf. Friedrich, Thomas A.: „Industrie soll Wissen der Universitäten direkt nutzen dürfen." *Die Welt*, 22.07.2008.
[25] Cf. Kentner, hier zit. nach Friedrich 2008.
[26] Cf. Kösters, Judith: „Professoren auf Kundenfang." *Financial Times Deutschland*, 06.11.2007.

Wirtschaft'" bzw. Honorare hat der universitär beschäftigte Wissenschaftler im Jahr 2007 eingenommen.[27] Andernorts favorisiert man Austauschprogramme, wie in Brandenburg, wo Hochschulleiter für einen Tag auf den Arbeitsplatz eines Geschäftsführers einer mittelständischen Firma wechseln (und umgekehrt), während in NRW ein Professor für integrative Systeme seinen Lehrstuhl für drei Jahre mit einem Abteilungsleiter von Infineon getauscht hat.[28] „Einen besonderen Weg", so vermeldete die Financial Times Deutschland 2008 anerkennend, gehe auch „die Uni Karlsruhe. Sie hat im Rahmen der Exzellenzinitiative am Karlsruher Institut für Technologie zehn sogenannte Shared Professorships eingerichtet", d.h. Stellen, die zeitlich befristet und jeweils zur Hälfte öffentlich und privat finanziert sind.[29] Für die erste Professorin dieser Art war das schon damals nicht mit einem Interessenkonflikt verbunden: „Wir haben klare Ziele, Schnittstellen und Grenzen festgelegt. So darf ich Firmeninterna nicht einfach in einer Vorlesung verraten. An der Uni arbeite ich wiederum auch an Projekten, die nichts mit Daimler zu tun haben. Das einzige Problem ist das Zeitmanagement. Aber der Tag hat ja zum Glück 24 Stunden."[30]

– *Studiengänge auf Bestellung*: An der FH Köln wird ein BA-Studium angeboten, das speziell auf die Anforderungen im Vertrieb der Zurich-Versicherungsgruppe zugeschnitten ist. Das Unternehmen bezahlt „20.000 € pro Student" für diesen „Bachelor in Financial Service Management"; es kann dafür aber auch die personellen Kapazitäten der Hochschule für einen Studiengang in Anspruch nehmen, dessen Curriculum speziell für die ‚eigenen' 25 Studierenden entwickelt wurde.[31] Einen noch unternehmerfreundlicheren Service bietet die Fachhochschule für angewandtes Management in Erding: „Sie schickt ihre Professoren für Seminare sogar in die Unternehmen, zum Beispiel ins 100 Kilometer entfernte Schongauer Land": Dort haben sich

---

27 Cf. ibid.
28 Cf. Rosenthal, Lena: „Auf der anderen Seite." *Financial Times Deutschland*, 23.07.2008.
29 Cf. ibid.
30 Cf. Götsch, Antonia: „Abgeguckt bei … Gisela Lanza, einer geteilten Professorin." *Financial Times Deutschland*, 23.06.2008.
31 Cf. Straush, Alexandra: „Einen McBachelor, bitte." *Financial Times Deutschland,* 06.08.2008.

drei mittelständische Firmen gemeinsam dafür eingesetzt, dass insgesamt zwanzig ihrer Mitarbeiter für 330 monatlich vom Betrieb bezahlte Euro künftig ‚Wirtschaft und Technik' studieren können: „Die Fachhochschule entwarf einen Lehrplan, der zu allen drei Unternehmen passt. Probleme mit der staatlichen Anerkennung gab es nicht, sagt Eberhard Steiner, Vizepräsident für die Lehre: ‚Im Rahmen der Prüfungsordnung sind die Inhalte gestaltbar. Diesen Freiraum haben wir genutzt.'"[32]

Dass private Hochschulen im Vergleich mit den genannten staatlichen noch weniger Probleme damit haben, ihre Arbeit mit derjenigen von Unternehmen zu verbinden, erstaunt mich daher nicht: „So bietet die Internationale Berufsakademie an ihren sieben Standorten bundesweit ausschließlich Studiengänge an, die von Firmen nachgefragt werden. Für McDonald's richtete die Akademie einen Bachelor in Hotel- und Tourismusmanagement ein", den sie sich mit „515 € pro Kopf" bezahlen lässt und der die Studierenden „bereits vor Studienbeginn vertraglich an ihren Arbeitgeber" bindet.[33]

Mit solchen ppp verwischen die Grenzen zwischen privaten und öffentlichen Aufgaben. Je offensiver unternehmerisches Handeln zum Leitbild der Universität wird, desto stärker wird der Eindruck, ‚wir' – wer immer das sein soll – zögen alle an einem Strang. Staatliche Regierungen wie auch Hochschulleitungen vereidigen ihre Politik heute auf das Ziel einer abstrakten ‚Konkurrenzfähigkeit' – der ‚Standort' soll gestärkt werden. Und Großunternehmen rechtfertigen ihre Einflussnahme aufs staatliche Bildungswesen mit einem Selbstverständnis als ‚good corporate citizen' oder titulieren Bildungssponsoring als Wahrnehmung gesellschaftlicher Verantwortung (corporate social responsibility).

In dieser Einigkeit wird allerdings gerne übersehen, dass staatliche Hochschulen und private Unternehmen sehr unterschiedliche Aufgaben haben. Und dass es gute Gründe dafür gibt, den öffentlichen Charakter universitärer Bildung zu betonen, lässt sich nachdrücklich mit dem Erfahrungsbericht eines Kollegen aus den Ingenieurswissenschaften unterstreichen: Er berichtete 2013 in der Mitgliederzeitschrift des Deutschen Hochschulverbands anonym über seine Erfahrung mit der Einwerbung von Drittmitteln, die er

---

32 Cf. ibid.
33 Cf. ibid.

zum Teil als offene Erpressung wahrnahm. Damit zur Aufforderung von Hochschulmanagern an Hochschulangehörige, ihre Forschung von außen finanzieren zu lassen.

2.3 Einwerbung von Forschungs- und Lehrmitteln

„Wir sind im Maschinenbau – und ich an meinem Lehrstuhl – bei unter 20 Prozent Grundfinanzierung angelangt. Das reicht entweder, um die Lehre geradeso abzudecken oder um Anträge zu schreiben oder um freie Forschung zu machen. Man kann sich da entscheiden ...

Vergleichbare Lehrstühle bei der Fraunhofer Gesellschaft bekommen 1/3 Grundfinanzierung und müssen keine Lehre machen, beim DLR gibt es 50 Prozent ohne Lehraufgabe. Das hängt komplett schief, und die Unis verlieren die Wettbewerbsfähigkeit. Drittmittel an sich sind ja nicht schlecht. Leider führt die heutige Praxis zu einem hohen Maß an Erpressbarkeit der Lehrstühle:

DFG-Mittel scheinen noch die am fairsten und besten kontrollierten Drittmittel zu sein. Hier gibt es aber doch einige Fallen. Es gibt manche Fachgesellschaften, die sehr gute Beutegemeinschaften gebildet haben. So werden Anträge gegenseitig nur exzellent begutachtet, und so werden diese Anträge im Verhältnis zu anderen Disziplinen bevorteilt. In anderen Disziplinen hat man sehr genau Ablehnungsquoten untersucht und reicht entsprechend die Anträge ein. Auch wird genau darauf geachtet, dass die richtigen Partner die Anträge einreichen, so dass die gewünschten Gutachter auch zur Verfügung stehen. Ich habe das Spielchen heruntergefahren, weil sich andere Geldquellen mit weniger Aufwand erschließen lassen.

Öffentliche Förderprogramme in Deutschland (EU, BMBF, BMVBS, Landesförderprogramme etc.) haben verschiedene Hürden. Von freier Forschung kann kaum die Rede sein, wenn die Ministerien die Themen setzen. Dabei wird häufig eher auf kurzfristige Hype-Themen gesetzt, denen alle Forschungseinrichtungen hinterherlaufen. Ich nenne nur als Beispiel die Elektromobilität. Hier kam es zu Abstrusitäten wie: Leichtbau, Fahrwerk oder Infotainment für Elektromobilität – auf einmal hatte jeder unendlich viel Kompetenz zu diesem Thema. Manche Ministerien sprechen auch offen aus, dass zum einen das Projekt öffentlichkeitswirksam sein muss und zum anderen das Projekt unbedingt bis zur Phase des Wahlkampfs abgeschlossen sein muss.

Ein weiteres Problem ist die Industriebeteiligung: Viele Förderprogramme wollen die Zusammenarbeit zwischen Wissenschaft und Industrie stärken und vergeben nur Fördermittel, wenn sich beide Partner beteiligen. Da die Unternehmen heute fast immer die stärkeren Partner sind, läuft das häufig folgendermaßen ab: Die Industrie definiert ein Projekt und erwartet eine Förderquote von am liebsten 40 Prozent. Da die Verbundförderquote häufig auf 50 Prozent limitiert ist, bedeutet das, dass nur noch zehn Prozent für die wissenschaftlichen Einrichtungen zur Verfügung stehen. Es sind ja immerhin Steuergelder – und davon gehen dann 80 Prozent an Firmen?!

Neben dieser völlig falschen Verteilung von Steuergeldern werden Forschungseinrichtungen zudem mit den Förderprojekten von der Industrie zum Teil erpresst. Die Firma nimmt einen nur dann in ein Förderprojekt mit, wenn man sich auch erkenntlich zeigt. Das kann in der kostenlosen Betreuung von Industriedoktoranden erfolgen oder indem Diplomarbeiter zur Verfügung gestellt werden. Mir ist es schon passiert, dass wir bei einem Förderprojekt ‚mitgenommen' wurden, und nachdem die Skizze im Ministerium genehmigt war, wurden wir hinauskomplimentiert und eine FH hereingenommen, die mit weniger Förderung zufrieden war."[34]

Geht es um Forschungsleistung, die nach Überzeugung des Kollegen an Universitäten „fast ausschließlich über Doktoranden erbracht wird", wird die Sache nochmals heikel: So genannte „Industriepromotionen" drohen nämlich seiner Erfahrung nach

„derzeit die Ingenieurwissenschaften auszuhöhlen [...].

Die Unis müssen Doktoranden in Vollkosten kalkulieren und anbieten, um das EU-Beihilferecht nicht zu verletzen. Das sind derzeit ca. 100.000 Euro p.P. und p.a. Vielen (großen) Firmen war das zu teuer, und sie haben deshalb firmeninterne Doktorandenprogramme eingerichtet. Die Doktoranden bekommen eine Promotionszeit von drei Jahren versprochen, und ein Anschlussjob wird in Aussicht gestellt (oder schon fast erklärt, dass die Firma einen nicht einstellen werde, wenn sie sich nicht ausreichend lange ein Bild von dem Kandidaten gemacht habe). Das Thema ist schon festgelegt. Der Kandidat bekommt eine 2/3 Stelle (an der Uni sind volle Stellen üblich [längst nicht an allen Fakultäten, A.L.]). Damit kostet der firmeninterne Doktorand nur ca. 50.000 Euro (der Overhead wird von den Firmen häufig großzügig ignoriert) und steht natürlich der Firma zu 100 Prozent zur Verfügung. Ich musste mir schon bei Projektgebern anhören, dass wir die auf beauftragten Projekten eingesetzten Doktoranden ja zu „Frondiensten" einsetzen würden, gemeint war die Lehre.

Bei der Firma angelangt[,] stellt der ‚Doktorand' teilweise fest, dass es gar keinen Doktorvater gibt. Er rennt dann verzweifelt durch die Gegend. Da viele solide TUs solche externen Arbeiten nicht mehr betreuen, geht man an zweitklassige Unis, ausländische Unis oder deutsche FHs, die in Kooperation mit einer ausländischen Uni den Doktoranden promovieren. Sollten FHs das Promotionsrecht erhalten, ist die deutsche Ingenieurpromotion mausetot, und die Unis können ihr derzeitiges Alleinstellungsmerkmal – negativer ausgedrückt: Monopol – nicht mehr nutzen. Es wäre der Untergang der Ingenieurpromotionen in Deutschland.

---

34 Anonymisiert (der Name des Verfassers ist der F&L-Redaktion nach eigenen Angaben bekannt): „Drittmittel und Erpressung. Beispiele aus den Ingenieurswissenschaften." *Forschung & Lehre*, 7/2013, S. 548f.

"Es gibt Firmen, die angeblich 1000 firmeninterne Doktoranden haben. Die Betreuung von firmeninternen Doktoranden wird über verschiedene Wege erreicht: Entweder über Erpressung (s.o.), teilweise höflich darüber verbrämt, dass die Firma für die Fördergelder ja interne Arbeitskräfte abrechnen müsse und das nur über Doktoranden gehe, die natürlich von dem Uni Projektpartner im Rahmen der Förderprojekte betreut werden müssen. Teilweise fließt unter der Hand Geld. Entweder direkt an den Professor über Beratungsaufträge, teilweise über gekoppelte Aufträge an den Lehrstuhl. Häufig wird jungen Lehrstuhlinhabern in Aussicht gestellt, es gebe später Aufträge, aber der Einstieg sei doch so eine Promotion.

Häufig gibt es ein Koppelgeschäft – ein beauftragter Doktorand und parallel dazu ein firmeninterner. Manchmal wird auch daran erinnert, dass die Firma ja Steuern bezahle und die Uni schließlich durch Steuergelder finanziert sei. Andere behaupten schlicht, es sei Pflicht der Professoren, Doktorarbeiten zu betreuen, und damit haben wir das zu machen. Ich lehne das konsequent ab und habe mir deshalb schon einige blutige Nasen geholt: Ein Förderprojekt wurde boykottiert, von einer Firma bekomme ich überhaupt keine Aufträge, etc.

Wenn man die Betreuung eines firmeninternen Doktoranden erst einmal angenommen hat, kann man die Promotion kaum noch verhindern: Der junge Mensch würde in seinem Lebenslauf massiv geschädigt. Andere Firmen knüpfen die nachfolgende Festanstellung an die erfolgreiche Promotion (man versaut als Professor dem Doktoranden dann auch noch den sicheren Job, wenn man ihn nicht zügig promoviert). Ähnlich wie bei Promotionen verhält sich die Situation bei Diplomarbeiten. Die Firmen schreiben munter Arbeiten aus, die selten mit einer Uni abgestimmt sind. Der Student nimmt dann so eine Arbeit an und rennt von Lehrstuhl zu Lehrstuhl, um eine Betreuung (oder besser eine Anerkennung und Benotung) zu bekommen. […]. Diese ‚Abpressung' von Diplomarbeiten läuft analog zu dem Vorgehen bei Doktorarbeiten."[35]

Und der Kollege schließt:

„Häufig habe ich das Gefühl, es geht bei den Industriedoktoranden nur noch um billige Arbeitskräfte, die man mit dem Doktortitel und dem Versprechen, in drei Jahren zu promovieren, lockt. Die Qualität spielt keine Rolle mehr, und die Uni fällt finanziell dabei hinten runter."[36]

3. Bildung, politische Tugend und Schlüsselqualifikationen

Um das Verhältnis zwischen privaten und staatlichen Aufgaben im Bildungsbereich heute angemessen analysieren zu können, ist ein Blick in die Geschichte

---

35 Cf. ibid., S. 549.
36 Ibid.

durchaus anregend. Ende des 19. Jahrhunderts, also in der Blütezeit von Nationalökonomien und europäischem Imperialismus, spottete Nietzsche beißend über „jene in ihrem Staat vergnügten Philosophieprofessoren" an deutschen Universitäten[37]. Seine Kritik richtete sich gegen die „neuerdings von allen Dächern gepredigte Lehre, dass der Staat das höchste Ziel der Menschheit sei und dass es für einen Mann keine höheren Pflichten gebe, als dem Staate zu dienen" – eine Entwicklung, in der er „nicht einen Rückfall in's Heidentum, sondern in die Dummheit" erkannte.[38]

Heute scheint diese Staatsgläubigkeit einem ökonomisch geprägten Funktionalismus gewichen zu sein. Aus dem philosophisch verspotteten ‚vergnügten Philosophieprofessor' ist ein markenbewusster Mitarbeiter geworden: Ein Hochschulangehöriger, der oder die sich mit der corporate identity seines Arbeitgebers identifiziert und entsprechend nach Ziel- und Leistungsvereinbarungen arbeitet.

Für Nietzsche barg die zeitgenössische Bindung des wissenschaftlichen Denkens an staatliche Zwecke eine wichtige Herausforderung. Die schroffe Formulierung mag heute irritieren, von der Sache her ist sie aber weiterhin bedenkenswert. Er schrieb:

> „Es mag sein, dass ein solcher Mann, der im Staatsdienste seine höchste Pflicht sieht, wirklich auch keine höheren Pflichten kennt; aber deshalb giebt es jenseits doch noch Männer und Pflichten – und eine dieser Pflichten, die mir wenigstens höher gilt als der Staatsdienst, fordert auf, die Dummheit in jeder Gestalt zu zerstören, also auch diese Dummheit."[39]

Männer (mittlerweile zum Glück auch Frauen) haben heute noch permanent mit Identifikationsangeboten zu tun. Wenn eins davon, hier die auch unter Wissenschaftlern verbreitete Staatsgläubigkeit, schon im 19. Jahrhundert so scharf kritisiert wurde, könnte das auch für aktuelle Dummheiten sensibilisieren. Zu diesen gehört auch eine ungebrochene Identifikation mit managerialen Zielen einer Hochschulleitung, die sich zugunsten einer ökonomisch geprägten Standortpolitik gegen das alte Ziel der Universität

---

37 Cf. Nietzsche, Friedrich: „Unzeitgemäße Betrachtungen III (Schopenhauer als Erzieher) [1874]". In: Colli, Giorgio / Montinari, Mazzino (Hrsg.) *KSA Bd. 1*, DTB de Gruyter, Neuausgabe: München 1999, S. 365f.
38 Cf. ibid.
39 Cf. ibid.

wendet, also gegen die Freiheit, ohne Einschränkungen erkennen zu wollen und die Wahrheit der eigenen ‚Befunde' einer öffentlichen Kritik auszusetzen. Denn den Anspruch auf Wahrheit – auch wenn es sich nach ‚old-school' und für manche pathetisch anhört – hat wissenschaftlich bis heute weder poststrukturale, noch -moderne noch -demokratische Kritik beseitigen können. Wer an einer Universität wissenschaftlich arbeitet, hat nämlich zwei unhintergehbare Verpflichtungen: Sie oder er muss in Lehre und Forschung nach bestem Wissen und Gewissen arbeiten, und sie/er muss die eigenen Ergebnisse auf den Prüfstand der Fachöffentlichkeit und der Allgemeinheit stellen.

Wer sich für universitäre Lernerfahrungen, Bildung und ihre Ermöglichung z.B. im Rahmen eines Studium Generale interessiert, befindet sich damit in einer schwierigen Lage. Die manageriale Universität erschwert – wie oben skizziert – eine offene Wahrheitssuche. Diese Wahrheitssuche wird aber umso dringlicher, je tiefer global die Kluft zwischen Arm und Reich wird, zwischen fundamentalistischen Gewissheiten jedweder Couleur auf verschiedenster Seite und einer nonchalanten wissenschaftlichen Enthaltsamkeit von drängenden gesellschaftlichen Fragen andererseits.

Sowohl Bildungstheorie als auch Bildungsempirie wissen, dass nicht alles mess- und kalkulierbar ist. Auch die pädagogische Lehr- und Lernforschung weist gegenüber den heute oft umstandslos als ‚evident' rezipierten Befunden der neurowissenschaftlichen Forschung überzeugend nach, dass sich zahlreiche Facetten der Bildungs- und Lernprozesse leiblicher Wesen unserem jetzigen Wissen und Können entziehen.[40]

Wissenschaft kann viel, und sie ist wichtig. Das wird sie auch bleiben, aber im Neoliberalismus geht es, wie oben skizziert, vor allem um die Frage, wer von welchen Erkenntnissen unter welchen Bedingungen profitiert. Wenn Universitäten als Institutionen dem Bildungsgedanken verpflichtet bleiben wollen, benötigen sie dazu nicht nur eine klare Positionierung zugunsten ihres öffentlichen Charakters, sondern ihre Leitungen und Angehörigen bedürfen auch des Mutes und der Phantasie, auf verschiedenen Ebenen nach neuen Möglichkeiten von Öffentlichkeit zu suchen. Unter Kommerzialisierungsdruck müssen Hochschulen deshalb vor allem Abstand nehmen von

---

40 Cf. Meyer-Drawe, Käte: *Diskurse des Lernens*. Fink: München; Paderborn 2008.

den heute immer dominanter werdenden „Dispositiven der Vorbeugung": von den spezifischen Formen der Abwehr von Gefahren, von Resilienzstrategien und von der Orientierung am Präventionsregime *Precaution*: Der letztgenannte Begriff ist im Deutschen leider etwas sperrig:

> „Die englische Sprache unterscheidet zwischen *prevention* und *precaution*, während im Deutschen Prävention, Vorbeugung und Vorsorge weitgehend synonym verwendet werden. Das *precautionary principle* bezieht sich auf Bedrohungskonstellationen, die sich, [e]inerseits durch einen Kontext wissenschaftlicher Ungewißheit, andererseits durch die Eventualität schwerer und irreversibler Schäden' auszeichnen. [...] Man weiß weder, wer oder was die Katastrophe auslösen, noch wann und in welcher Form sie uns ereilen wird. Sicher scheint nur, dass sie katastrophale Ausmaße annehmen kann. Unter solchen Umständen erscheint es notwendig, vom Schlimmstmöglichen auszugehen. Auf eine Handlungsmaxime heruntergebrochen: ,*Better safe than sorry*'. Praktisch folgen daraus zunächst eine ,Heuristik der Furcht' [...], eine Umkehrung der Beweislast – nachgewiesen werden muss nicht das Risiko, sondern dass keines existiert – und darauf aufbauend eine Ethik des Unterlassens."[41]

Eine solche erstickte Mut und Phantasie im Keim, und für Universitäten wäre ein solches Sicherheitsbedürfnis[42] gerade unter den gegenwärtigen sozioökonomischen Bedingungen fatal: Wenn sie anspruchsvolle Bildungs- und Lernprozesse ermöglichen möchten, können sie zwar durchaus hemmungslos netzwerken, sich profilieren, kooperieren, konkurrieren und Partnerschaften eingehen, sie sollten das aber in dem Bemühen um ihren öffentlichen Charakter tun und sich davon weder zugunsten eines *precaution*-Prinzips noch zugunsten von privatwirtschaftlichem Gewinn etwas abmarkten lassen.[43]

Bildung und Lernen orientierte sich dann an wichtigen und vor allem nicht beliebigen Maßgaben: Zu ihnen gehört „Emanzipation als Gewahrwerden von

---

[41] Cf. Bröckling, Ulrich: „Dispositive der Vorbeugung: Gefahrenabwehr, Resilienz, Precaution. Unter Bezugnahme auf Ewald 1998 und Jonas 1984". *Zeithistorische Forschung* [2012] 2013, S. 100.

[42] Historisch und systematisch Cf. Liesner, Andrea: *Zwischen Weltflucht und Herstellungswahn. Bildungstheoretische Studien zur Ambivalenz des Sicherheitsdenkens von der Antike bis zur Gegenwart.* Verlag Königshausen & Neumann: Würzburg 2002.

[43] Zur aktuellen Debatte über das wissenschaftliche Urheberrecht cf. z.B. Spindler, Gerald: „Wissenschaft und Urheberrecht. Rechtliche Fragen von Open Access und Zweitverwertungsrechten." *Forschung & Lehre*, 2/2015, S. 96–98.

unbemerkt einengenden Voreingenommenheiten und Verhaltensmustern", zu ihnen gehört „Partizipation als Beteiligung am geschichtlich erreichten Wissen und Können", zu ihnen gehört „Kritik als Zuordnung von Sachverhalten zu Regeln und als Frage nach den Voraussetzungen der Gültigkeit von Regeln", zu ihnen gehört „Skepsis als Umschauhalten, Weiterdenken und Zurückhaltung von absolutistischen Urteilen", und zu ihr gehört auch der „Mut zur Findung und Erprobung neuer Regeln."[44]

Diese Maßgaben haben keinen Ausschließlichkeitscharakter in Bezug darauf, was Bildung heute z.B. im Rahmen eines Studium Generale heißen kann und sollte. Sie sind auch keine Abwehr von Reflexionen über die ökonomischen Bedingungen und Dimensionen von Wissenschaft, im Gegenteil: Nur unter Berücksichtigung der ideellen *und* materialen Bedingungen von Bildung und Erziehung kann es Universitäten heute gelingen zu zeigen, wie wichtig sie für die Gestaltung unserer Gegenwart sind. Dafür müssen sie öffentliche und freie Institutionen jenseits von staatlichen, privaten und privatwirtschaftlichen Interessen werden.

Denn auch um das, was heute Öffentlichkeit heißt, muss öffentlich gerungen werden. Gleichzeitig gilt, wie oben bereits angedeutet, gerade im unternehmerischen Wissenschafts ‚betrieb', dass „[d]ie erste und allemal unverzichtbare Instanz der Wahrheitsprüfung [...] in der Wahrhaftigkeit eines jeden Forschers und Lehrers [liegt]. Die zweite, nicht weniger wichtige Instanz ist die der fachlichen Öffentlichkeit. Die aber kann ihrerseits nur im Namen einer allgemeinen Öffentlichkeit wirksam sein, zu der, nach dem Selbstverständnis der Wissenschaft, *alle* Menschen gehören [Hervorh. A.L.]. Diese letzte Instanz der Wahrheitsprüfung kann man, trotz ihrer fachlichen Unzulänglichkeit, nicht hoch genug schätzen. Und dass sich in ihr eine nennenswerte Zahl von Menschen fndet, die ernsthaft meinen, es gebe keine Wahrheit, ist wenig wahrscheinlich. Das Kuriosum der Wahrheitsverleugnung gibt es nur dort, wo die disziplinäre Wahrheit derart unverzichtbar ist, dass sie denen, die sich in ihren Dienst zu stellen haben, gelegentlich so langweilig erscheint, dass es als innovativ gilt, auf sie zu verzichten."[45]

---

44 Cf. Ruhloff, Jörg: „Bildung und Bildungsgerede." *Vierteljahresschrift für wissenschaftliche Pädagogik.* 3/2006, S. 297 unter Bezugnahme auf Ballauff.
45 Cf. Gerhadt, Volker: „Die Promotion der Wahrheit." *Forschung und Lehre* 6/2011, S. 421.

Bildung kann in der Universität durchaus einen Ort haben, und es gibt ihn ja auch. Er muss aber erstritten und nicht ertragen werden.

Literatur

Bröckling, Ulrich: *Dispositive der Vorbeugung: Gefahrenabwehr, Resilienz, Precaution*, retrieved 3.6.2015, from http://www.zeithistorische-forschung.de/sites/default/files/medien/material/2013-3/Broeckling_2012.pdf.

Brown, Roger / Carasso, Helen: *Everything for sale? The Marketisation of UK Higher Education*. Routledge-Verlag: London 2013.

CHE: *Hochschulmanager(in) des Jahres*, retrieved 6.7.2015, from http://www.che.de/cms/?getObject=260&PK_Projekt=904&strAction=show&getLong=de&printObject.

FH Münster: *Prof. Dr. Ute von Lojewski ist „Hochschulmanagerin des Jahres 2013"*. Pressemitteilung vom 28.11.2013, retrieved 24.5.2014, from http://www.fh-muenster.de/hochschule/aktuelles/pressemitteilungen.

Friedrich, Thomas A.: „Industrie soll Wissen der Universitäten direkt nutzen dürfen.", retrieved 15.7.2009, from http://www.welt.de/welt_print/article2237244/Industrie_soll_Wissen_der_Universitaeten_direkt_nutzen_duerfen.html.

Gerhardt, Volker: „Die Promotion der Wahrheit." *Forschung & Lehre*, 6/2011, S. 421.

Gericke, Christina / Liesner, Andrea: „Geben und Nehmen auf Augenhöhe? Kooperationen zwischen Schule und Wirtschaft als Herausforderung der sozio-ökonomischen Bildung." In: Fischer, Andreas et al. (Hrsg.): *Sozioökonomische Bildung*. Bundeszentrale für politische Bildung: Bonn 2014, S. 368–389.

Hirsch, Joachim: „Postfordismus: Dimensionen einer neuen kapitalistischen Formation." In: id. / Jessop, Bob / Poulantzas, Nicos (Hrsg.): *Die Zukunft des Staates*. VSA-Verlag: Hamburg 2001, S. 171–209.

Höhne, Thomas: *Ökonomisierung und Bildung. Zu den Formen ökonomischer Rationalisierung im Feld der Bildung*. Springer VS-Verlag: Wiesbaden 2015.

Holland-Leetz, Matthias: *Schöne neue Hochschulwelt. GEW-Privatisierungsreport 6*, Frankfurt/M. 2008, retrieved 6.7.2015, from http://www.gew.de/Binaries/Binary34669/080415_GEW_Priva_6_final.pdf.

Hügli, Anton: „Über das Gute in Bildung und Lehrerbildung und die Frage, wie man dies misst." In: Böhm, Winfried et al. (Hrsg.): *Kritik der Evaluation von Schulen und Universitäten.* Ergon-Verlag: Würzburg 2014, S. 15–38.

Kühl, Stefan: *Wenn Hochschulmanager von Systemen sprechen. Zur Umstellung des Akkreditierungsverfahrens an Universitäten und Fachhochschulen,* retrieved 28.4.2014, from http://bildung-wissen-eu/fachbeiträge/wenn-hochschulmanager-von-systemen-sprechen.html.

Liesner, Andrea: „Universitäre Bildung und wirtschaftlicher Strukturwandel." In id. / Lohmann, Ingrid: *Gesellschaftliche Bedingungen von Bildung und Erziehung. Eine Einführung.* Kohlhammer-Verlag: Stuttgart 2010, S. 245–258.

Liesner, Andrea: „Vom öffentlichen Gebrauch der Vernunft." In: Ricken, Norbert et al. (Hrsg.): *Umlernen.* Fink-Verlag: München 2009, S. 279–289.

McGettigan, Andrew: *The Great University Gamble: Money, Markets and the Future of High Education.* Pluto-Verlag (Palgrave Macmillan): Basington und Hampshire 2013.

Meyer-Drawe, Käte: *Diskurse des Lernens.* Fink-Verlag: München 2008.

Münch, Richard: *Globale Eliten, lokale Autoritäten. Bildung und Wissenschaft unter dem Regime von PISA, McKinsey & Co.* Suhrkamp-Verlag: Frankfurt/M. 2009.

Ptak, Ralf: „Mehr und bessere Bildung durch Markt und Wettbewerb? Thesen zur politischen Ökonomie der aktuellen Bildungsdebatte." In: Lohmann, Ingrid et al. (Hrsg.): *Schöne neue Bildung? Zur Kritik der Universität der Gegenwart.* Transcript-Verlag: Bielefeld 2011, S. 105–120.

Ruhloff, Jörg: „Bildung und Bildungsgerede." *Vierteljahrsschrift für wissenschaftliche Pädagogik.* 3/2006, S. 297–299.

Schirlbauer, Alfred: „Tugend." In: id.: *Ultimatives Wörterbuch der Pädagogik. Diabolische Betrachtungen.* Sonderzahl-Verlag: Wien 2012. S. 87–88.

Spindler, Gerald: „Wissenschaft und Urheberrecht. Rechtliche Fragen von Open Access und Zweitverwertungsrechten." *Forschung & Lehre,* 2/2015, S. 96–98.

Tucholsky, Kurt / unter dem Pseudonym Peter Paster: „Die Zentrale." In: *Die Weltbühne.* 21. Jg. 1925, vollständiger Nachdruck der Jahrgänge 1918–1933, Athenäum-Verlag: Königstein/TS. 1978.

ZEIT Veranstaltungen und ZEIT Konferenzen: *Ute von Lojewski von der Fachhochschule Münster ist „Hochschulmanagerin des Jahres 2013"*, retrieved 6.7.2015, from http://www.zeit-verlagsgruppe.de/presse/2013/11/ute-von-lojewski-von-der-fachhochschule-muenster-ist-hochschulmanagerin-des-jahres-2013/, 28.11.2013.

Ralf Becker
Wilhelm von Humboldts Idee der Bildung[1]

Abstract The following paper unfolds Humboldt's idea of education in an anthropological interpretation by three aspects: (1) in the context of a culture and its history, (2) as an undertaking of professional self-understanding and (3) as an ability to align oneself in symbolic areas. Accordingly, Humboldt's theoretical linguistic works take center in addition to his writings concerning educational policy in the narrowest sense. According to Humboldt, the educated individual is proficient in the interplay of articulation and reflection as well as giving meaning and interpretation.

Kaum ein Denker dürfte in seinem Nachleben so eng mit einer Idee verknüpft sein wie Wilhelm von Humboldt. Gerade in Zeiten der Hochschulreform besinnt man sich gerne auf seine Konzeption humanistischer Bildung und sein Ideal von Forschung in Freiheit und Einsamkeit. Im Folgenden geht es darum, Humboldts Idee der Bildung in einer anthropologischen Interpretation nach drei Dimensionen zu entfalten: Bildung steht *erstens* im Horizont einer *Kultur* und einer kulturellen *Geschichte*, in der sich jeweils die Lebensform eines geistigen Gesamtökosystems (einer ‚Weltansicht') entwickelt. Bildung kennzeichnet *zweitens* das Geschäft professioneller Selbstverständigung, wie es vor allem von den *Wissenschaften und Künsten* betrieben wird. Und schließlich ermöglicht Bildung *drittens dem Einzelnen*, sich in symbolischen Räumen, paradigmatisch in der Sprache, zu orientieren. Den ersten Aspekt – Bildung als geistiges Gesamtökosystem einer Kultur – arbeitet Humboldt besonders klar in seiner Spätschrift „Über die Verschiedenheit des menschlichen Sprachbaues und ihren Einfluß auf die geistige Entwicklung des Menschengeschlechts" mit der Unterscheidung von Zivilisation, Kultur und Bildung heraus. Der zweite Aspekt – Bildung als Selbstverständigung in Kunst und Wissenschaft – steht im Vordergrund der „Theorie der Bildung des Menschen" sowie der bildungspolitischen

---

[1] In erweiterter Fassung zuerst erschienen in: *Zeitschrift für Kulturphilosophie* 7,1 (2013), 127–145.

Schriften Humboldts. Dem dritten Aspekt – Bildung als Fähigkeit zur Orientierung in symbolischen Räumen – begegnen wir in sämtlichen Arbeiten Humboldts zum vergleichenden Sprachstudium und zur Sprachphilosophie.

1. Bildung als geistiges Gesamtökosystem einer Kultur

Die Wechselwirkung von Mensch und Welt steht im Zentrum von Humboldts Denken. Sie ist die treibende Kraft für jenen dynamischen Prozess, den Humboldt die ‚geistige Entwicklung des Menschengeschlechts' nennt und zu dessen Beschreibung er drei Faktoren unterscheidet: Zivilisation, Kultur und Bildung. Diese Dreiteilung erinnert an den Aufklärungsphilosophen Moses Mendelssohn, der allerdings zwischen Kultur, Aufklärung und Bildung differenziert hatte. Nach den Worten Mendelssohns „zerfällt" Bildung in Kultur, die mehr „auf das Praktische" geht, und Aufklärung, die sich „auf das Theoretische" bezieht. „Aufklärung verhält sich zur Kultur wie überhaupt Theorie zur Praxis; wie Erkenntnis zur Sittlichkeit; wie Kritik zur Virtuosität." Für beide zusammengenommen gilt: „Je mehr der gesellige Zustand eines Volks durch Kunst und Fleiß mit der Bestimmung des Menschen in Harmonie gebracht worden; desto mehr Bildung hat dieses Volk."[2] Die „beste Anzeige der Bildung" eines Volkes ist die Sprache. Sie „erlanget Aufklärung durch die Wissenschaften" und „Kultur durch gesellschaftlichen Umgang, Poesie und Beredsamkeit."[3] Je aufgeklärter durch Wissenschaft und je kultivierter durch Sitte und Moral eine Gesellschaft ist, desto gebildeter ist sie, desto näher liegt sie an dem, was in Zeiten der Aufklärung teleologisch die „Bestimmung des Menschen" hieß.

Humboldts Unterscheidung knüpft an Mendelssohn an. Allerdings nennt er die praktischen Einrichtungen, Sitten und Gebräuche „Civilisation" und Wissenschaft sowie Kunst „Cultur". Für Humboldt ist es offensichtlich, dass man zwar in einem gewissen Umfang Zivilisation und in einem geringeren sogar Kultur von einem Land in ein anderes exportieren kann – mit Bildung ist dies aber völlig unmöglich. Denn Bildung ist „etwas zugleich

---

2 Mendelssohn, Moses: „Über die Frage: was heißt aufklären?". *Berlinische Monatsschrift*, H. 4, 1784, wiederabgedruckt. in: Ciafardone, Raffaele (Hrsg.): *Die Philosophie der deutschen Aufklärung. Texte und Darstellung*, dt. Bearb. v. Hinske, Norbert u. Specht, Rainer, Reclam: Stuttgart 1990, S. 338–342: S. 338f.
3 Loc. cit.

Höheres und mehr Innerliches, nemlich die Sinnesart, die sich aus der Erkenntniss und dem Gefühle des gesammten geistigen und sittlichen Strebens harmonisch auf die Empfindung und den Charakter ergiesst."[4] Bildung geht direkt aus der Wechselwirkung zwischen Mensch und Welt hervor und bezeichnet in allgemeinster Bedeutung das geistige Gesamtökosystem einer bestimmten Kultur. Recht und Politik, Sitte und Moral, Wissenschaft und Kunst werden hier nicht als separate und disparate Teilsysteme betrachtet, sondern auf ihren einheitlichen Ursprung in der Auseinandersetzung des menschlichen Geistes mit seiner Welt bezogen. „Denn was aus dem Ganzen der menschlichen Kraft hervorgeht", so lautet Humboldts Erläuterung,

> „darf nicht ruhen, ehe es nicht wieder in die ganze zurückkehrt, und die Gesammtheit der inneren Erscheinung, Empfindung und Gesinnung, verbunden mit der von ihr durchstrahlten äusseren, muss wahrnehmen lassen, dass sie, vom Einflusse jener erweiterten einzelnen Bestrebungen durchdrungen, auch die ganze menschliche Natur in erweiterter Gestalt offenbart."[5]

Freilich vollzieht sich dieser Prozess in verschiedenen Epochen und an verschiedenen Orten. Inwiefern seine Resultate untereinander vergleichbar bleiben, inwiefern man von einer mehr oder weniger gebildeten Kultur sprechen kann, ist eine Frage, die gesondert beantwortet werden müsste.[6] Doch ist jede Kultur der Ausdruck einer geschichtlich gewachsenen Lebensform, mit der der Mensch sich in seiner Welt einzurichten versucht. Alle Einrichtungen, die aus diesem Versuch hervorgehen, erhalten das Gepräge ihres Ursprungs, und den spezifischen Charakter dieser geistigen Prägung, der an allen Lebens- und Erkenntnisbereichen menschlicher Kultur abzulesen ist, ihre ‚Weltansicht', hat Humboldt vor Augen, wenn er von ‚Bildung' spricht.

---

4 Humboldt, Wilhelm von: „Über die Verschiedenheit des menschlichen Sprachbaues und ihren Einfluß auf die geistige Entwicklung des Menschengeschlechts". In: Humboldt, Wilhelm von: *Werke in fünf Bänden*. Flitner, Andreas / Giel, Klaus (Hrsg.). Wissenschaftliche Buchgesellschaft: Darmstadt 1960–1981. (Im Folgenden zitiert durch Angabe der römischen Band- und der arabischen Seitenzahl.) *Bd. III*, S. 401.
5 Op. cit., S. 395.
6 Hier wäre auch der Ort, um Humboldts Griechen-Ideal zu diskutieren. Cf. dazu Stadler, Peter Bruno: *Wilhelm von Humboldts Bild der Antike*, Artemis-Verlag: Zürich et al. 1959.

2. Bildung als Selbstverständigung

Kennzeichnet diese erste Bedeutung die kulturanthropologische Dimension des Bildungsbegriffs, so wenden wir uns nun einer zweiten Bedeutung zu: Bildung heißt vor dem skizzierten allgemeinen Hintergrund des geistigen Gesamtökosystems menschlicher Lebenswelt gerade auch die professionelle Selbstverständigung über diese Weltansicht in der Wissenschaft und in der Kunst. Alles Denken und Handeln des Menschen ist auf Gegenstände seiner Welt gerichtet. Dabei geht jeder Versuch, diese Tätigkeiten und ihre Resultate *einseitig* aus den *subjektiven* Vollzügen *oder* den *objektiven* Gegebenheiten abzuleiten, notwendig in die Irre. Die „Verknüpfung unsres Ichs mit der Welt" findet vielmehr in „der allgemeinsten, regesten und freiesten Wechselwirkung" statt. Sie allein ist „der eigentliche Massstab zur Beurtheilung der Bearbeitung jedes Zweiges menschlicher Erkenntniss."[7] Für jedes Feld unserer aktiven Einflussnahmen und scheinbar passiven Empfänglichkeiten gilt, dass es in Länge und Breite nach Ich und Nicht-Ich abgemessen wird. Nur so können wir seine Fläche bestimmen. Dennoch bringt es die interessierte Teilnahme des Menschen an den Ereignissen und Gegenständen seiner Welt mit sich, dass er das Gewebe aus subjektiven und objektiven Fäden auflöst und nur der gegenständlichen Seite zugewandt ist. Und genau an dieser Stelle hakt Humboldt mit seiner „Theorie der Bildung des Menschen" ein, indem er die Mahnung ausspricht, dass der Mensch „in dieser Entfremdung nicht sich selbst verliere".[8] Bei allem, was wir erleben, denken und tun, sind wir mindestens Koautoren in der Gestaltung der Wirklichkeit – und diesen Beitrag aufzuzeigen, die unmittelbare *Wechselwirkung* von Ich und Welt aus dem selbstvergessenen Aufenthalt bei den Sachen wieder in Erinnerung zu rufen, ist die Hauptaufgabe von Humboldts Bildungstheorie. Nichts noch so Fremdes ist um uns, das nicht in engerer oder weiterer Verbindung mit den Begriffen unseres Verstandes, den Bildern unserer Einbildungskraft, den Anschauungen unserer Sinne stünde. „[...] wie in einem zugleich erhellenden und versammelnden Spiegel" sollen sie sich nun „in unmittelbarer Beziehung auf unsre innere Bildung" zeigen.[9] Erst wenn wir in diesen Spiegel schauen,

---

7   Humboldt: „Theorie der Bildung des Menschen". In: *Werke I*, S. 235f.
8   Op. cit., S. 237.
9   Op. cit., S. 238.

erlangen wir „eine eigne und neue Ansicht der Welt und dadurch eine eigne und neue Stimmung [unserer] selbst"[10].

So wie sich Humboldt in seiner „Theorie der Bildung des Menschen" für das Verhältnis von Mensch und Welt im allgemeinen interessiert, so hat er in seinen bildungspolitischen Schriften jene Institutionen vor Augen, die den Einzelnen *in den Stand setzen* sollen, zu seinem Weltverhältnis Stellung zu beziehen, und grundlegender noch, allererst zu seiner Welt in ein strukturiertes Verhältnis eintreten zu können. Die Gliederung der Bildungseinrichtungen nach Elementar-, Schul- und Universitätsunterricht bildet diesen Gesichtspunkt klar ab: Soll die Grundschule die Unterrichtsfähigkeit des Schülers nur vorbereiten, so ist es die Aufgabe der höheren Schule, vor allem des Gymnasiums, die „Hauptkräfte des Geistes" auszubilden.[11] Das Ziel ist es, das Lernen zu erlernen. Und dies in der ganzen Breite menschlicher Fähigkeiten. Ein ausgewogener Lehrplan soll Körper, Sinne und Geist schulen: Mithin gliedert sich der Schulunterricht nach gymnastischen, ästhetischen und didaktischen Übungen, welch letztere sich auf die Mathematik, philologischen und naturwissenschaftlichen Fächer aufteilen. Im Ganzen gilt der Grundsatz:

> „Die Übung der Kräfte auf jeder Gattung von Schulen allemal vollständig und ohne irgend einen Mangel vorzunehmen, alle Kenntnisse aber, die sie überhaupt wenig oder zu einseitig befördern, wie nothwendig sie auch seyn mögen, vom Schulunterricht auszuschliessen, und dem Leben die speciellen Schulen vorzubehalten."[12]

Aus dem Gegensatz, den Humboldt zwischen allgemeiner Bildung und reiner „Abrichtung" sieht, erklärt sich auch seine ausgesprochen distanzierte Haltung gegenüber der Einrichtung sogenannter Realschulen, die bereits vor der speziellen Berufsausbildung stärker an den Erfordernissen des späteren Berufslebens orientiert sein sollen: „Alle den gelehrten, als solchen, entgegengesetzte Mittelschulen [= Realschulen] sind also im besten Sinne Verbindungen allgemeiner Schulen mit speciellen, woraus, meiner Ansicht nach, immer Misgeburten entstehen."[13]

---

10 Op. cit., S. 239.
11 Humboldt: „Der Königsberger und der Litauische Schulplan". In: *Werke IV*, S. 172.
12 Loc. cit.
13 Op. cit., S. 173.

So wie der Elementarunterricht der Grundschule „bloss in Stand setzen [soll], Gedanken zu vernehmen, auszusagen, zu fixiren [und] fixirt zu entziffern" und der „junge Mensch" durch den Schulunterricht „in Stand gesetzt werden [soll], den Stoff, an welchem sich alles eigne Schaffen immer anschliessen muss, theils schon jetzt wirklich zu sammeln, theils künftig nach Gefallen sammeln zu können" – so soll der Unterricht an der Universität den Studierenden „in Stand [setzen], die Einheit der Wissenschaft zu begreifen, und hervorzubringen". Der Lehrer tritt in dem Fortgang durch die Schulformen zunehmend in den Hintergrund: „Wenn also der Elementarunterricht den Lehrer erst möglich macht, so wird er durch den Schulunterricht entbehrlich. Darum ist auch der Universitätslehrer nicht mehr Lehrer, der Studirende nicht mehr Lernender, sondern dieser forscht selbst, und der Professor leitet seine Forschung und unterstützt ihn darin."[14] Die Einheit von Forschung und Lehre berührt den Kern von Humboldts Weltanschauung: Denn so wie der Gedanke nur im Wechselspiel von Reflexion und Artikulation gedacht werden kann, so gewinnt jeder Gegenstand wissenschaftlichen Studiums nur in der Oszillation zwischen vorübergehender Fixierung und wiederholtem In-die-Frage-Einstellen seine Bestimmtheit.

Weil jede Form von Objektivität aus der Wechselwirkung von Mensch und Welt entspringt, durch die das Wesen des Menschen gekennzeichnet ist, kann Humboldt behaupten, dass alle Schulen „nur allgemeine Menschenbildung bezwecken"[15]. Dabei ist der Universität vorbehalten,

---

14 Op. cit., S. 172. Cf. auch id.: „Über die innere und äussere Organisation der höheren wissenschaftlichen Anstalten in Berlin". In: *Werke IV*, S. 256: An der Universität ist das Verhältnis von Lehrer und Schülern grundsätzlich von dem der anderen Schulen verschieden: „Der erstere ist nicht für die letzteren, beide sind für die Wissenschaft da". – Cf. zum ganzen Riedel, Manfred: „Wilhelm von Humboldts Begründung der ‚Einheit von Forschung und Lehre' als Leitidee der Universität". *Zeitschrift für Pädagogik 14. Beiheft*, 1977, S. 231–247; Lübbe, Hermann: „Humboldts Bildungsziele im Wandel der Zeit". In: Schlerath, Bernfried (Hrsg.): *Wilhelm von Humboldt. Vortragszyklus zum 150. Todestag.* de Gruyter: Berlin et. al. 1986, S. 241–258; Menze, Clemens: „Anspruch, Wirklichkeit und Schicksal der Bildungsreform Wilhelm von Humboldts". In: ibid., S. 55–81.

15 Humboldt: „Der Königsberger und der Litauische Schulplan". In: *Werke IV*, S. 190.

> „was nur der Mensch durch und in sich selbst finden kann, die Einsicht in die reine Wissenschaft. Zu diesem SelbstActus im eigentlichsten Verstand ist nothwendig Freiheit, und hülfreich Einsamkeit, und aus diesen beiden Punkten fliesst zugleich die ganze äussere Organisation der Universitäten"[16].

Das wissenschaftliche Studium ist eine prinzipiell unabschließbare Aufgabe. Und darin liegt nach Humboldt auch das Prinzip ihrer „inneren Organisation", nämlich

> „die Wissenschaft als etwas noch nicht ganz Gefundenes und nie ganz Auffindbares zu betrachten, und unablässig sie als solche zu suchen. Sobald man aufhört, eigentlich Wissenschaft zu suchen, oder sich einbildet, sie brauche nicht aus der Tiefe des Geistes heraus geschaffen, sondern könne durch Sammeln extensiv aneinandergereiht werden, so ist Alles unwiederbringlich und auf ewig verloren"[17].

Wissenschaft ist selbst ein ständiges Studium: die anhaltende Beschäftigung der menschlichen Erkenntnis mit ihren Gegenständen aus den verschiedenen Perspektiven der akademischen Disziplinen.

„Bildung" bezeichnet daher ebenso sehr die spezifische Charakteristik des menschlichen Gemüts, also der Gesamtheit der sinnlichen und denkenden Kräfte, wie ihre allmähliche Entfaltung, die sich nur am Widerstand der Objekte vollziehen kann. Die Bildung des Menschen umfasst das Ganze der Organisation seiner gegenstandsbildenden Kräfte, bezogen auf die Vielfalt der Widerstände, auf die diese Kräfte treffen. Der „geistigen Geographie" (David Hume) korrespondiert streng eine Topographie der Sachen. Und nur wer *beides* studiert, geistige Geographie und weltliche Topographie, arbeitet wirklich an dem Zweck allgemeiner Menschenbildung. Darin trifft sich das Denken Wilhelm von Humboldts übrigens auf das genaueste mit dem seines Bruders Alexander: Der eigentliche Beitrag der Wissenschaft – wie auch der Kunst – zu dem Prozess der Bildung liegt gelingendenfalls nicht bloß darin, beide Seiten für sich zu befruchten, sondern gerade die Korrelation zwischen ihnen zu reflektieren. Bildung ist vor allem auch die Selbstverständigung über ihre Prämissen, das heißt über die Selbst- und die Weltstellung des Menschen.[18]

---

16 Op. cit., S. 191.
17 Id.: „Über die innere und äussere Organisation der höheren wissenschaftlichen Anstalten in Berlin". In: *Werke IV*, S. 257f.
18 Cf. Humboldt, Alexander von: *Kosmos. Entwurf einer physischen Weltbeschreibung, Bd. I*, Cotta: Stuttgart et al. 1845, S. 69f.: „Man mag nun die *Natur* dem

Der Blick auf die Wissenschaften und Künste zeigt uns eine vielfältige Landschaft unterschiedlicher Wissensformen und -felder, die in ihrer jeweiligen geistigen Modalität gesehen werden müssen, um als Einheit erkannt werden zu können. Wir verfehlen die Aufgabe der Selbstverständigung und damit nach Humboldt auch den Bildungszweck, wenn wir diese Vielfalt von Wissensformen und korrelativ von Wissensfeldern oberflächlich einebnen, bloß summarisch bilanzieren oder – wovon vermutlich die größte Gefahr für die Bildung ausgeht – eine einzige Wissensform, resp. eine einzelne Wissenschaft monopolisieren und ihr hegemoniale Deutungsmacht zusprechen. Es kommt vielmehr darauf an, insbesondere die wissenschaftliche Erkenntnis, geisteswissenschaftliche ebenso wohl wie naturwissenschaftliche, als Beitrag zur Vermessung unserer Welt als der Welt des Menschen zu betrachten. Denn aufgrund der Wechselwirkung, die allen unseren Deutungen und

---

Bereich des *Geistigen* entgegensetzen, als wäre das Geistige nicht auch in dem Naturganzen enthalten, oder man mag die *Natur* der *Kunst* entgegenstellen, letztere in einem höheren Sinne als den Inbegriff aller geistigen Productionskraft der Menschheit betrachtet; so müssen diese Gegensätze doch nicht auf eine solche Trennung des Physischen vom Intellectuellen führen, daß die *Physik der Welt* zu einer bloßen Anhäufung empirisch gesammelter Einzelheiten herabsinke. Wissenschaft fängt erst an, wo der Geist sich des Stoffes bemächtigt, wo versucht wird, die Masse der Erfahrungen einer Vernunfterkenntniß zu unterwerfen; sie ist der Geist, zugewandt zu der Natur. Die Außenwelt existirt aber nur für uns, indem wir sie in uns aufnehmen, indem sie sich in uns zu einer *Naturanschauung* gestaltet. So geheimnißvoll unzertrennlich als *Geist* und *Sprache*, der Gedanke und das befruchtende Wort sind, eben so schmilzt, uns selbst gleichsam unbewußt, die Außenwelt mit dem Innersten im Menschen, mit dem Gedanken und der Empfindung zusammen."
Op.cit., *Bd. II*, S. 4: „Um die Natur in ihrer ganzen erhabenen Größe zu schildern, darf man nicht bei den äußeren Erscheinungen allein verweilen; die Natur muß auch dargestellt werden, wie sie sich im Inneren des Menschen abspiegelt, wie sie durch diesen Reflex bald das Nebelland physischer Mythen mit anmuthigen Gestalten füllt, bald den edlen Keim darstellender Kunstthätigkeit entfaltet."
Cf. Zu diesem Grundgedanken von Alexander von humboldt ‚Kosmos'-Werk auch die konzise Darstellung bei Bermes, Christian: ‚*Welt als Thema der Philosophie. Vom metaphysischen zum natürlichen Weltbegriff*. Meiner: Hamvurg 2004, S. 80–92.

Handlungen zugrunde liegt, meinen wirklich alle Dinge den Menschen, wie Ernst Bloch pointiert.[19]

Ein Beispiel für das hier Gemeinte liefert uns der Neukantianer und Neuhumboldtianer Ernst Cassirer. In seiner Schrift über die erkenntnistheoretische Bedeutung von Einsteins Relativitätstheorie stellt sich Cassirer die Frage, welche Konzeption von Raum und Zeit denn nun die wirkliche und wahre sei: die Anschauung in unserem Erleben oder die physikalische Raumzeit Einsteins. Und Cassirers Antwort lautet:

> „Die Frage aber, welche von beiden Raum- und Zeitformen, die psychologische oder die physikalische, die Raum- und Zeitform des unmittelbaren Erlebens oder die des mittelbaren Begreifens und Erkennens, denn nun die *wahre* Wirklichkeit ausdrückt und in sich faßt, hat für uns im Grunde jeden bestimmten Sinn verloren. In den Komplex, den wir unsere ‚Welt' nennen, den wir das Sein unseres Ich und das Sein der Dinge nennen, gehen beide als gleich unentbehrliche und notwendige Momente ein. Wir können keines von ihnen zugunsten des andern aufgeben und aus diesem Komplex ausschalten, sondern wir können jedem nur die bestimmte Stelle zuweisen, die ihm im Ganzen zukommt."[20]

Damit ist das Unternehmen der Selbstverständigung, die zur Bildung führen soll, genau bezeichnet. Gebildet ist man also nicht schon dann, wenn man weiß, dass die Stringtheorie nichts mit einer neuen Bekleidungsmode zu tun hat, sondern nach Humboldts Auffassung erst dann, wenn man ihr ihre „Stelle" in der geistigen Geographie und der weltlichen Topographie zuweist, die notwendigerweise eine partikuläre ist und nie den Rang einer im wörtlichen Sinne allumfassenden Welterklärung erlangen kann. Die Einsicht in die Pluralität der *Korrelationen* von Erkenntnis und Gegenstand hält die unendliche *Suche*, die wir Wissenschaft nennen, am Leben. „[...] der falsche Dünkel auf einen nichtigen Besitz muss dem bescheidenen Suchen nach

---

19 Bloch, Ernst: „Über Zeittechnik". In: *Werkausgabe, Bd. 10*. Suhrkamp: Frankfurt am Main 1985, S. 572.
20 Cassirer, Ernst: „Zur Einsteinschen Relativitätstheorie. Erkenntnistheoretische Betrachtungen". In: id. *Gesammelte Werke: Hamburger Ausgabe; ECW; 26 Bände*. Recki, Birgit (Hrsg.). Meiner: Hamburg 1998–2009 (im Folgenden: ECW). *Bd. 10*, S. 121f.
Zu Cassirers Humboldt-Bild cf. zum Beispiel id.: „Die Kantischen Elemente in Wilhelm von Humboldts Sprachphilosophie". In: *ECW, Bd. 16*, S. 105–133.

einem ächten Platz machen".[21] *Wissenschaft und Kunst sind gleichermaßen Subjekt wie Objekt der Bildung als Selbstverständigung:* Einerseits klären sie den Menschen nämlich über die Vielfalt seiner Selbst- und Weltverhältnisse auf – andererseits sind sie selbst *Fälle* derartiger Verhältnisbestimmungen. Wahre Bildung gewinnt der Mensch aber nach Humboldts fester Überzeugung nur, wenn er beide Seiten integral aufeinander bezieht und so jede seiner deutenden und eingreifenden Thematisierungen an den Ort stellt, der ihr im Ganzen zukommt. Damit ist freilich ein Reflexionsauftrag formuliert, der gerade auch an die Adresse der einzelnen Wissenschaften und das heißt natürlich der Wissenschaftler gerichtet wird: Weder der Geistes- noch der Naturwissenschaftler darf sich der Aufgabe entziehen, die Bedeutung seiner Erkenntnisse in den Gesamtrahmen des Weltverstehens einzuordnen.[22]

3. Bildung als Fähigkeit zur Orientierung in symbolischen Räumen

Das exekutive Subjekt der Bildung ist aber immer das einzelne Individuum. Und damit sind wir bei der dritten angekündigten Bedeutung angelangt: Bildung ermöglicht erstens vor dem allgemeinsten Hintergrund einer geschichtlichen Lebenswelt und zweitens im Horizont professioneller Selbstverständigung drittens jedem einzelnen Menschen die Orientierung in den symbolischen Räumen seiner Kultur. Mit „symbolischen Räumen" sind jene Sinndimensionen gemeint, durch die wir uns Welt aneignen, mögen sie nun einem magisch-mythischen, religiösen oder wissenschaftlichen

---

21 Humboldt, Wilhelm von: „Über die Bedingungen, unter denen Wissenschaft und Kunst in einem Volke gedeihen. Mit besonderer Rücksicht auf Deutschland und die gegenwärtige Zeit". In: *Werke I*, S. 557. An derselben Stelle warnt Humboldt auch vor drohenden Einseitigkeiten im Wissenschaftsbetrieb, die sich aus dem „einseitige[n] Hangen an der Erfahrung, und an der bloss logischen Auflösung der Begriffe" gleichermaßen ergeben.
22 Cf. dazu Müller, Anselm Winfried: „Bildung als Selbstverständigung. Exemplarische Erörterung eines universitären Ziels". In: id. / Hettich, Rainer (Hrsg.): *Die gute Universität. Beiträge zu Grundfragen der Hochschulreform.* Nomos Verlagsgesellschaft: Baden-Baden 2000, S. 53–60.

Bewusstsein entspringen.²³ Auch unsere Sicht auf die Natur ist symbolisch moderiert. Denn ob wir den Fokus auf das Naturschöne lenken oder auf die Gesetzlichkeit der Naturphänomene: Ästhetik wie Naturwissenschaft sind gleichermaßen Symbolisierungsleistungen menschlicher Subjektivität. Das Paradigma aller symbolischen Räume ist die Sprache; sie ist nicht nur wie die anderen Symbolisierungsformen „eine Welt, die zwischen der erscheinenden ausser, und der wirkenden in uns in der Mitte liegt".²⁴ An ihr tritt vor allem auch das Charakteristische alles Symbolischen unmittelbar anschaulich zutage, das Cassirer in der „‚Sinnerfüllung' des Sinnlichen" ausmacht:²⁵ Das objektiv vorliegende, sinnlich (optisch, akustisch oder taktil) wahrnehmbare Wort bezeichnet einen geistigen Sinn, eine übersinnliche Bedeutung. Daher lehrt uns nach Humboldt das Sprachstudium, „ausser dem Gebrauch der Sprache selbst, noch die Analogie zwischen dem Menschen und der Welt im Allgemeinen und jeder Nation insbesondere, die sich in der Sprache ausdrückt".²⁶

Mithilfe der Sprache können wir einzelne Gegenstände benennen und von anderen unterscheiden. Sie ist das Mittel, „durch welches der Mensch zugleich sich selbst und die Welt bildet, oder vielmehr seiner dadurch bewußt wird, daß er eine Welt von sich abscheidet", schreibt Humboldt in

---

23 Zu der Raum- und Orientierungsmetapher cf. des näheren Orth, Ernst Wolfgang: „Orientierung über Orientierung. Zur Medialität der Kultur als Welt des Menschen". In: id.: *Was ist und was heißt ‚Kultur'?: Dimensionen der Kultur und Medialität der menschlichen Orientierung*. Königshausen und Neumann: Würzburg 2000, S. 29–44.
24 Humboldt, Wilhelm von: „Latium und Hellas oder Betrachtungen über das classische Alterthum". In: *Werke II*, S. 60. Cf. auch id.: „Über die Verschiedenheit des menschlichen Sprachbaues und ihren Einfluß auf die geistige Entwicklung des Menschengeschlechts". In: *Werke III*, S. 567: Die Sprache ist „nicht bloss ein Austauschungsmittel zu gegenseitigem Verständniss, sondern eine wahre Welt [...], welche der Geist zwischen sich und die Gegenstände durch die innere Arbeit seiner Kraft setzen muss".
25 Cassirer, Ernst: „Philosophie der symbolischen Formen. Dritter Teil: Phänomenologie der Erkenntnis". In: *ECW, Bd. 12*, S. 105.
26 Humboldt, Wilhelm von: „Über die Aufgabe des Geschichtsschreibers: Betrachtungen über die bewegenden Ursachen der Weltgeschichte. Latium und Hellas". In: *Werke II*, S. 60.

einem Brief an Schiller.[27] Ohne die Sprache könnten wir uns nicht auf Dinge beziehen, die gar nicht im Sichtbereich unserer gegenwärtigen Wahrnehmung liegen. Mehr noch, wir könnten gar nicht die Einheit eines Objekts in den Veränderungen seiner Erscheinung herstellen. Außerdem können wir uns selbst, unsere Empfindungen, Gefühle, Wahrnehmungen und Gedanken erst dann richtig verstehen, wenn wir sie zu bezeichnen vermögen.[28] Denn durch das Wort erreichen wir jene Distanz, die wir für die Reflexion benötigen. Und schließlich ist die Sprache nicht nur für den Aufbau der äußeren Gegenstands- wie der inneren Gefühls- und Gedankenwelt unentbehrlich, sondern natürlich auch für jedes echte Gemeinschaftsbewusstsein in einer sozialen Welt.[29] Erst durch die Möglichkeit, dem Andern etwas mitteilen zu können, teile ich mit ihm *eine* Welt. Und jede dieser Mitteilungen ist bereits getragen von den Regeln der gemeinsamen Sprache: „Doch ist es immer die Sprache, in welcher jeder Einzelne am lebendigsten fühlt, dass er nichts als ein Ausfluss des ganzen Menschengeschlechts ist."[30]

Die Sprache ist also *die* Bedingung für eine gelingende Orientierung in der Welt des Menschen schlechthin. Und wie die Welt des Menschen in der Vielzahl der Kulturen perspektivisch gebrochen ist, so sind auch die verschiedenen Sprachen „nicht ebensoviele Bezeichnungen einer Sache; es

---

27 Id.: „Brief an Friedrich Schiller vom September 1800". In: *Werke V*, S. 196. Cf. auch id.: „Über die Verschiedenheiten des menschlichen Sprachbaues". In: *Werke III*, S. 191: „Die Sprache ist das bildende Organ des Gedanken." Op. cit., S. 252: „Die Berührung der Welt mit dem Menschen ist der elektrische Schlag, aus welchem die Sprache hervorspringt, nicht bloss in ihrem Entstehen, sondern immerfort, so wie Menschen denken und reden. Die Mannigfaltigkeit der Welt und die Tiefe der menschlichen Brust sind die beiden Punkte, aus welchen die Sprache schöpft."
28 Id.: „Über den Nationalcharakter der Sprachen". In: *Werke III*, S. 77: „Der Mensch denkt, fühlt und lebt allein in der Sprache".
29 Cf. zu der Bedeutung der Sprache für diese drei ‚Weltgegenden' des näheren Cassirer, Ernst: „Die Sprache und der Aufbau der Gegenstandswelt". In: *Symbol, Technik, Sprache. Aufsätze aus den Jahren 1927–1933*. Orth, Ernst Wolfgang / Krois, John Michael unter Mitwirkung von Werle, Josef M. (Hrsg.). Meiner: Hamburg 1995, S. 121–151.
30 Humboldt, Wilhelm von: „Über die Verschiedenheiten des menschlichen Sprachbaues". In: *Werke III*, S. 227.

sind verschiedene Ansichten derselben".[31] Sprachen sind Weltansichten.[32] Die Idee einer Universalsprache ist für Humboldt daher völlig abwegig:

> „Durch denselben Act, vermöge welches der Mensch die Sprache aus sich heraus spinnt, spinnt er sich in dieselbe ein, und jede Sprache zieht um die Nation, welcher sie angehört, einen Kreis, aus dem es nur insofern hinauszugehen möglich ist, als man zugleich in den Kreis einer andren Sprache hinübertritt."[33]

Deshalb muss das Studium der *Sprache* immer eines der *Sprachen* sein, und in der Tat verfügt Humboldt über eine polyglotte Kenntnis der verschiedensten europäischen und außereuropäischen Idiome, auf die er in seinen sprachtheoretischen Schriften regelmäßig zurückgreift.

Das Beispiel der Sprache zeigt uns, wodurch der *gebildete Mensch* ausgezeichnet ist: *Er beherrscht das Wechselspiel von Artikulation und Reflexion, von Sinngebung und Besinnung*. Umgeben von einem symbolischen Universum artikulierter Subjektivität muss er in der Lage sein, den *„artikulierten Laut zum Ausdruck des Gedankens fähig zu machen"*, wenn er etwas verstehen will. Bildung besteht präzise in dieser „ewig sich wiederholenden Arbeit des Geistes", die auf vorhandene Gehalte zurückgreift und neue hervorbringt. Nur wer sich auf dieses Wagnis einlassen kann und eine gewisse Virtuosität dabei erwirbt, die verschieden buchstabierten Artikulationsfelder auf der Landkarte symbolischer Formungen einzutragen und sich nach dieser Karte auch zu orientieren, besitzt nach Humboldt Bildung. Der Gebildete kultiviert dadurch die Conditio humana in sich, „animal symbolicum" (Cassirer)[34] zu sein, ein Wesen, das die Erscheinungen der Wirklichkeit symbolisch repräsentiert. Spätestens an dieser Stelle tritt das

---

31 Id.: „Fragmente der Monographie über die Basken". In: *Werke V*, S. 110.
32 Id.: „Über das vergleichende Sprachstudium in Beziehung auf die verschiedenen Epochen der Sprachentwicklung". In: *Werke III*, S. 19f.: „Durch die gegenseitige Abhängigkeit des Gedankens und des Wortes von einander leuchtet es klar ein, dass die Sprachen nicht eigentlich Mittel sind, die schon erkannte Wahrheit darzustellen, sondern weit mehr, die vorher unerkannte zu entdecken. Ihre Verschiedenheit ist nicht eine von Schällen und Zeichen, sondern eine Verschiedenheit der Weltansichten selbst."
33 Id.: „Über die Verschiedenheiten des menschlichen Sprachbaues". In: *Werke III*, S. 224f.
34 Cf. Cassirer, Ernst: "An Essay on Man. An Introduction to a Philosophy of Human Culture". In: *ECW, Bd. 23*, S. 31.

anthropologische Fundament von Humboldts Bildungsbegriff, der in der „Bestimmung des Menschen" terminiert, deutlich hervor.

Reprise

Für den heutigen Leser mag Humboldts Bildungsidee vielleicht bestenfalls idealistisch und schlimmstenfalls veraltet erscheinen. Ist sein Ideal von Allgemeinbildung in unserer extrem ausspezialisierten Welt überhaupt noch zu halten? Und widerspricht Humboldts Einheitsgedanke nicht unserer Kanonkritik und unseren berechtigten Zweifeln an zugleich vollständigen und wahren Systemen? Denkt schließlich Humboldt nicht überhaupt aus der ganz bestimmten soziohistorischen Nische des beginnenden 19. Jahrhunderts, des Neuhumanismus und des Deutschen Idealismus, deren Weltbilder nicht mehr die unseren sind?[35] Auf diese Fragen möchte ich nun abschließend kurz eingehen und damit etwas zur ‚Aktualität' von Humboldts Idee der Bildung sagen.

Wenn wir heute von *Allgemeinbildung* sprechen, denken wir häufig daran, dass man *alles* wissen müsse, und strecken dann angesichts der exuberanten Wissensbestände unserer Zeit die Waffen. Doch dieser Kapitulation liegt ein semantisches Missverständnis zugrunde. Allgemeinbildung bedeutet zuerst allgemeine Bildung, das heißt dasjenige Wissen, das wir als Menschen oder als Mitglieder einer bestimmten Kultur miteinander teilen können. Es ist *auf einer elementaren Stufe* also Kommunikationsvoraussetzung, die in diesem Sinne auch die spezielle Ausbildung zu einzelnen Berufen ermöglicht. Wie wir gesehen haben, befähigt uns Bildung zur Orientierung in den symbolischen Räumen unserer Kultur, zuvörderst in der Sprache. Sie ist ein Allgemeines im Einzelnen: In ihr fallen Individualität und Universalität zusammen, so dass man „ebenso richtig sagen kann, dass das ganze Menschengeschlecht nur Eine Sprache, als dass jeder Mensch eine besondere besitzt."[36] Allgemeine Bildung ist nach diesem Verständnis nicht in erster

---

35 Zum ideengeschichtlichen Kontext cf. Oelkers, Jürgen: „Das Konzept der Bildung in Deutschland im 18. Jahrhundert". *Zeitschrift für Pädagogik 38 Beiheft*, 1998, S. 45–70.
36 Humboldt, Wilhelm von: „Über die Verschiedenheit des menschlichen Sprachbaues und ihren Einfluß auf die geistige Entwicklung des Menschengeschlechts". In: *Werke III*, S. 424.

Linie ein uneinlösbares Ziel, sondern vor allem auch eine *Bedingung* für das erfolgreiche Sichzurechtfinden in der deutungsmannigfaltigen Welt des Menschen.

Vor diesem Hintergrund muss man ebenfalls die Neuauflagen des ‚Nürnberger Trichters' beurteilen, wie sie uns mit Dietrich Schwanitzens erfolgreichem Bestseller „Bildung. Alles, was man wissen muß" und Ernst Peter Fischers supplementärem Kompendium „Die andere Bildung. Was man von den Naturwissenschaften wissen sollte" vorliegen.[37] Beide sind der Ausdruck einer Verlegenheit, die sich nach Jahrzehnten der scharfen Kritik an einem sogenannten *Kanon* eingestellt hat. Der Fehler dieser gelegentlich verbissenen Debatte besteht in einer Verwechslung von Stoff und Form des Bildungswissens. Es ist richtig, dass man Bestimmtes wissen muss, um gebildet sein zu können, anderes dagegen nicht. Auch ist es richtig, dass es so etwas wie einen Code unter gebildeten Menschen gibt, der mitunter selbstreferenziell verwendet wird. Das entscheidende an der Bildung ist aber nicht der stoffliche Vorrat von Informationen, von Zahlen und Zitaten, sondern das formende Strukturierungsvermögen, das den einzelnen Topoi ihren Platz zuzuweisen versteht. Sowohl die Topographie als auch ihre Regionen wandeln sich. Daher gehört die unausgesetzte Kritik am ‚Kanon' ebenso zur Bildungsdiskussion dazu wie der Kanon selbst. Nicht die äußerliche Form eines bestehenden ‚Wissensnetzes' ist es, was Humboldt mit Bildung meint, sondern vielmehr die innere Form seiner Genese, seiner ‚Vernetzung'.

Mit demselben Argument lässt sich auch der Einwand entkräften, Humboldts Bildungsidee sei Ausdruck eines spezifischen historischen *Welt- und Menschenbildes* und daher nicht universell gültig. Dem ist entgegenzuhalten, dass es gerade Humboldt darauf ankam, die Vielfalt der Weltansichten, wie sie sich in den verschiedenen Sprachen artikulieren, gleichsam durchzudeklinieren, um so etwas über die Eigenart menschlicher Selbst- und Weltgestaltung zu erfahren. Sein gesamtes Sprachstudium legt ein beredtes Zeugnis für den Grundsatz ab, dass „die Einheit des Princips nicht die

---

37 Schwanitz, Dietrich: *Bildung – Alles, was man wissen muß*. Eichborn: Frankfurt am Main 2002 (es handelt sich um die 12. Auflage innerhalb von drei Jahren nach Ersterscheinung); Fischer, Ernst Peter: *Die andere Bildung: was man von den Naturwissenschaften wissen sollte*. Ullstein: München 2002.

wohlthätige Mannigfaltigkeit der Wirklichkeit verschlinge[n]"[38] solle. Es ist dieser Grundsatz, der über dem ganzen Denken Wilhelm von Humboldts steht und der uns an das Bleibende seiner Bildungsidee erinnert.

Literatur

Bermes, Christian: ‚Welt' *als Thema der Philosophie. Vom metaphysischen zum natürlichen Weltbegriff.* Meiner: Hamburg 2004, S. 80–92.

Bloch, Ernst: „Über Zeittechnik". In: *Werkausgabe, Bd. 10.* Suhrkamp: Frankfurt am Main 1985.

Cassirer, Ernst: "An Essay on Man. An Introduction to a Philosophy of Human Culture". In: Id. *Gesammelte Werke: Hamburger Ausgabe; ECW; 26 Bände.* Recki, Birgit (Hrsg.). Meiner: Hamburg 1998–2009 (im Folgenden: *ECW* und die Angabe der römischen Bandzahl), *Bd. 23.*

Id.: „Die Kantischen Elemente in Wilhelm von Humboldts Sprachphilosophie". In: *ECW, Bd. 16.*

Id.: „Die Sprache und der Aufbau der Gegenstandswelt". In: *Symbol, Technik, Sprache. Aufsätze aus den Jahren 1927–1933.* Orth, Ernst Wolfgang / Krois, John Michael unter Mitwirkung von Werle, Josef M. (Hrsg.). Meiner: Hamburg 1995, S. 121–151.

Id.: „Philosophie der symbolischen Formen. Dritter Teil: Phänomenologie der Erkenntnis". In: *ECW, Bd. 12.*

Id.: „Zur Einsteinschen Relativitätstheorie. Erkenntnistheoretische Betrachtungen". In: *ECW. Bd. 10.*

Fischer, Ernst Peter: *Die andere Bildung: was man von den Naturwissenschaften wissen sollte.* Ullstein: München 2002.

Humboldt, Alexander von: *Kosmos. Entwurf einer physischen Weltbeschreibung, Bd. I und II*, Cotta: Stuttgart et al. 1845.

Humboldt, Wilhelm von: „Brief an Friedrich Schiller vom September 1800". In: Flitner, Andreas / Giel, Klaus (Hrsg.): *Werke in fünf Bänden* (im Folgenden *Werke* und die Angabe der römischen Bandzahl*).* Wissenschaftliche Buchgesellschaft: Darmstadt 1960–1981.

Id.: „Der Königsberger und Litauische Schulplan". In: *Werke IV.*

---

38 Humboldt, Wilhelm von: „Der Königsberger und Litauische Schulplan". In: *Werke IV*, S. 192.

Id.: „Fragmente der Monographie über die Basken". In: *Werke V*.

Id.: „Latium und Hellas oder Betrachtungen über das classische Alterthum". In: *Werke II*.

Id.: „Theorie der Bildung des Menschen". In: *Werke I*.

Id.: „Über das vergleichende Sprachstudium in Beziehung auf die verschiedenen Epochen der Sprachentwicklung". In: *Werke III*.

Id.: „Über den Nationalcharakter der Sprachen". In: *Werke III*.

Id: „Über die Aufgabe des Geschichtsschreibers: Betrachtungen über die bewegenden Ursachen der Weltgeschichte. Latium und Hellas". In: *Werke II*.

Id.: „Über die Bedingungen, unter denen Wissenschaft und Kunst in einem Volke gedeihen. Mit besonderer Rücksicht auf Deutschland und die gegenwärtige Zeit". In: *Werke I*.

Id.: „Über die innere und äussere Organisation der höheren wissenschaftlichen Anstalten in Berlin". In: *Werke IV*.

Id.: „Über die Verschiedenheit des menschlichen Sprachbaues und ihren Einfluß auf die geistige Entwicklung des Menschengeschlechts". In: *Werke III*.

Lübbe, Hermann: „Humboldts Bildungsziele im Wandel der Zeit". In: Schlerath, Bernfried (Hrsg.): *Wilhelm von Humboldt. Vortragszyklus zum 150. Todestag.* de Gruyter: Berlin et. al. 1986, S. 241–258.

Mendelssohn, Moses: „Über die Frage: was heißt aufklären?" *Berlinische Monatsschrift*, H. 4, 1784, wiederabgedr. in: Ciafardone, Raffaele (Hrsg.): *Die Philosophie der deutschen Aufklärung. Texte und Darstellung*, dt. Bearb. v. Hinske, Norbert u. Specht, Rainer, Reclam: Stuttgart 1990, S. 338–342.

Menze, Clemens: „Anspruch, Wirklichkeit und Schicksal der Bildungsreform Wilhelm von Humboldts". In: Schlerath, Bernfried (Hrsg.): *Wilhelm von Humboldt. Vortragszyklus zum 150. Todestag.* de Gruyter: Berlin et. al. 1986, S. 55–81.

Müller, Anselm Winfried: „Bildung als Selbstverständigung. Exemplarische Erörterung eines universitären Ziels". In: id. / Hettich, Rainer (Hrsg.): *Die gute Universität. Beiträge zu Grundfragen der Hochschulreform*. Nomos Verlagsgesellschaft: Baden-Baden 2000, S. 53–60.

Oelkers, Jürgen: „Das Konzept der Bildung in Deutschland im 18. Jahrhundert". *Zeitschrift für Pädagogik* 38 Beiheft, 1998, S. 45–70.

Orth, Ernst Wolfgang: „Orientierung über Orientierung. Zur Medialität der Kultur als Welt des Menschen". In: id.: *Was ist und was heißt ‚Kultur'?: Dimensionen der Kultur und Medialität der menschlichen Orientierung.* Königshausen und Neumann: Würzburg 2000, S. 29–44.

Riedel, Manfred: „Wilhelm von Humboldts Begründung der ‚Einheit von Forschung und Lehre' als Leitidee der Universität". *Zeitschrift für Pädagogik* 14. Beiheft, 1977, S. 231–247.

Schwanitz, Dietrich: *Bildung – Alles, was man wissen muß.* Eichborn: Frankfurt am Main 2002 (es handelt sich um die 12. Auflage innerhalb von drei Jahren nach Ersterscheinung).

Stadler, Peter Bruno: *Wilhelm von Humboldts Bild der Antike*, Artemis-Verlag: Zürich et al. 1959.

Hans-Klaus Keul

Bildung, Schlüsselqualifikationen und die kulturelle Moderne
Zur Rolle der Schlüsselqualifikationen an den Universitäten

Abstract This contribution tries to explain the definition of the key qualifications by lifting them from a mere reduction to employability. When you question their specific kind of knowledge you put the focus on their relationship to a general idea of education. Some aspects of the key qualifications are to be elaborated from the stages of Humboldt's idea of education via Hegel's concept in the framework of cultural modernity to Kant's definition of the powers of judgment in order to examine them for their possible contribution to a humane social practibility.

Können Schlüsselqualifikationen bilden? – unter diesem Titel greift das Forum SQ ein Dilemma auf, das sein Selbstverständnis seit seiner Institutionalisierung begleitet: Sind die im Rahmen der Schlüsselqualifikationen erworbenen Fertigkeiten und Fähigkeiten Teil der universitären Bildung oder befördern sie nur die „Employability", die Beschäftigungsfähigkeit der Studierenden? Dienen sie allein den Verwertungsinteressen der Wirtschaft, so dass nur ökonomische Nützlichkeitserwägungen ihre raison d'être bilden? Ja, um welche Art von Wissen handelt es sich bei diesen Qualifikationen überhaupt? An ihnen reiben sich jedenfalls immer wieder die kritischen Geister der unterschiedlichen Couleurs, die sich gleichwohl Humboldts grundlegender Unterscheidung von Bildung und Ausbildung verpflichtet fühlen. Allein, steht damit nur das Selbstverständnis der Schlüsselqualifikationen zur Disposition, oder greift diese Irritation auch auf das so sicher geglaubte Fundament der Bildung selbst über?

Wenn aber die bekannte Scheidung der Wissensbereiche nicht länger überzeugen sollte, wäre es dann nicht angebracht, sich um einen erweiterten Bildungsbegriff zu bemühen – um einen Begriff der Bildung jedenfalls, der sich auch den disparaten Traditionssträngen Baconscher und Humboldtscher Provenienz nicht länger fügt – einen Begriff also, der Wissen weder mit Macht identifiziert noch als reinen Selbstzweck verklärt? Mit anderen Worten, ist es denn nicht gerade, auch angesichts der Frage nach dem Selbstverständnis der Schlüsselqualifikationen, angebracht, mit Humboldt und über Humboldt hinaus ein Bildungskonzept zu entwickeln, das sich im Rahmen einer humanen Praxis verortet? – Über drei Schritte der Argumentation werde ich im Folgenden versuchen, ein solches Konzept der Bildung zu skizzieren, das auch die Schlüsselqualifikationen auf die Bedingungen einer humanen gesellschaftlichen Praxis verpflichtet.

Zum Konzept individueller Bildung: Die Aktualität W. v. Humboldts

„Die Idee der Bildung" – heißt es bei Konrad Liessmann, dem Wiener Bildungsforscher, –

> „wie sie als Programm der Selbstformung des Menschen vom Neuhumanismus formuliert und vom Bildungsbürgertum so recht und schlecht gelebt wurde, hat aufgehört, Ziel und Maßstab für die zentralen Momente der Wissensproduktion, der Wissensvermittlung und der Wissensaneignung zu sein. Dass niemand mehr zu sagen weiß, worin Bildung oder Allgemeinbildung heute bestünde, stellt keinen subjektiven Mangel dar, sondern ist Resultat eines Denkens, das Bildung auf Ausbildung reduziert und Wissen zu einer bilanzierbaren Kennzahl des Humankapitals degradieren muss."[1]

Denn die Wissensgesellschaft zeichnet sich laut Liessmann durch die Emanzipation des Wissens von der Bildung aus, und wie diese in der Moderne durch und durch fragmentiert und diffundiert, so gerät jenes, seines Eigensinns beraubt, widerstandslos unter die Imperative des ökonomischen bzw. politischen Macht- und Verwertungszusammenhangs, für den Bildungstheoretiker das, wenn auch ungewollte, so doch eigentliche Resultat des auf Dauer gestellten Prozesses der Reform-Reformen.

Der Diagnose des zeitgenössischen Bildungsbegriffs von Liessmann werde ich nur streckenweise folgen, auch nicht dessen Konstrukt eines sukzessiven Verfalls von Bildung – Halbbildung – Unbildung. Wichtiger für unseren Zusammenhang ist die Folie des Neuhumanismus, von der aus der Bildungstheoretiker seine Kritik vorträgt: Ist es doch die traditionelle Idee der Bildung, verbunden mit einem

---

1 Liessmann, Konrad Paul: *Theorie der Unbildung. Die Irrtümer der Wissensgesellschaft*. Zsolnay: München 2011, S. 14 f.

Bildung, Schlüsselqualifikationen und die kulturelle Moderne 95

> „zweckfreien, zusammenhängenden, inhaltlich an den Traditionen der großen Kulturen ausgerichteten Wissen, das den Menschen nicht nur befähigt einen eigenen Charakter zu bilden, sondern ihnen auch einen Grad der Freiheit gegenüber den Diktaten des Zeitgeistes gewährt[2]"

Erstmals tritt mit diesem Bildungskonzept humboldtscher Provenienz das Individuum als Individuum, seine Selbsttätigkeit und Freiheit ins Zentrum des Bildungsgeschehens, das auf die Bildung zur Humanität abzielt. Denn, so heißt es schon in einer frühen Schrift von Humboldt 1792,

> „der wahre Zweck des Menschen – nicht der, welcher die wechselseitigen Neigungen, sondern welchen die ewig unveränderliche Vernunft ihm vorschreibt – ist die höchste und proportionierte Bildung seiner Kräfte zu einem Ganzen"[3].

Zudem ist Bildung nicht irgendein Stoff, den es zu transportieren gilt, sondern die Verknüpfung von Subjekt und Welt auf der Grundlage von Selbständigkeit und Empfänglichkeit. Laut Humboldt nämlich ist der

> „letzte Zweck unseres Daseins: dem Begriff der Menschheit in unserer Person, sowohl während der Zeit unseres Lebens, als auch noch über dasselbe hinaus, durch die Spuren des lebendigen Wirkens, die wir zurücklassen, einen so großen Inhalt, als möglich, zu verschaffen, diese Aufgabe löst sich allein durch die Verknüpfung unseres Ichs mit der Welt zu der allgemeinsten, regesten und freiesten Wechselwirkung. Dies allein ist nun auch der eigentliche Maßstab zur Beurteilung der Bearbeitung jedes Zweiges menschlicher Erkenntnis"[4].

Von hier aus lässt sich auch Humboldts folgenreiche Differenzierung im Begriff der Bildung in Anspruch nehmen, die zwischen allgemeiner Bildung oder der Bildung des Menschen und der besonderen oder der Berufsausbildung unterscheidet: Denn beide Arten der Bildung, die allgemeine und die spezielle, folgen verschiedenen Grundsätzen: Die allgemeine zielt auf die Entfaltung des ganzen Menschen, dessen Kräfte gestärkt und geläutert werden sollen; durch die spezielle hingegen entfaltet der Mensch nur anwendungsorientierte Fertigkeiten. Natürlich soll dabei nicht eine Form der Bildung auf Kosten der anderen ausgespielt werden, so als verstrickte sich Humboldt in die arbeits- und berufsfeindliche Arroganz aristokratischer

---

2 Op.cit., S. 52.
3 Humboldt, Wilhelm von: Werke in fünf Bänden. Hrsg. Flitner, Andreas et al. Wissenschaftliche Buchgesellschaft: Darmstadt 1982, Bd. II. *Ideen zu einem Versuch die Grenzen des Staates zu bestimmen*, S. 64.
4 Op.cit. Bd. I, *Theorie der Bildung des Menschen*, S. 236.

Provenienz. Im Gegenteil: Ähnlich betrachtet wie Kants zweite Formulierung des kategorischen Imperativs, dem praktischen Imperativ also: „Handle so, dass du die Menschheit, in deiner Person, als in der Person eines jeden anderen, jederzeit zugleich als Zweck, niemals bloß als Mittel brauchst"[5], lässt sich auch bei dem Begriff der Bildung beides, Mittel und Zweck, zusammen denken, wobei auch bei Humboldt der Selbstzweckcharakter der Bildung zum Menschen den Grund abgibt, auf dem die Berufsausbildung dann aufruht.

Hegels Bildungsbegriff und das Konzept der kulturellen Moderne

Auch und gerade für Hegel bildet die Erziehung zur Selbsttätigkeit und zur Selbständigkeit den Schlüssel zur Bildung. Doch fügt Hegel diese Aspekte im Rahmen eines umfassenden Bildungskonzepts ein und verleiht ihm zugleich in seiner Sozialphilosophie eine eigentümliche Wendung ins Objektive. Schon seine frühe *Phänomenologie des Geistes* von 1806 diskutiert die Selbständigkeit des Individuums nicht als einsamen Akt der Setzung seiner selbst, sondern als Prozess der Anerkennung zweier Subjekte, die sich in diesem und durch dieses Beziehungsgeschehen zu eigenständigen Subjekten wechselseitig bilden. „Sie *anerkennen* sich als *gegenseitig* sich *anerkennend*"[6] lautet Hegels allgemeine Fassung für diese Gestalt wechselseitiger Bildung, die er zudem im Medium der Arbeit lokalisiert und konkretisiert. Denn die Arbeit ist die große Bildungsmacht, durch die das Individuum, indem es die äußeren Gegenstände umformt und gestaltet, zugleich seine Begierden transformiert und diszipliniert, damit aber zu sich selbst kommt und sich somit selbst bildet und gestaltet. „Arbeit" heißt es in einer wirkungsmächtigen Formulierung bei Hegel, ist „gehemmte Begierde, aufgehaltenes Verschwinden, oder sie bildet"[7].

---

5 Kant, Immanuel: *Werkausgabe in zwölf Bänden*. Hrsg. Weischedel, Wilhelm. Suhrkamp: Frankfurt am Main 1974, Bd. VII, *Grundlegung der Metaphysik der Sitten*, BA, S. 67.
6 Hegel, Georg Wilhelm Friedrich: *Werke in zwanzig Bänden*. Hrsg. Moldenhauer, Eva et al. Suhrkamp: Frankfurt am Main 1970. Bd. 3, *Phänomenologie des Geistes*, S. 147.
7 Op. cit., *Phänomenologie des Geistes*, S. 153.

Zudem ist für Hegel ein jedes Individuum Sohn bzw. Tochter seiner (ihrer) Zeit, aus der es letztlich nicht auszusteigen vermag; auch ist die Zeit der Moderne mit ihren eigenartigen Gestaltungen erst im Verlauf der Geschichte entstanden; und mit ihr die je spezifischen Ansprüche, welche die Individuen, die aus ihr heraus und durch sie leben, letztlich zu erfüllen haben. Was aber die Momente der modernen Kultur anbetrifft – Hegel spricht vom „Geist der Zeit" und dessen Gestaltungen – so bilden sie sich nach politischer Geschichte, Staatsverfassung, Wissenschaft, Kunst, Religion und Philosophie zu dem gegliederten Reichtum einer Wirklichkeit und zu einem in sich differenzierten Begriff der Bildung. Jede dieser Gestalten entfaltet sich entsprechend ihrer inneren Zweckmäßigkeit durchaus eigenständig, indem sie ihre jeweils eigensinnige Struktur ausbildet, und ist doch von den anderen Gestalten der Zeit weder isoliert noch tritt sie in ein kausales oder gar mechanisches Verhältnis von „Basis und Überbau" zu ihnen. Vielmehr entsprechen sich alle Erscheinungen der Zeit aufs Genaueste; sie sind einander wahlverwandt und bilden das kulturelle „Leben" einer „Zeit", in dem mit dieser Religion allein *diese* Staatsform bestehen kann und in diesem Staat nur *diese* Philosophie und *diese* Kunst und *diese* Wissenschaft[8].

Von hier aus lässt sich bei aller zeitgenössischen Skepsis der Horizont eines Bildungsspektrums auffächern, der dem Anspruch auch genügt, allgemeingültiges Wissen zu sein. „In allen modernen Gesellschaften", heißt es schon in dem Bericht der Bildungskommission von 2003, werden „unterschiedliche Modi der Welterfahrung" vermittelt:

> „Es gibt unterschiedliche Formen der menschlichen Rationalität, die nicht wechselseitig austauschbar sind. Der instrumentelle Umgang mit der belebten und unbelebten Umwelt, das ästhetisch-expressive Mit- und Nacherleben von Kunst, Literatur und Musik und die körperliche Übung um ihrer selbst willen, der praktische Diskurs über Formen des guten Zusammenlebens und schließlich die Fragen nach der menschlichen Bestimmung folgen jeweils unterschiedlichen Logiken."[9]

Damit ist das Hauptanliegen moderner Bildung benannt: Es besteht in der allgemeinen Wissensvermittlung entsprechend der unterschiedlichen „Modi

---

8   Op.cit. Bd. 18, *Vorlesungen über die Geschichte der Philosophie I*, S. 73ff.
9   Zit. nach: Dörpinghaus, Andreas / Pünisch, Andreas / Wigger, Lothar: *Einführung in die Theorie der Bildung*. Wissenschaftliche Buchgesellschaft: Darmstadt 2012, S. 27.

der Welterfahrung" – die sich zudem deutlich genug auf die Philosophie der kulturellen Moderne von Jürgen Habermas stützen. Ähnlich wie bei Hegel zuvor differenzieren sie sich auch bei Habermas nach den unterschiedlichen Bereichen von Wissenschaft, nach Recht und Moral, und nicht zuletzt der Sphäre der Kunst aus, wobei sie sich entsprechend den universalen Geltungsansprüchen von Wahrheit, Richtigkeit, Angemessenheit und Wahrhaftigkeit entfalten und den Horizont der kulturellen Moderne umreißen, wenn sie einer jeweils eigenen Logik folgen.[10]

Wissen, Bildung, Praxis: Zur Rolle der Schlüsselqualifikationen an den Universitäten

Sowenig Wissen mit Urteilskraft auch schon zusammenfällt, sowenig schließt schlichte Wissensvermittlung Bildung notwendig mit ein. Gewiss gehören zu dem modernen Bildungskonzept auch jene sechs Aspekte, die Hartmut v. Hentig im 3. Kapitel seines Essays[11] aufgelistet hat: Abscheu vor Unmenschlichkeit, Wahrnehmung von Glück, Verständigungsbereitschaft, Geschichtsbewusstsein, Wachheit für letzte Fragen und, für Hentig allemal zentral, die Verantwortung in der res publica – bei aller Skepsis gegenüber dem Versuch, das moderne Gemeinwesen mit der res publica in eins zu setzen. Gewiss zeichnet sich die kulturelle Moderne durch Wissenssphären aus, die eigenen Geltungsansprüchen unnachgiebig folgen (Habermas). Gleichwohl: Durch diese Aspekte allein ist ein umfassender Begriff der Bildung noch nicht zu haben, einmal abgesehen davon, dass beide Aspekte zunehmend auseinanderdriften – ein sich sukzessive verschärfender Konflikt, den Habermas als Diskrepanz zwischen den Wertsphären und der Lebenswelt diskutiert.

Bildung nämlich schließt den angemessenen Gebrauch des Wissens ein, die praktische Klugheit also, das erworbene Wissen auf die jeweilige Situation passend anwenden zu können – und das heißt das Wissen zu gebrauchen, ohne die jeweilige Situation zu verletzen. Dazu aber bedarf es vor allem der Schulung eines eigenartigen Vermögens, dem der Urteilskraft. „Urteilskraft" ist, nach einem Wort von Kant, „ein besonderes Talent [...], welches gar

---

10 Habermas, Jürgen: *Der philosophische Diskurs der Moderne*. Suhrkamp: Frankfurt am Main 1985, S. 393f.
11 Hentig, Hartmut von: *Bildung: ein Essay*. Beltz Taschenbuch: Weinheim / Basel 2009, S. 74ff.

nicht belehrt, sondern nur geübt sein will. Daher ist diese auch das Spezifische des sogenannten Mutterwitzes, dessen Mangel keine Schule ersetzen kann."[12] Und Kant fährt kurz darauf fort:

> „Ein Arzt daher, ein Richter, oder ein Staatskundiger, kann viele schöne pathologische, juristische oder politische Regeln im Kopfe haben, in dem Grade, dass er selbst darin gründlicher Lehrer werden kann, und wird dennoch in der Anwendung derselben leicht verstoßen, entweder, weil es ihm an natürlicher Urteilskraft (obgleich nicht am Verstande) mangelt, und er zwar das Allgemeine in abstracto einsehen, aber ob ein Fall in concreto darunter gehöre, nicht unterscheiden kann, oder auch darum, weil er nicht genug durch Beispiele [...] zu diesem Urteil abgerichtet worden"[13];

und unmissverständlich fährt Kant in einer Anmerkung fort: „Der Mangel an Urteilskraft ist eigentlich das, was man Dummheit nennt, und einem solchen Gebrechen ist gar nicht abzuhelfen".[14]

Von hier aus lässt sich die Rolle der Schlüsselqualifikationen durchaus in Annäherung an Nida-Rümelins Begriff der Bildung als eine humane Bildungspraxis erschließen, die in einer dreifachen Perspektive die Trennung von Bildung und Ausbildung aufhebt:

– Intrapersonal: als Qualifikationen, Ausbildung und Stärkung personaler Fähigkeiten;
– inneruniversitär: als Reflexion auf Voraussetzungen der wissenschaftlichen Praxis und der Frage nach der methodischen Einheit des Wissens;
– gesellschaftlich: keineswegs nur als „Employability", sondern durchaus als ethisch-kritische Reflexion auf die kluge Anwendung des Wissens in unterschiedlichen gesellschaftlichen Kontexten.

Literatur

Dörpinghaus, Andreas / Pünisch, Andreas / Wigger, Lothar: *Einführung in die Theorie der Bildung*. Wissenschaftliche Buchgesellschaft: Darmstadt 2012.

Habermas, Jürgen: *Der philosophische Diskurs der Moderne*. Suhrkamp: Frankfurt am Main 1985.

---

12 Kant, *Bd. 3, Kritik der reinen Vernunft* B, 172f.
13 Kant, *Bd. 3, Kritik der reinen Vernunft* B, 172f.
14 Kant, *Bd. 3, Kritik der reinen Vernunft* B, 173.

Hegel, Georg Wilhelm Friedrich: *Werke in zwanzig Bänden*. Hrsg. Moldenhauer, Eva et al. Suhrkamp: Frankfurt am Main 1970.

Hentig, Hartmut von: *Bildung: ein Essay*. Beltz Taschenbuch: Weinheim / Basel 2009.

Humboldt, Wilhelm von: *Werke in fünf Bänden*. Hrsg. Flitner, Andreas et al. Wissenschaftliche Buchgesellschaft: Darmstadt 1982.

Kant, Immanuel: *Werkausgabe in zwölf Bänden*. Hrsg. Weischedel, Wilhelm. Suhrkamp: Frankfurt am Main 1974.

Liessmann, Konrad Paul: *Theorie der Unbildung. Die Irrtümer der Wissensgesellschaft*. Zsolnay: München 2011.

Nida-Rümelin, Julian: *Philosophie einer humanen Bildung*. edition Körber-Stiftung: Hamburg 2013.

Ludwig Huber

„Studium Generale" oder „Schlüsselqualifikationen"? Ein Orientierungsversuch im Feld der Hochschulbildung[1]

Abstract In this article the manifold or rather ambiguous meanings of the concepts "Studium Generale" (general studies) and "Schlüsselqualifikationen" (key competences) are analyzed. It will be argued that it would be more convincing to start from a concept of "Allgemeinbildung" (general education) in order to determine the place for developing key competences in the courses of studies.

1. Einleitung

Studium Generale, Schlüsselqualifikationen oder -kompetenzen, Bildung, gar Allgemein(e) Bildung oder Politische Bildung im Studium – aus der Hitze der gegenwärtigen Debatte ist zu schließen, dass in diesen Schlagworten strittige Grundsatzfragen des Bildungssystems und im besonderen auch der Hochschule auf dem Spiele stehen.

Dem ist gewiss auch so: Es geht um die „letzten" Ziele von Lehre und Studium in der gegenwärtigen Hochschule, die, immer natürlich schon schwierig zu bestimmen, in den letzten Jahren offenbar durch „Bologna" vollends fragwürdig oder ungewiss geworden scheinen. Nur ist, dies meine These, die Hoffnung, diesen Streit schon durch die Wahl eines der genannten Begriffe entscheiden zu können, als sei damit eine klare Position bezogen, vergebens. Sie sind zu vieldeutig und werden oft missbräuchlich verwandt. Oder anders: Aus den Begriffen als solches lassen sich keine Folgerungen für

---

1 Ausarbeitung eines Referats bei der Tagung „Können Schlüsselqualifikationen bilden?" im Kloster Hegne bei Konstanz, 5.-6. Juni 2014. Sie deckt sich in einigen Teilen mit einem wenig später gehaltenen Vortrag „Der Ort der Schlüsselqualifikationen in der Hochschulbildung" auf der 11. Jahrestagung der Gesellschaft für Schlüsselkompetenzen an der Universität Göttingen, 2.9.14 (bisher nur im Intranet verfügbar).

diese Diskussion ableiten. Es gibt keine kanonische Definition; die gemeinte muss jeweils expliziert werden. Also zunächst zu diesen Begriffen:

2. Streit um Begriffe: Studium Generale oder Schlüsselqualifikationen?

Historisch betrachtet haben diese beiden Begriffe verschiedene Wurzeln und Entwicklungsverläufe:

2.1 Studium Generale

Die Idee des *studium generale* im modernen hochschuldidaktischen Sinne (gegenüber dem juristischen des Mittelalters) stammt aus der Reaktion auf die und Besorgtheit wegen der wachsenden Spezialisierung der Wissenschaften und folglich auch der Studiengänge in der Moderne. Sie hat sich nach früheren Vorläufern (schon in den 1920er Jahren) in den letzten sechs Jahrzehnten in sich wandelnden Programmen manifestiert[2]:

a) In den ersten beiden Jahrzehnten nach 1945: Orientierung an einer „humanistisch" verstandenen Allgemeinbildung und daraus folgende Konzepte eines *Studium Generale*[3]. Durch sie zogen sich zwei Stränge, die mal besser, mal schlechter miteinander verbunden waren: Der eine entwickelte sich aus den Impulsen der angelsächsischen Besatzungsmächte, besonders der USA, zu einer *reeducation* der deutschen Bevölkerung generell und demokratischer Bildung der Akademiker im besonderen; der andere, stärkere, – dem Zeitgeist gemäß – aus den Versuchen, durch Wiederanknüpfung an Traditionen, eben auch Bildungstraditionen, aus der Zeit vor dem Nationalsozialismus über dessen Grauen hinweg und wieder auf humanistischen Boden zu kommen.

---

2 Cf. zum Folgenden ausführlicher Huber, Ludwig / Olbertz, Jan H. / Rüther, Beate (Hrsg.): *Über das Fachstudium hinaus. Berichte zu Stand und Entwicklung fachübergreifender Studienangebote an Universitäten*. Deutscher Studienverlag: Weinheim 1994.

3 Cf. Papenkort, Ulrich: *Studium Generale. Geschichte und Gegenwart eines hochschul-pädagogischen Schlagwortes*. Deutscher Studien Verlag: Weinheim 1993; Papenkort, Ulrich (Hrsg.): *Idee und Wirklichkeit des Studium generale. Fachübergreifende Hochschulbildung*. Verlag Friedrich Pustet: Regensburg 1995.

Die im Sinne dieses klassischen Studium Generale angelegten, mehr oder minder elaborierten Programme sind spätestens in den 1960er Jahren gescheitert: an der Beliebigkeit und Unverbindlichkeit der Angebote bzw. der nicht gelungenen Legitimation von Verbindlichkeit (so die implizite „Abstimmung mit den Füßen"), an ihrem konventionellen bzw. von bildungsbürgerlicher Einseitigkeit geprägten Allgemeinbildungskonzept und an (zu) pädagogischer Intention (so die explizite Kritik der Studentenbewegung).

b) In den an die Studentenbewegung anschließenden Reformen: Ansätze zu *gesellschaftswissenschaftlichen Begleitstudien* zum Zwecke politischer Bildung, besonders in der Form projektorientierten Studiums. Die ersteren haben sich nicht dauerhaft und flächendeckend durchgesetzt; das Projektstudium ist letztlich gescheitert an allzu komplexen und ambitionierten Organisationsformen (pragmatisch) und vielleicht auch an Einseitigkeit (politisch).

c) In den letzten Jahrzehnten: Einerseits und vor allem lebte der Titel Studium Generale wieder auf als Oberbegriff über ein breites Spektrum („Sammelsurium") von aus allen Fächern rekrutierten Angeboten für ein fachüberschreitendes Studium, mit allerhand Synonymen von „für Hörer aller Fakultäten" bis „individuelle Ergänzungsstudien". Andererseits wurde Studium Generale von einzelnen Hochschulen unterschiedlich gleichsam als Gefäß genutzt, um Vorschlägen zur Aufnahme von Veranstaltungen zu Globalisierung, Zukunft der Arbeit, Technikfolgenabschätzung, Umweltschäden und -schutz, Nachhaltigkeit[4], also zu „epochaltypischen *Schlüsselproblemen*"[5] in das Studium zu entsprechen.

Man kann also nicht sagen, *das* Studium Generale habe ein *explizites* Bildungsziel. Ein so klares einheitliches Konzept hat es in der Realität nie gegeben. Als gemeinsamer Begriffsinhalt bleibt heute nur der Gegensatz von generale zu speciale (dem jeweiligen studium speciale des Studierenden je nach Fach und Vorbildung) und darin eine vage Orientierung

---

4 Cf. BLK (Bund-Länder-Kommission) (Hrsg.): *Bildung für eine nachhaltige Entwicklung. Orientierungsrahmen.* BLK: Bonn 1998.
5 Cf. Klafki, Wolfgang: *Neue Studien zur Bildungstheorie und Didaktik. Zeitgemäße Allgemeinbildung und kritische-konstruktive Didaktik.* Weinheim 2007 (1985), S. 56ff.

auf „Allgemeinbildung". Das gilt übrigens ähnlich für jenes Studienelement, das in der alten Ingenieurausbildung unter dem Titel „Allgemeine Wissenschaften" organisiert wurde[6]. Ein Rekurs auf die *general studies* amerikanischer Colleges hilft da auch nicht weiter: Abgesehen von ihrem anderen systemischen Ort, nämlich in einer als pädagogisch definierten Einrichtung, in die noch unmündige Jugendliche eintreten und ihre schulische *general education* abrunden sollen, zeigen sie dieselbe Vielfalt der Auffassungen und Ausprägungen zwischen humanistischer Allgemeinbildung und interdisziplinärem Komplementärstudium wie bei uns[7].

2.2 Schlüsselqualifikationen

Das Konzept der „*Schlüsselqualifikationen*" stammt bekanntlich ursprünglich nicht aus der Bildungstheorie oder -forschung, sondern aus der Arbeitsmarktforschung. Dietrich Mertens[8] führte den Begriff ein, um diejenigen allgemeinen Qualifikationen hervorzuheben, die es erlauben, speziellere Qualifikationen in neue Anforderungssituationen zu übertragen (Transfer) oder sich solche dafür neu zu erschließen; mit seiner Hilfe wollte er die unterschiedlichen Flexibilitätsgrade in Einsetzbarkeit und Umschulbarkeit von Arbeitskräften analysieren, die mit ihrer Verfügung über allgemeinere Fertigkeiten und Fähigkeiten als nur ihr je berufsspezifisches Wissen und Können wuchs.

Von dieser Herkunft her ist dem Begriff aber eine im Hinblick auf die Hoch schul*bildung* problematische Bestimmmung mitgegeben. Denn *Qualifikation* zielt anders als Bildung auf die Verwendbarkeit der Person für bestimmte Zwecke. Dieser Bezug wird nur verallgemeinert, nicht aufgehoben, wenn man stattdessen von *Schlüsselqualifikationen* spricht: Damit wird

---

6 Cf. Wagemann, Carl-Hellmut: „Zur Geschichte des Studium Generale". In: Papenkort, Ulrich (Hrsg.): *Idee und Wirklichkeit des Studium generale. Fachübergreifende Hochschulbildung.* Verlag Friedrich Pustet: Regensburg 1995, S. 103–113.

7 Cf. Huber, Ludwig: "From General Education to Interdisciplinary Studies". *Higher Education Policy* 15; 1, 2002, S. 19–31.

8 Mertens, Dieter: „Schlüsselqualifikationen. Thesen zur Schulung für eine moderne Gesellschaft". *Mitteilungen aus der Arbeitsmarkt- und Berufsforschung* 7(1), 1974, S. 36–43, retrieved from http://doku.iab.de/mittab/1974/1974_1_MittAB_Mertens.pdf.

nur die Funktionalität der auszubildenden Fähigkeiten zur Multifunktionalität erweitert. Sie lässt sich damit unter das Zielkonzept „employability" ordnen: eine intelligentere oder sublimere Ausfüllung desselben. Diese Konnotation des Wortes wird abgemildert, wenn man es durch *Schlüsselkompetenzen* ersetzt: „Kompetenzen" lässt, wenn bewusst gewählt, eher an eine Ausstattung der Person für sich denken, mit der sie in den verschiedensten Lebenssituationen bestehen kann.

Schlüsselqualifikationen oder -kompetenzen sind im Interesse der Beschäftiger rational und mögen auch für die Individuen nützlich sein: Mit „Bildung" haben sie noch nichts zu tun. Mit dem Ziel „Bildung" wird der Anspruch der Person anerkannt, als Subjekt „wahrgenommen" zu werden, das zu sich selbst kommen und über sich selbst bestimmen können will und soll, um seine individuelle Persönlichkeit zu entwickeln.

Abgesehen von dieser grundsätzlichen Problematik sind Schlüsselkompetenzen als Leitbegriff auch pragmatisch nicht wirklich hilfreich zur Orientierung.

Zwar gibt es Definitionen wie die der Bildungskommission NRW[9], die generell zustimmungsfähig wären:

> „*Schlüsselqualifikationen* sind erwerbbare allgemeine Fähigkeiten, Einstellungen und Wissenselemente, die bei der Lösung von Problemen und beim Erwerb neuer Kompetenzen in möglichst vielen Inhaltsbereichen von Nutzen sind".

Der Ton liegt auf „allgemein", dem Gegensatz zu bereichs- oder fachspezifisch. Allgemein sind solche Fähigkeiten, insofern sie beim Eindringen in die verschiedensten Gebiete oder Probleme hilfreich sind, aber auch umgekehrt, insofern sie als ursprünglich an spezifischen Tätigkeitsgebieten gelernte aus diesen heraus und auf andere übertragen werden können.

Aber psychologisch gesehen gehören die darin genannten "Fähigkeiten, Einstellungen, Wissen(selemente)" und gar die Kompetenzen, die jene drei einschließen, in verschiedene Kategorien.[10] Daher sind innerhalb dieser

---

9 Bildungskommission NRW (Hrsg.): Zukunft der Bildung – Schule der Zukunft. Denkschrift der Kommission „*Zukunft der Bildung – Schule der Zukunft*" beim *Ministerpräsidenten des Landes Nordrhein-Westfalen*. Luchterhand: Neuwied et al. 1995, S. 113.

10 „... ein breites Spektrum psychologischer Dispositionen unterschiedlicher Qualität, das von intellektuellen Fähigkeiten (z.B. kritisches Denken) über Wissen

gemeinsamen Abgrenzung „allgemein" auch in der Literatur, nicht nur auf den Websites der Hochschulen, Hunderte unterschiedlicher Kataloge von Schlüsselkompetenzen im Umlauf, die nicht selten außer allgemeinen Fähig- und Fertigkeiten sowie Sprachen auch „breites Grundlagenwissen", „Orientierungswissen" oder manchmal sogar "Allgemeinbildung" unter sich subsumieren.

Weit verbreitet ist deren Zuordnung zu vier großen Bereichen:

- Sachkompetenz
- Methodenkompetenz
- Soziale Kompetenz
- Selbst- oder Personale Kompetenz,

aber auch dieses vierblättrige Kleeblatt wird mal um Sprachkompetenz, mal um Medienkompetenz oder beides erweitert (obwohl diese unter Soziale resp. Methodenkompetenz subsumiert werden könnten). Und innerhalb dieser Felder finden sich wiederum die verschiedensten Gruppierungen. Unmöglich, sie hier alle aufzuführen und miteinander zu konfrontieren. Man mache einmal die Probe:

- „Fähigkeit zum kritischen Denken", einst ein überragendes Ziel der Hochschulbildung: Kommt sie überhaupt vor?
- Wenn ja: als Methoden- oder als Personale Kompetenz?
- „Lernfähigkeit": dieselben Fragen
- „Schreibkompetenz": eine wissenschaftliche Arbeitstechnik und damit unter Methoden? Oder: eine wichtige Variante der Kommunikationsfähigkeit, also unter Soziale Kompetenz?

Nicht nur die Gliederung ist unsicher; schwankend ist auch, was in die Kataloge aufgenommen wird.

(z.B. Fremdsprachenkenntnisse) bis hin zu Persönlichkeitseigenschaften (z.B. Flexibilität), Arbeitstugenden (z.B. Sorgfalt) und sozialen Kompetenzen reicht" (Schaeper, Hildegard / Wolter, Andrä: „Hochschule und Arbeitsmarkt im Bologna-Prozess. Der Stellenwert von Employability und Schlüsselkompetenzen", S. 621. In: *Zeitschrift für Erziehungswissenschaft* 11(4) 2008, S. 607–625. Mit Verweis auf Weinert.).

„Studium Generale" oder „Schlüsselqualifikationen"? 107

Die Bildungskommission zählt an der schon zitierten Stelle[11] auf:

> „Zu ihnen [den Schlüsselqualifikationen] gehören Erkenntnisinteresse und eigenständiges Lernen, die Reflexion und Optimierung der eigenen Lernprozesse und damit die Fähigkeit dazuzulernen, das Zutrauen in die eigene Selbstwirksamkeit als Grundeinstellung, Flexibilität, Fähigkeit zur Kommunikation und zur Teamarbeit, kreatives Denken."

Der Wissenschaftsrat führt zur Verdeutlichung der mit *employability* bezeichneten Zielvorstellung (die er allerdings neben Bildung durch Wissenschaft und Persönlichkeitsentwicklung stellt)[12] aus[13]:

> „Der Wandel der Arbeitsorganisation und -inhalte stellt zudem neue Anforderungen an Wissen und Kompetenzen der Beschäftigten. Die wissenschaftlich basierte Beschäftigungsfähigkeit umfaßt ein Qualifikationsprofil, das von den Erwartungen auf dem Arbeitsmarkt mitbestimmt wird und Wissenschaftlichkeit als Arbeitsweise integriert. Neben der fachlichen Qualifikation werden zunehmend transferfähige und überfachliche Kompetenzen nachgefragt. Die Vermittlung von inter- und transdisziplinären Fähigkeiten und von Schlüsselqualifikationen erhält angesichts der Auflösung von festen beruflichen Typisierungen und der Veränderungen fachlicher Qualifikationsanforderungen eine besondere Bedeutung für die Gestaltung der neuen Studienangebote. Zu diesem Kompetenzprofil sind insbesondere zu zählen: Kommunikations- und Teamfähigkeit, Präsentations- und Moderationstechniken, der Umgang mit modernen Informationstechnologien, interkulturelle Kompetenzen und Fremdsprachenkenntnisse, die Fähigkeit, Wissen und Informationen zu verdichten und zu strukturieren sowie eigenverantwortlich weiter zu lernen."[14]

---

11 Bildungskommission 1995, S. 113.
12 „Ziel eines Studiums ist die intellektuelle Bildung durch Wissenschaft, die wissenschaftlich basierte Beschäftigungsfähigkeit und die Persönlichkeitsentwicklung der Studierenden und Absolventen." (Wissenschaftsrat (Hrsg.): *Empfehlungen zur Einführung neuer Studienstrukturen und -abschlüsse (Baccalaureus/Bachelor – Magister/Master) in Deutschland*. Wissenschaftsrat: Berlin 2000, S. 21f.).
13 Loc. cit.
14 Folgerung: „Vor dem Hintergrund veränderter Qualifikations- und Kompetenzprofile bedarf es veränderter Lehr- und Lernformen, die problem- und handlungsorientiertes Lernen fördern. Das projektorientierte Lernen in der Gruppe, der Einsatz und die Nutzung neuer Medien zur Kommunikation und Präsentation, die Integration von Praktika und fächerübergreifende Lernangebote ebenso wie integrierte Studienphasen im Ausland fördern den Anwendungs- und Kontextbezug der Lernenden und unterstützen die Entwicklung sozialer Kompetenzen." (Loc. cit.)

Bei näherem Hinsehen zeigt sich, dass auch in diesem „Kompetenzprofil" wieder recht unterschiedliche Elemente untergebracht sind:
- allgemeine personale Fähigkeiten, sonst der sozialen Kompetenz zugerechnet: Kommunikations- und Teamfähigkeit, im besonderen „interkulturelle Kompetenz" (ein besonders erklärungsbedürftiges Konstrukt), sowie
- die Beherrschung bestimmter, aber in vielen Gebieten und Situationen geforderter Methoden: Präsentations- und Moderationstechniken, Strukturierungsfähigkeit und
- inhaltlich spezifische „Kenntnisse" (gemeint wohl auch: Kompetenzen), die aber zu den jeweiligen fachlichen Kompetenzen hinzutreten: Fremdsprachenkenntnisse.[15]

Ein solches „Gemenge" ist m.E. in den Verwendungen des Begriffs Schlüsselkompetenzen in der hochschulpolitischen und – didaktischen Diskussion sehr verbreitet, und auch für viele Hochschulprogramme und – agenturen, die sich den Begriff zur Devise nehmen, typisch. Klar in den Zielen, stimmig in den Inhalten und orientierend für das didaktische Arrangement ist es jedoch nicht.

Wie kommen wir angesichts dieses „Gemenges" mit unserer Frage weiter? Gesucht ist doch eine grundsätzliche Orientierung. Sie ist m.E. immer noch am ehesten in der Besinnung auf das – allerdings ebenfalls vielfältig gedeutete – Ziel der Bildung zu finden.

---

15 Über alle Texte hinweg kehren unabhängig von der Einteilung häufig die folgenden Schlüsselkompetenzen wieder:
- breite Orientierungsfähigkeit (incl. Überblickswissen),
- systemisches (oder vernetzendes) Denken,
- divergentes (oder kritisches) Denken,
- Kreativität,
- methodische Flexibilität,
- Ausdauer,
- Ambiguitätstoleranz,
- Kommunikations-, Kooperationsfähigkeit,
- Führungs- (oder Durchsetzungs-)fähigkeit und
- Verantwortungsbereitschaft.

3. Von den Zielen her denken: Allgemeine Fähigkeiten und Bildung

3.1. Die Forderung, das Studium solle die Entwicklung von Schlüsselqualifikationen ermöglichen, ist an und für sich m.E. nicht verkehrt; besser noch würde sie, wie gesagt, mit *Schlüsselkompetenzen* oder *allgemeine Fähigkeiten* ausgedrückt, insofern beide Ausdrücke sich weniger auf mehr oder minder enge Verwendungssituationen, sondern stattdessen auf ein breiteres Potenzial der Personen beziehen. Sie zielt jedenfalls, als Kritik und Korrektur bisheriger Praxis, auf ein – heuristisch nützliches – Prinzip, in der Gestaltung des Studiums darauf zu sehen, dass die Situationen, in denen gelernt wird, nicht nur ermöglichen, Wissen zu rezipieren, sondern damit aktiv zu arbeiten und dadurch auch solche allgemeinen Fähigkeiten wie Kommunikation, Kooperation, Organisation ..., aber auch wissenschaftliche Arbeitstechniken im Zusammenhang mit dem jeweiligen Inhalt weiter zu entwickeln.

3.2. *„Bildung"* sind sie damit noch nicht. Zu „Bildung", wie verschieden auch immer dieser (eigentümlich deutsche) Begriff aufgefasst wird, gehört unabweislich Reflexivität, Nachdenklichkeit. Mit der knappen Bestimmung von von Hentig gesprochen: „‚Bildung' ist eine Geistesverfassung, Ergebnis eines nachdenklichen Umgangs mit den Prinzipien und Phänomenen der eigenen Kultur"[16].

Bildung erwächst also aus verarbeiteter Erfahrung, reflektiertem Wissen, nachdenklichem Tun.

3.3. Auch „Allgemeine Bildung" sind Schlüsselkompetenzen nicht schon per se. Noch mehr als Bildung ist *Allgemeinbildung* ein sehr befrachteter, sehr missverständlicher Begriff. Das häufigste Missverständnis ist wohl, dass Allgemeinbildung durch einen bestimmten Kanon von inhaltlichem Wissen zu definieren sei, das eben „zur Allgemeinbildung gehört" bzw. den „Gebildeten" ausmacht. Es steckt auch in vielen Studium Generale-Konzepten (s.o.).

Ein solcher Kanon ist heutzutage nicht mehr definierbar – schon gar nicht auf dem Ausbildungsniveau von Hochschulen.

---

16 Hentig, Hartmut von: *Die Krise des Abiturs – und eine Alternative*. Klett-Cotta: Stuttgart 1980, S. 108f.

Drei Umstände stehen dagegen:
- die Expansion des Wissens – auch des wissenswerten, gesellschaftlich relevanten, subjektiv potenziell bildenden Wissens,
- die Heterogenität der Subkulturen, die auch in der akademischen Welt einziehen und ihre eigenen Referenzrahmen für die Bestimmung des jeweils Wissenswerten haben,
- die Anerkennung der individuell unterschiedlichen Interessen als unübergehbarer Motive für wirkliche Aneignung von Wissen und Fähigkeiten.

Angesichts dessen ist kein gesellschaftlicher Konsens über „den" Kanon „der" Allgemeinbildung möglich.

Vielmehr gilt es sich zu besinnen auf die Funktionen der „Allgemeinen Bildung", die diese nach der bildungstheoretischen Tradition seit Humboldt haben sollte: Sie sollte eine allgemeine sein, indem sie allen oder doch möglichst vielen offen und zugänglich würde, ferner darin, dass sie sich in einer Entfaltung aller oder doch möglichst vieler Kräfte des Menschen vollzieht, und schließlich dadurch, dass sie die Gemeinsamkeit von Bürgern in ihrer Teilhabe an Politik und Kultur und Solidarität unter ihnen ermöglicht[17]. Jede dieser Bestimmungen birgt, nimmt man sie ernst, große, noch längst nicht erledigte Herausforderungen an die Gestaltung auch der Hochschulen. Ich will mich hier nur auf die dritte konzentrieren, die auch in der Fortsetzung der oben schon zitierten Definition von Hartmut von Hentig akzentuiert wird:

> „,Bildung' ist eine Geistesverfassung, Ergebnis eines nachdenklichen Umgangs mit den Prinzipien und Phänomenen der eigenen Kultur. Eine allgemeine Bildung ist sie in dem Maß, in dem sie der Verständigung unter den Menschen über ihre Welt dient."[18]

Diese Auffassung von akademischer allgemeiner Bildung haben wir in einer Arbeitsgruppe in Auseinandersetzung mit traditionellen Begriffen des Studium Generale und im Zusammenhang mit unseren Studien zu

---

17 Cf. Klafki, Wolfgang: „Sinn-Dimensionen allgemeiner Bildung in der Schule". In: Fiegert, Monika (Hrsg.): *Zwischen Lehrerbildung und Lehrerausbildung. Texte zur Geschichte, Gegenwart und Zukunft der Lehrerbildung in Osnabrück*. Lit: Münster 2005, S. 181–190.
18 Hentig 1980, S. 108f.

Fächerübergreifendem Lehren und Lernen/Fachüberschreitendem Studieren (FüLL/FüSt) in die Zielvorstellung „Reflektierter Spezialist" gefasst und in drei Dimensionen beschrieben:
Reflektierte Spezialisierung (mit Zielen, die (auch) durch fachüberschreitendes Studium zu fördern sind):

- *Systemisches Denken*: Reflexion auf die gesamtgesellschaftlichen Bezüge (Voraussetzungen, Folgen) und Zusammenhänge der wissenschaftlichen bzw. beruflichen Tätigkeit,
- *Persönliche Entwicklung*: Entwicklung v. Wahrnehmungsfähigkeit, Verantwortungsbereitschaft, Selbstreflexivität über das Fach hinaus,
- *Soziale Kompetenz*: Kommunikations- und Kooperationsfähigkeit auch über die Grenzen der Fachkultur hinaus[19].

Darin ist anerkannt, dass Spezialisierung unumgängliches Merkmal von Hochschulausbildung ist, und betont, dass Bildung und Allgemeinbildung nicht etwas neben dieser Spezialisierung, sondern durch sie hindurch zu erreichen sind, durch „tiefes Lernen", im besonderen durch Reflexion des eigenen Tuns (in vielfältigen Bezügen) und durch Bemühen um Verständigungsfähigkeit des Spezialisten mit allen seinen Publika. Auch hier tauchen also (Schlüssel-) Kompetenzen nicht als Gegenstück, sondern als Element der Allgemeinen Bildung auf, eingebunden in Reflexivität. Nicht zufällig klingt in dieser Definition D. Schöns berühmte Figur des Professionellen, „The reflected pracititioner"[20] an.

3.4. Schlüsselkompetenzen oder allgemeine Fähigkeiten stehen freilich nicht im Widerspruch zu Bildung oder Allgemeiner Bildung. Sie können für den Bildungsprozess hilfreich sein (natürlich erleichtern Ausdrucksfähigkeit oder Fremdsprachenkenntnisse die Entwicklung und den Austausch von Gedanken). Sie sind aber doch nur der Stoff für Bildung – wie auch Latein oder Mathematik nicht per se bildend, sondern, je nachdem wie sie betrieben werden, der Stoff für mögliche Bildung sind.

Es ist interessant, dass wir uns hier an einer Problemstelle befinden, die schon die antike Rhetorik beschäftigt hat: Zu einem guten Redner

---

19 Huber / Olbertz / Rüther 1994.
20 Schön, Donald A.: *The reflective practitioner: How professionals think in action.* Basic Books: New York 1983.

gehört nicht nur die perfekte Beherrschung der Redefertigkeit, wahrhaft einer Schlüsselqualifikation für die bürgerliche Teilhabe in der klassisch-griechischen Polis und für die berufliche Praxis als Jurist oder Politiker in der römischen Republik, sondern gründliches Verständnis der Sache, über die er spricht, mit ihrem Kontext, und Ethos.

4. Praktische Folgerungen: Wie und wo sollen Studierende Schlüsselkompetenzen als Teil ihrer „Allgemeinen Bildung" entwickeln können?

Theoretisch möglich und faktisch vorfindlich ist ja der Erwerb von Schlüsselkompetenzen in unseren Hochschulen an drei „Orten" bzw. in drei Arrangements:

– integriert in die fachlichen Lehrveranstaltungen bzw. gegebenenfalls auch in fachüberschreitenden Projekten,
– separiert von den fachlichen Lehrveranstaltungen, aber in engem Bezug auf diese, also vorzugsweise noch innerhalb der Fachbereiche,
– separiert auch noch von den Fachbereichen, also zentral und an fachlich gemischte Teilnehmerschaften adressiert.

Was schickt sich wofür?

4.1 Primat: In den Fächern selbst!

Theoretisch sprechen gewichtige Gründe dafür, die Möglichkeiten zum Erwerb von Schlüsselkompetenzen als einen Teil bzw. eine besondere Qualität des fachlichen Lernens zu betrachten und zum Ziel der Lehrveranstaltungen im Fach selbst zu machen oder eng mit diesen zu verbinden.

Solche Gründe lassen sich einerseits allgemein der Lehr- und Lernforschung entnehmen.[21] Schlüsselkompetenzen sind zum guten Teil

---

21 Empirische Evaluationen im ernsten Sinne, die es erlauben würden, konkrete Arrangements zur Vermittlung von Schlüsselkompetenzen differenziert zu bewerten, liegen allerdings nicht vor, schon gar nicht vergleichende oder solche zu langfristigen Wirkungen. Auf der Basis von bisherigen Erfahrungen und Diskussionen: Nachhaltigkeit und Tiefenwirkung versprechen nur mit dem Fachstudium nachvollziehbar verbundene und verbindliche Formen.

"das Ergebnis impliziter Lernvorgänge. Sie lassen sich häufig nicht unabhängig von der Auseinandersetzung mit spezifischen fachlichen Inhalten entwickeln und sind weitgehend fachlich gebunden."

Daraus

"folgt, dass eine dekontextualisierte Vermittlung in speziellen Kursen außerhalb des Fachcurriculums in vielen Fällen weniger effektiv sein dürfte als sog. integrative Ansätze, bei denen der Erwerb von Schlüsselkompetenzen implizit und gegenstandsnah in Fachveranstaltungen erfolgt."[22]

Allerdings müssen, so ist gleich hinzuzufügen, die Lehrveranstaltungen entsprechend gestaltet sein: Nämlich Situationen bieten, in denen diese Kompetenzen gefordert und dadurch geübt werden, damit implizites Lernen derselben möglich ist – also aktives, kooperatives, problemorientiertes, forschendes Lernen – und ebenso Situationen, in denen dergleichen thematisiert und damit explizit reflektiert werden muss. Zwischen der Erfahrung solcher Lehrveranstaltungen und positiver Selbsteinschätzung des Erwerbs von Schlüsselkompetenzen bestehen jedenfalls Korrelationen, wie z.B. Schaeper / Wolter an Bachelor-Absolventen aufgewiesen haben[23].

Hinzu treten inhaltliche Argumente:

a) Motivation: Es ist aus der Erfahrung mit fachlichen bzw. professionellen Aufgaben heraus eher einsichtig, wofür man welche Fähigkeiten braucht.

b) Rationalisierung durch Synergien: Aufgaben, die dem einen dienen, können zugleich für das andere nützlich sein, während sonst in den Stundenplan der Studierenden noch Extra-Veranstaltungen hineingepresst werden müssen. In solchen droht tendenziell immer auch eine Verselbstständigung durch Arbeit an gleichsam künstlichen Beispielen, als ob diese ein Selbstzweck wären. Vollends problematisch wird dies m.E., wenn daraus ein eigenes Curriculum mit obligatorischen Sequenzen neben dem Fachstudium wird.

c) Bildung: Anlässe für Reflexion auch der Schlüsselkompetenzen in ihrer allgemeinen Ambivalenz und inhaltsspezifischen Anbindung (s.o.).

---

22 Schaeper / Wolter 2008, S. 621. Mit Verweis auf Weinert; cf. wiederum Bildungskommission NRW 1995, S. 113.
23 Schaeper / Wolter 2008, S. 620.

Denn: Auch sie verdienen nicht nur Training (als Fertigkeiten), sondern Nachdenken. Wissenschaftliche Arbeitstechniken z.B. teilen die Eigentümlichkeit von Fachperspektiven (Ausblendungen, Blinde Flecke etc.). Schlüsselkompetenzen teilen die Ambivalenzen von Sekundärtugenden ebenso wie von Sozialtechnologien (Multifunktionalität, Missbrauchbarkeit). Um noch einmal auf diejenige bildungstheoretische Tradition zurückzugreifen, die sich die „Bildung durch Wissenschaft" durch ein reflexiv vertieftes Erfahren des Forschungsprozesses im Fach erwartet, verweise ich auf eine von Tenorth[24] zitierte klassische Stelle bei Schleiermacher[25]:

> „Die Idee der Wissenschaft in den edleren, mit Kenntnissen mancher Art schon ausgerüsteten Jünglingen zu erwecken, ihr zur Herrschaft über sie zu verhelfen *auf demjenigen Gebiet der Erkenntnis, dem jeder sich besonders widmen will, so dass es ihnen zur Natur werde, alles aus dem Gesichtspunkt der Wissenschaft zu betrachten*, alles Einzelne nicht für sich, sondern in seinen nächsten wissenschaftlichen Verbindungen anzuschauen, in beständiger Beziehung auf die Einheit und Allheit der Erkenntnis, dass sie lernen, in jedem Denken sich der Grundgesetze der Wissenschaft bewusst zu werden, und eben *dadurch das Vermögen selbst zu forschen, zu erfinden und darzustellen, allmählich in sich heraus zu arbeiten, das ist das Geschäft der Universität.*" (Hervorhebungen Tenorth)

4.2 Eventuelle Abstufung nach Kategorien der Schlüsselkompetenzen

Die Maxime, Schlüsselkompetenzen im Zusammenhang mit dem Fach zu vermitteln, gilt m.E. grundsätzlich für alle Kategorien von Schlüsselkompetenzen, aber in einer gewissen Abstufung. Diesbezüglich erinnern auch Schaeper / Wolter[26] daran, dass, wie vorhin ja auch schon bemerkt, das Konzept der Schlüsselkompetenzen ein breites Spektrum psychologischer Dispositionen unterschiedlicher Qualität umfasst. Während viele

---

24 Tenorth, Heinz-Elmar: Wilhelm von Humboldts (1767–1835) Universitätskonzept und die Reform in Berlin – eine Tradition jenseits des Mythos. *Zeitschrift für Germanistik (20)1 2010*, S. 15–28.
25 Schleiermacher, Friedrich Daniel Ernst: „Gelegentliche Gedanken über Universitäten im deutschen Sinn" (1808), S. 235. In: Anrich, Ernst (Hrsg.): *Die Idee der deutschen Universität. Die fünf Grundschriften aus der Zeit ihrer Neubegründung durch klassischen Idealismus und romantischen Realismus*. Gentner: Darmstadt 1956, S. 219–308.
26 Schaeper / Wolter 2008.

Schlüsselkompetenzen sich nur eingeschränkt in separaten Veranstaltungen entwickeln lassen, sind andere eher für eine explizite, direkte Vermittlung geeignet.[27]

Um Letzteres noch etwas zu vertiefen:

Auch die Ziele der allgemeinen Bildung müssen schon und gerade das Fachstudium durchdringen, nicht erst einen Bereich daneben oder darüber[28]. Das gilt sowohl für die Reflexion als auch für die nur scheinbar bloß „technischen" allgemeinen Fähigkeiten.

Für *Orientierungs- und Reflexionswissen* sind gewiss neben den fachlichen auch studienbegleitende gesellschaftswissenschaftliche (historische, soziologische, philosophische, politische ...) Studienelemente notwendig, in denen dieses entwickelt werden kann. Aber deren Gegenstände sind nicht über alle Fächer hinweg die gleichen, können nicht für alle übereinstimmend fixiert werden (oder sie ergäben ein Pensum, das in den wenigen Stunden, die dafür zur Verfügung stehen, nicht bewältigt werden kann). Naturwissenschaftler und Ingenieure brauchen zur Reflexion ihres Wissens und beruflichen Handelns (z.B. zur Technikfolgenabschätzung und -bewertung) andere Kenntnisse und Fragestellungen als Ökonomen und Juristen, und diese noch wieder andere als Mediziner (mit ihren professionsbezogenen Ethiken); Lehrer für ihre Kontexte anderes als Sozialarbeiter oder Psychologen. Für Studierende der Sozial- und z.T. der Geisteswissenschaften sind diese Themen sowieso schon fachlicher Gegenstand; sie bräuchten vielleicht mehr Wissen über Sachbereiche, auf die sie sich spezieller beziehen möchten (z.B. Wissenschaftsforschung und -management, Recht, Technik usw.). Auch an den oft geforderten Umweltthemen oder *gender studies* sind je nach Kontext unterschiedliche Aspekte relevant.

---

27 Op. cit., S. 621; Allerdings fügen sie noch einmal hinzu:

„Im Vergleich zu in Fachveranstaltungen erfahrenen aktivierenden Lehr-/Lernfomen sind solche Zusatzangebote jedoch als weniger effektiv zu beurteilen: Sie tragen nicht zum Erwerb von Fachkompetenzen bei, ihr Einfluss auf die Entwicklung von Schlüsselkompetenzen ist relativ gering und sie belasten das ohnehin enge Zeitbudget der Studierenden." (Op. cit., S. 621.)

28 Cf., auch zum Folgenden, Huber, Ludwig: „Zur Verankerung von General Studies im Bachelor-Studiengang. Eine Stellungnahme zum Konzept der Universität Lüneburg". In: Das Hochschulwesen 52(5) 2004, S. 194–198.

Kurz, der „Ergänzungsbedarf" an Studien über das jeweilige Fach hinaus kann nur studiengangspezifisch bestimmt werden: Welche anderen Inhalte und in welchem Umfang sie notwendig sind, darüber müssen sich die Beteiligten in den einzelnen Studiengängen verständigen. Bevor Veranstaltungen dazu in den zentralen Bereich verlagert werden, müsste zunächst von den Fächern der Nachweis verlangt werden, dass und welche Maßnahmen sie zur Erreichung dieser Ziele vorgesehen haben – und zwar (damit es nicht bei Präambeln, Appellen oder bloßer Behauptung bleibt, solche Reflexion finde selbstverständlich integriert ständig statt) explizit, z.b. in ausgewiesenen Reflexionsphasen in Fachveranstaltungen, sie begleitenden Kolloquien, in Projekten und in Prüfungsanforderungen und -teilen.

Wissenschaftliche Arbeitstechniken, Sprachkompetenzen und Schlüsselkompetenzen generell brauchen jenseits eines bestimmten für alle gleich definierbaren Grundniveaus studiengangs- bzw. berufsspezifische Gewichtungen und Ausprägungen. Arbeits„techniken" wie Lesen, Schreiben, Recherchieren, Präsentieren tragen auf einem gewiss hohen Sockel allgemeiner, also bereichsübergreifender Kompetenz fachspezifische Zuspitzungen, die sich aus den Arbeitsformen, Kommunikationsmustern, Publikationsstilen, spezifischen Datenspeichern der Fächer usw. ergeben. Sogar für Selbstorganisation, Zeitmanagement u.ä. enthalten die Fachumgebungen je unterschiedliche Herausforderungen, abhängig z.B. vom Grad der Strukturierung des Studiums oder der methodischen Offenheit der Lehrveranstaltungen. Die muttersprachliche Kompetenz und darüber hinaus die Kommunikationsfähigkeit allgemein wird in den professionellen Situationen von Juristen, Lehrern, Sozialpädagogen, um nur diese zu nennen, jeweils ganz unterschiedlich herausgefordert. *Fremdsprachenkompetenz* ist eine allgemeine, solange es um Verständigung im Alltag, aber eine spezifische, wenn es um Kommunikation in der Wissenschaft geht; es ist also nur richtig, wenn innerhalb der Fachbereiche Kurse angeboten werden, in denen die fremdsprachliche Fachsprache im Mittelpunkt steht. Ähnlich brauchen Geistes- und Sozialwissenschaftler andere Kenntnisse in Mathematik (zu Mathematisierung oder in Statistik) als auch einer Art Sprache – die übrigens in den meisten Katalogen der Schlüsselkompetenzen fehlt – als die „mathematikhaltigen" Fächer. Schlüsselkompetenzen wie *Kommunikation* oder *Kooperation* gehören in den einen Fächern zum Kern der beruflichen Handlungskompetenz, in den anderen bereichern sie diese.

Kommunikationsfähigkeit z.b. ist von Juristen im Hinblick auf forensische Rede anders zu kultivieren als von Sozialarbeitern für Beratungsgespräche oder von Lehrern für Unterricht.

Die Hinweise mögen zeigen, wie eng jeweils bestimmte Schlüsselqualifikationen mit fachlichen Aufgaben bzw. professionellen Tätigkeiten zusammengehören. Sie deshalb auch in den Fachveranstaltungen selbst zu üben, böte das Potenzial, die heutzutage sowieso geforderte Kompetenzorientierung auch tatsächlich in Aufgabensituationen zu praktizieren, die ohnehin immer die Verbindung von fachspezifischen und allgemeinen Fähigkeiten erfordern.

Etwas anderes gilt für die Einübung von Kompetenzen für die überfachliche Kommunikation mit Angehörigen anderer Disziplinen bzw. Fachkulturen („Interdisziplinäre" Kompetenzen) oder „Laien" (Experten ihrer jeweiligen Praxis). Dafür sind Lernsituationen erforderlich, in denen sie gebraucht sind und eben dadurch gefördert werden, also komplexe Kontexte wie z.B.:

- fachüberschreitendes Forschendes Lernen und Projektstudien, speziell für Kompetenzen in interdisziplinärer Kommunikation und Kooperation,
- problemorientierte Praktika/Praxisstudien, speziell für Problemlösungsfähigkeiten und soziale Kompetenzen,
- bewusst geplante Auslandsstudien, speziell für interkulturelle Kommunikation,
- Service Learning, speziell für politische Bildung, soziales Engagement und soziale Kompetenzen.[29]

4.3 Pragmatische Alternativen

Praktisch allerdings kann gegen diese Prioritätssetzung eingewandt werden, dass solche allgemeinen Aspekte in der Realität der fachlichen Lehrveranstaltungen erfahrungsgemäß immer an den Rand geraten oder ganz herausfallen. Argumente für diese Position gibt es reichlich:

---

29 Die positiven Wirkungen solcher Formen von *situated* bzw. *deep level learning*, zusammengefasst unter „*High impact activities*", auf Studienengagement und -verlauf wird in den National Studies of Student Engagement belegt (Cf. Kuh, George D.: *High-impact educational practices. What they are, who has access to them, and why they matter*. Association of American Colleges and Unversities: Washington DC 2008.).

- im Zweifelsfall siege dort der Druck oder Wunsch, im „eigentlichen" Stoff voran zu kommen (was impliziert: „so wichtig sind diese Schlüsselkompetenzen" nicht);
- die Fachwissenschaftler seien für Thematisierung und Kultivierung der allgemeinen Fähigkeiten nicht kompetent, im umfassenden Sinn des Wortes, weder in ihren didaktischen Fähigkeiten noch in ihren Einstellungen;
- das könnte zwar durch Fortbildung und Beratung, auch kollegiale, gebessert werden, aber bis dergleichen in der Breite wirksam wird, vergehe mindestens noch viel Zeit.

Das kann rechtfertigen, besondere Lehrveranstaltungen eigens für den Erwerb von Schlüsselkompetenzen einzurichten, die von spezifisch dafür qualifizierten Lehrkräften durchgeführt werden, woher auch immer diese rekrutiert werden. Aber auch dann gibt es ja noch drei Möglichkeiten bzw. Abstufungen:

- semi-integriert in die fachlichen Lehrveranstaltungen, indem in ihnen phasenweise Spezialisten für Schlüsselqualifikationen mitwirken, in Kooperation mit den jeweiligen Lehrenden,
- separiert von den fachlichen Lehrveranstaltungen, aber in engem Bezug auf diese, also vorzugsweise noch innerhalb der Fachbereiche,
- separiert auch noch von den Fachbereichen, also zentral und an fachlich gemischte Teilnehmerschaften adressiert.

Dieselben Erwägungen wie bisher sprechen für die ersteren beiden und, wenn es denn doch auf zentrale Veranstaltungen hinausläuft, für ein komplexes didaktisches Design derselben, das es erlaubt, phasenweise, also etwa für Beispielaufgaben, mit innerer Differenzierung je nach Fachaffinität der Teilnehmer zu arbeiten.[30] Das würde auch von deren Veranstaltern, den Spezialisten für allgemeine Kompetenzen, die Entwicklung zusätzlicher Kompetenzen

---

30 Der Umstand, dass in besonderen, in einem zentralen Bereich angebotenen Lehrveranstaltungen Studierende aus verschiedenen Fächern zusammenkommen, birgt Herausforderungen, aber auch Chancen. Wenn Orientierungs- und Reflexionswissen in überfachlichen Lehrveranstaltungen welcher Art auch immer erworben werden soll, müssen Inhalte und Arbeitsformen in diesen phasenweise nach Fachbezügen und -zugehörigkeiten der Teilnehmer binnendifferenziert und andererseits die Möglichkeiten eines ausdrücklichen Vergleichs genutzt werden. Gleiches gilt für die Vermittlung von Arbeitstechniken und Schlüsselqualifikationen.

verlangen, nämlich mindestens eine „Ahnung" von den Anforderungen der Fächer und Empathie oder die Bildung fachlich gemischter Teams. So oder so sollten separate Veranstaltungen als Übergangslösung behandelt werden. Zwar kann man vielleicht, wie ein Teilnehmer der Tagung in Hegne, sagen, dass in der Realität gerade und evtl. nur noch in den Schlüsselkompetenz-Programmen „bildende" Veranstaltungen – interessant, problemorientiert, kooperativ usw. – angeboten werden, und froh darüber sein, dass es vielleicht diese Nische hie und da noch gibt. Aber die Erfüllung der Aufgabe der Hochschule ingesamt kann doch darin nicht auf Dauer gesehen werden. Es bleibt eine Übergangslösung – aber eine, die für die jetzt in Stellen für Schlüsselkompetenzen Arbeitenden mit einer großen und wohl auch nicht kurzfristig zu erledigenden Aufgabe verbunden ist. Ziel muss sein, in diesen Lernmodelle zu entwickeln, die später in fachlichen Lehrveranstaltungen adaptiert werden können; als Brücke dazu ist zu nutzen, dass im Sinne von „Lernen des Lernens" Metalernen in allen Lehrveranstaltungen mehr geübt werden müsste und für diese Thematisierung des Lernens gerade auch die implizierten allgemeinen Fähigkeiten ein prominenter Gegenstand sein müssten. Parallel dazu gilt es, Lehrende zu motivieren und zu qualifizieren, das zu tun. Dazu gibt es Vorbilder und gute Erfahrungen, etwa für „Schreiben" an der Universität Bielefeld[31]. Wenn das über die Wichtigkeit des impliziten Lernens von Schlüsselkompetenzen Gesagte stimmt, dann ist schon mit einer allgemeinen hochschuldidaktischen Qualifizierung der Lehrenden für studierendenorientiertes, aktivierendes Lehren und nicht erst mit einer Spezialausbildung für die Vermittlung von Schlüsselkompetenzen viel gewonnen.

Literatur

Anrich, Ernst: *Die Idee der deutschen Universität. Die fünf Grundschriften aus der Zeit ihrer Neubegründung durch klassischen Idealismus und romantischen Realismus.* Gentner: Darmstadt 1956.

Bildungskommission NRW (Hrsg.): *Zukunft der Bildung – Schule der Zukunft. Denkschrift der Kommission „Zukunft der Bildung – Schule der*

---

31 Cf. Frank, Andrea / Haacke, Stefanie / Lahm, Swantje: *Schlüsselkompetenzen: Schreiben in Studium und Beruf.* Metzler: Stuttgart et al. 2007.

Zukunft" beim Ministerpräsidenten des Landes Nordrhein-Westfalen. Luchterhand: Neuwied et al. 1995.

BLK (Bund-Länder-Kommission) (Hrsg.): *Bildung für eine nachhaltige Entwicklung. Orientierungsrahmen.* BLK: Bonn 1998.

Fiegert, Monika: *Zwischen Lehrerbildung und Lehrerausbildung. Texte zur Geschichte, Gegenwart und Zukunft der Lehrerbildung in Osnabrück.* Lit: Münster 2005.

Frank, Andrea / Haacke, Stefanie / Lahm, Swantje: *Schlüsselkompetenzen: Schreiben in Studium und Beruf.* Metzler: Stuttgart et al. 2007.

Hentig, Hartmut von: *Die Krise des Abiturs – und eine Alternative.* Klett-Cotta: Stuttgart 1980.

Huber, Ludwig: „Editorial". *European Journal of Education* 27(3)1992, S. 193–199, retrieved from http://www.jstor.org/stable/1503448.

Huber, Ludwig: "From General Education to Interdisciplinary Studies". *Higher Education Policy* 15; 1, 2002, S. 19–31.

Huber, Ludwig: „Zur Verankerung von General Studies im Bachelor-Studiengang. Eine Stellungnahme zum Konzept der Universität Lüneburg". *Das Hochschulwesen* 52(5) 2004, S. 194–198.

Huber, Ludwig: „Fachkulturen und Hochschuldidaktik". In: Weil, Markus et al. (Hrsg.): *Aktionsfelder der Hochschuldidaktik. Von der Weiterbildung zum Diskurs.* Waxmann: Münster et al. 2011, S. 109–128.

Huber, Ludwig / Olbertz, Jan H. / Rüther, Beate (Hrsg.): *Über das Fachstudium hinaus. Berichte zu Stand und Entwicklung fachübergreifender Studienangebote an Universitäten.* Deutscher Studienverlag: Weinheim 1994.

Klafki, Wolfgang: „Sinn-Dimensionen allgemeiner Bildung in der Schule". In: Fiegert, Monika (Hrsg.): *Zwischen Lehrerbildung und Lehrerausbildung. Texte zur Geschichte, Gegenwart und Zukunft der Lehrerbildung in Osnabrück.* Lit: Münster 2005, S. 181–190.

Klafki, Wolfgang: *Neue Studien zur Bildungstheorie und Didaktik. Zeitgemäße Allgemeinbildung und kritische-konstruktive Didaktik.* Weinheim 2007 (1985).

Koller, Hans-Christoph: Bildung (an) der Universität. In: Liesner, Andrea / Sanders, Olaf (Hrsg.): *Bildung der Universität. Beiträge zum Reformdiskurs.* Transcript Verlag: Bielefeld 2005, S. 79–100.

Kuh, George D.: *High-impact educational practices. What they are, who has access to them, and why they matter.* Association of American Colleges and Unversities: Washington DC 2008.

Liesner, Andrea / Sanders, Olaf (Hrsg.): *Bildung der Universität. Beiträge zum Reformdiskurs.* Transcript Verlag: Bielefeld 2005.

Mertens, Dieter: „Schlüsselqualifikationen. Thesen zur Schulung für eine moderne Gesellschaft". *Mitteilungen aus der Arbeitsmarkt- und Berufsforschung* 7(1), 1974, S. 36–43, retrieved from http://doku.iab.de/mittab/1974/1974_1_MittAB_Mertens.pdf.

Papenkort, Ulrich: *Studium Generale. Geschichte und Gegenwart eines hochschul-pädagogischen Schlagwortes.* Deutscher Studien Verlag: Weinheim 1993.

Papenkort, Ulrich (Hrsg.): *Idee und Wirklichkeit des Studium generale. Fachübergreifende Hochschulbildung.* Verlag Friedrich Pustet: Regensburg 1995.

Schaeper, Hildegard: „Hochschulbildung und Schlüsselkompetenzen – Der Beitrag der Hochschulforschung zur Evaluation der Qualifizierungsfunktionen und -leistungen von Hochschulen". In: Teichler, Ulrich / Tippelt, Rudolf (Hrsg.): Hochschullandschaft im Wandel. *Zeitschrift für Pädagogik* (50). Beltz: Weinheim 2005, S. 209–220.

Schaeper, Hildegard / Wolter, Andrä: „Hochschule und Arbeitsmarkt im Bologna-Prozess. Der Stellenwert von Employability und Schlüsselkompetenzen". *Zeitschrift für Erziehungswissenschaft* 11(4) 2008, S. 607–625.

Schleiermacher, Friedrich Daniel Ernst: „Gelegentliche Gedanken über Universitäten im deutschen Sinn" (1808). In: Anrich, Ernst (Hrsg.): *Die Idee der deutschen Universität. Die fünf Grundschriften aus der Zeit ihrer Neubegründung durch klassischen Idealismus und romantischen Realismus.* Gentner: Darmstadt 1956, S. 219–308.

Schön, Donald A.: *The reflective practitioner: How professionals think in action.* Basic Books: New York 1983.

Tenorth, Heinz-Elmar: Wilhelm von Humboldts (1767–1835) Universitätskonzept und die Reform in Berlin – eine Tradition jenseits des Mythos. *Zeitschrift für Germanistik*; (20)1 2010, S. 15–28.

Teichler, Ulrich / Tippelt, Rudolf (Hrsg.): Hochschullandschaft im Wandel. *Zeitschrift für Pädagogik* (50).Weinheim: Beltz 2005.

Wagemann, Carl-Hellmut: „Zur Geschichte des Studium Generale". In: Papenkort, Ulrich (Hrsg.): *Idee und Wirklichkeit des Studium generale.*

Fachübergreifende Hochschulbildung. Verlag Friedrich Pustet: Regensburg 1995, S. 103–113.

Wissenschaftsrat (Hrsg.): *Empfehlungen zur Einführung neuer Studienstrukturen und -abschlüsse (Baccalaureus/Bachelor – Magister/Master) in Deutschland*. Wissenschaftsrat: Berlin 2000.

Weil, Markus et al. (Hrsg.): *Aktionsfelder der Hochschuldidaktik. Von der Weiterbildung zum Diskurs*. Waxmann: Münster et al. 2011.

Caroline Y. Robertson-von Trotha,
Miriam Friedrichs und Marco Ianniello

Die Verantwortung der Universitäten im Spannungsfeld von Spezialwissen und Schlüsselqualifikationen: die Rolle des Studium Generale

Abstract The history of General Studies in Karlsruhe begins in the 19th century. Very early on, it was decided that students of the Technical University should not only be provided with the necessary expertise for their professions, but should also be made aware of societal issues. Today the ZAK | Centre for Cultural and General Studies at the Karlsruhe Institute of Technology (KIT) offers, as supplements to the primary course of study, courses that enable societal and cultural issues to be integrated into the curriculum.

1. Vorbemerkung: Orientierungswissen als Schlüssel zu einem zeitgemäßen Bildungsprogramm

Im Rahmen des Workshops „Studium Generale und Schlüsselqualifikationen – wie Feuer und Wasser?"[1] ging es um die Frage nach der Genesis der beiden Formate Schlüsselqualifikationen und Studium Generale und ihr Verhältnis zueinander. Ausgangspunkt war die Feststellung, dass sich der Begriff Schlüsselqualifikation in den zehn Jahren seiner Etablierung in der überfachlichen Lehre der Hochschulen verändert hat. Verstärkt lässt sich beobachten, dass an den Universitäten eine Erweiterung der inhaltlichen Lehrangebote der Schlüsselqualifikationen, die bislang eher an der employability[2] ausgerichtet waren, hin zu Orientierungswissen und zu einer Einbeziehung aktueller gesellschaftlicher Schlüsselprobleme erfolgt ist. Es gilt für die

---

1 Der vorliegende Beitrag basiert auf dem Input-Vortrag zum Thema „Entwicklung des Studium Generale an der Universität Karlsruhe" im Rahmen des Workshops „Studium Generale und Schlüsselqualifikationen – wie Feuer und Wasser?".
2 Die einseitige Ausrichtung an der sogenannten *employability* (Berufsorientierung und Berufsfertigkeit) ist als eine Folge des Bologna-Prozesses zunehmend kritisiert worden.

Hochschulen und Universitäten, ihrer Bildungsverantwortung in einer Welt nachzukommen, die sich nicht nur zunehmend globalisiert, sondern auch zu fragmentieren und zu polarisieren scheint. Dies macht es erforderlich, Problemstellungen grundsätzlich über eine gesamtheitliche Sichtweise, also interdisziplinär und interkulturell anzugehen. Bereits im Jahr 1999 betonte der damalige Vorstandsvorsitzende der L-Bank Dietmar Sauer:

> „Im Zeitalter des Internet tritt die Produktion von Gütern in weiten Bereichen der Wirtschaft in den Hintergrund, die Dienstleistungs- und Wissensgesellschaft gewinnt immer höhere Bedeutung. Doch über Wissen zu verfügen reicht allein nicht aus, um sich im Wettbewerb zu behaupten. Wissen muss bewertet und in einen Zusammenhang gestellt werden, um es nutzbar zu machen. Der Vermittlung von Schlüsselqualifikationen, von sozialer und kultureller Kompetenz kommt dabei eine herausragende Bedeutung zu."[3]

Damit eng verbunden ist die Frage nach dem Bildungsauftrag der Universität im 21. Jahrhundert und insbesondere die Frage danach, was Bildung heutzutage überhaupt bedeutet. Dabei fällt auf, dass sich der klassische Bildungsbegriff mehr und mehr aus dem universitären Bereich verabschiedet zu haben scheint – jedenfalls in Baden-Württemberg.[4]

Julian Nida-Rümelin weist in seinem Buch *Philosophie einer humanen Bildung* darauf hin, dass Demokratie und Bildung wechselseitig aufeinander angewiesen sind: „Ohne Bildung ist Demokratie als Staats- und als Lebensform nicht möglich und Bildung befördert die Demokratie, in der demokratischen Praxis bewährt und erfüllt sich Bildung."[5] Ohne Bildung

---

3 Grußwort des Vorstandsvorsitzenden der Landeskreditbank Baden-Württemberg – Förderbank, zitiert nach: Robertson-von Trotha, Caroline: Fachübergreifende Lehre und Schlüsselkompetenz als Programm. 60 Jahre Studium Generale und 20 Jahre Angewandte Kulturwissenschaft an der Universität Karlsruhe (TH). In: id. (Hrsg.): *Schlüsselqualifikationen für Studium, Beruf und Gesellschaft (= Problemkreise der Angewandten Kulturwissenschaft, Bd. 14)*, Universitätsverlag Karlsruhe: Karlsruhe 2009, S. 120.
4 Vergleicht man beispielsweise die Leitbilder der baden-württembergischen Universitäten Karlsruhe, Tübingen, Freiburg, Heidelberg, Konstanz, Hohenheim und Stuttgart, so stellt man fest, dass lediglich Freiburg „das Vermächtnis, das klassische Bildungsgut zu vermitteln", pflegt. Siehe Leitbild der Albert-Ludwigs-Universität Freiburg, retrieved 03.09.2015, from http://www.uni-freiburg.de/universitaet/portrait/leitbild.
5 Nida-Rümelin, Julian: Philosophie einer humanen Bildung. Ed. Körber-Stiftung: Hamburg 2013, S. 179–180.

fehlt demnach notwendiges Wissen, das reflektiertem verantwortungsvollem Handeln zugrunde liegt: In diesem Sinne kann erst das Verfügen über gesellschaftliches Orientierungswissen (in komplementärer Kombination mit dem Spezialwissen), so unsere These, ein Wissen also über die sozialen und kulturellen Faktoren der Wissensproduktion, -verwendung und -interpretation, eine fundierte und konstruktive Reflexionsfähigkeit ermöglichen. Damit substantiell Bildung entstehen kann, muss das Wissen jedoch „personalisiert" werden, indem jeder Einzelne sich in einem persönlichen Bildungsprozess das erworbene Wissen fruchtbar macht. Dies ist ein aktiver Vorgang. Jochen Krantz formuliert dies wie folgt:

> „Wissen ist angeeignete Information: Ich weiß von einer Tatsache, die ich irgendwo gelesen oder gehört habe. Bildung dagegen ist personalisiertes Wissen. Also Wissen, dass für mich irgendwie wichtig geworden ist, das mir etwas gesagt hat, mich beeinflusst, mich gar geprägt hat [...] Aus Wissen entsteht nicht Verantwortung, Ich-Stärke, Mitgefühl und kritisches Bewusstsein. Das kann erst entstehen, wenn das Wissen zu etwas Eigenem umgearbeitet worden ist."[6]

2. Die Vergesellschaftung des Wissens und die veränderten Kontexte des Lernens

Eine wesentliche Veränderung unserer modernen Informations- und Wissen(schafts)gesellschaft[7] liegt darin, dass Wissen zunehmend „im Kontext seiner Anwendung"[8] generiert wird, wie Helga Nowotny konstatiert. Zum einen erleben wir eine stetig beschleunigte Anhäufung, Verdichtung, Vernetzung und Verfügbarkeit von (wissenschaftlichem) Wissen und daher einen wachsenden Einfluss von Wissenschaft und Technikentwicklung auf die Gesellschaft. Zum anderen wurden die Grenzen der herkömmlichen Produktionsstätten von (wissenschaftlichem) Wissen, der Universitäten und der staatlichen

---

6   Krantz, Jochen: *Ware Bildung. Schule und Universität unter dem Diktat der Ökonomie.* Heinrich Hugendubel Verlag: Kreuzlingen/München 2007, S. 17.
7   Cf. Robertson-von Trotha, Caroline: Schüsselqualifikationen revisited. Ein altes Thema in Zukunftskontexten. In: id. (Hrsg.): *Schlüsselqualifikationen für Studium, Beruf und Gesellschaft (= Problemkreise der Angewandten Kulturwissenschaft, Bd. 14).* Universitätsverlag Karlsruhe: Karlsruhe 2009, S. 25.
8   Nowotny, Helga: Wissenschaft neu denken. Vom verlässlichen Wissen zum gesellschaftlich robusten Wissen. In: Gerlof, Karsten / Ulrich, Anne (Hrsg.): *Die Verfasstheit der Wissensgesellschaft.* Heinrich Böll Stiftung: Münster 2006, S. 26.

Forschungseinrichtungen, relativiert. Längst trägt die Industrie zur wissenschaftlichen Forschung – vor allem im Hinblick auf die Produktentwicklung – einen erheblichen Teil bei. Eine bedeutende Rolle übernehmen in diesem Zuge die neuen Informations- und Kommunikationstechnologien. Ihnen ist der aussichtsreiche, aber durchaus nicht unproblematische Umstand zu zuschreiben, dass der Grad der Vergesellschaftung von Wissen erheblich angestiegen ist. Dementsprechend gehören zu den Wissenschaftlern der Akademien und Hochschulen qualifizierte Personen aus anderen Bereichen, was deren berufliche Position und den persönlichen Werdegang betrifft. Das reicht vom Forscher in der freien Wirtschaft über den *Citizen Scientist* bis zum *Artistic Researcher*. Vor allem in den Naturwissenschaften und der angewandten Forschung produzieren heterogene Teams, die sich zu einem erheblichen Teil dezentral und international konstituieren, relevantes Wissen. Es ist eine Gemengelage entstanden, in der sich verschiedene Modi und Methoden der Wissensgenerierung verbinden oder auch gegenüber stehen.

Angesichts der Ausgangslage, dass mit der unaufhörlichen Zunahme an Spezialwissen eine fragmentierte und mithin kaum zu überschauende Wissensproduktionslandschaft gewachsen ist, sind Fähigkeiten im Arbeits- und Alltagsleben erforderlich geworden, die konventionell in einer (Hochschul-) Ausbildung oder einem Fachstudium so nicht vermittelt werden. Es liegt im Interesse jedes Einzelnen, sich in der Wissen(schaft)sgellschaft besser orientieren zu können, und im Interesse aller, dass dies über institutionelle Einrichtungen geregelt und gefördert wird.

In diesem Sinne folgt das KIT-Leitbild von 2015 mit dem Prinzip der forschungsorientierten Lehre dieser Vorstellung von Bildung. Studierende sollen sich im Verlauf ihres Studiums ab einem möglichst frühen Zeitpunkt Inhalte unter forschungsrelevanten Fragestellungen selbständig erarbeiten:

> „Markenzeichen der akademischen Ausbildung am KIT ist das Prinzip der forschungsorientierten Lehre. Der frühzeitige Kontakt mit interdisziplinären Forschungsprojekten, die Einbindung in internationale Teams sowie die Nutzung einmaliger Forschungsanlagen eröffnen den Studierenden besondere Entfaltungs- und Entwicklungsperspektiven."[9]

Der Erwerb von Wissen geht also mit dem Anspruch einher, dass Absolventinnen und Absolventen einer Universität zusätzlich zur Beherrschung

---

9 KIT-Leitbild retrieved 03.09.2015, from http://www.kit.edu/kit/15036.php.

des Fachwissens ihrer jeweiligen Disziplin als gebildete, „mündige Staatsbürger" Verantwortung in der Gesellschaft zu übernehmen haben. Gerade an Technischen Universitäten sollte dabei die überfachliche Lehre und insbesondere die Vermittlung von sogenanntem Orientierungswissen eine grundlegende Rolle spielen. Das Studium Generale nimmt dabei eine Schlüsselposition ein, da es Studierenden auf freiwilliger Basis ermöglicht, Inhalte je nach individueller Neigung auszuwählen und sich diese im interdisziplinären Austausch anzueignen.

In der jüngsten Zeit lässt sich eine Renaissance des Interesses an Studium-Generale-Formaten beobachten, wie zum Beispiel die von Luc Saner[10] oder Christoph Jamme und Asta von Schröder beschriebene Einführung eines dem eigentlichen Fachstudium vorgeschalteten allgemeinbildenden Studienjahres:

> „Innerhalb eines neu zu entwickelnden ‚Studium fundamentale' müsste gezeigt werden, worin denn der Charakter des rationalen, philosophisch-wissenschaftlichen Denkens besteht, [...] Das könnte zugleich ein bedeutendes, Natur- und Geisteswissenschaften verbindendes Propädeutikum ergeben."[11]

An der Leuphana Universität Lüneburg wird dieses bereits praktiziert: Das „Leuphana-Semester" dient dazu, Studienanfängerinnen und -anfängern im ersten Semester an die Grundlagen des wissenschaftlichen Denkens und Arbeitens heranzuführen und ihnen die gesellschaftliche Verantwortung von Wissenschaftlerinnen und Wissenschaftlern bewusst zu machen.[12]

Horst Hippler, ehemaliger Präsident des KIT und Vorsitzender der Hochschulrektorenkonferenz, stellte 2012 fest:

> „Es geht an den Hochschulen nicht nur darum, die Leute für einen Beruf fit zu machen. Wir haben auch die Verantwortung, Bildung zu vermitteln. Das englische Wort „education" hat im Deutschen drei Bedeutungen: Bildung, Ausbildung und Erziehung. Eine ganz wichtige Aufgabe, die die Hochschulen leisten müssen, ist, die Studenten zu mündigen Staatsbürgern zu erziehen, die mit ihrem Wissen auch

---

10 Cf. Saner, Luc: Studium generale. Auf dem Weg zu einem allgemeinen Teil der Wissenschaften. Springer Spektrum: Wiesbaden 2014.
11 Jamme, Christoph / von Schröder, Asta (Hrsg.): *Einsamkeit und Freiheit. Zum Bildungsauftrag der Universität im 21. Jahrhundert*. Fink: München 2011, S. 13.
12 Zum Leuphana-Semester siehe: retrieved 03.09.2015, from http://www.leuphana.de/studium/bachelor/leuphana-semester.html.

Verantwortung übernehmen. Dieser Punkt wird leider in der Bologna-Reform komplett vergessen."[13]

Orientierungswissen, ein Fachbegriff der maßgeblich von Jürgen Mittelstraß geprägt worden ist,[14] kann eine Grundlage darstellen insofern, als es dazu befähigt, das Spezialwissen einer Disziplin in einen größeren, idealerweise in einen historischen und modernen gesamtgesellschaftlichen Kontext einzuspeisen. Die Intention geht dahin, das sozialverantwortliche Bewusstsein und Handeln sowie die inter- und transdisziplinäre Kommunikation zu fördern. Im Kontext der Vermittlung von Schlüsselqualifikationen am KIT vertreten wir folgende Definition von Schlüsselqualifikation und schließen damit an die eigene historische Entwicklung an:

> „Schlüsselqualifikationen lassen sich generell als die Qualifikationen bezeichnen, die fach- und situationsübergreifend Menschen befähigen kompetent zu handeln. Auf der alleinigen Grundlage exzellenten Fach- und Spezialwissens lässt sich dieses Ziel nicht erreichen, so das Argument, das bereits sinngemäß von Wilhelm von Humboldt oder an der eigenen Hochschule, der Universität Karlsruhe, von Ferdinand Redtenbacher vertreten wurde."[15]

---

13 Hippler, Horst: „Das ‚Bulimie-Lernen' muss ein Ende haben". Interview vom 11.05.2012. *Einstieg. Meine Zukunft. Mein Ding*: retrieved 03.09.2015, from http://www.einstieg.com/studium/news/das-bulimie-lernen-muss-ein-ende-haben.html.

14 Cf. Mittelstraß, Jürgen: Wissenschaft verstehen. In: id. (Hrsg.): *Die Häuser des Wissens. Wissenschaftstheoretische Studien*. Suhrkamp: Frankfurt am Main 1998, S. 181–189. Nach Mittelstraß ist zwischen Verfügungs- und Orientierungswissen zu unterscheiden. Verfügungswissen bezeichnet das wissenschaftlich-technisch erworbene Wissen, das Handlungsräume eröffnet, über deren zweckmäßige und sinnvolle Verwendung es aber der Orientierung bedarf. Orientierungswissen stellt selbst eine wesentliche, wenn auch ergänzungsbedürftige Schlüsselqualifikation dar.

15 Robertson-von Trotha, Caroline: Fachübergreifende Lehre und Schlüsselkompetenz als Programm. 60 Jahre Studium Generale und 20 Jahre Angewandte Kulturwissenschaft an der Universität Karlsruhe (TH). In: id. (Hrsg.): *Schlüsselqualifikationen für Studium, Beruf und Gesellschaft (= Problemkreise der Angewandten Kulturwissenschaft, Bd. 14)*, Universitätsverlag Karlsruhe: Karlsruhe 2009, S. 97.

3. Von der Orientierungshilfe zum Orientierungswissen:[16] Das Studium Generale als Stiefkind der Hochschulbildung

Die Geschichte des Studium Generale in Karlsruhe beginnt bereits im 19. Jahrhundert. Schon sehr früh wurde der Anspruch formuliert, Studierenden der Technischen Hochschule nicht nur die für den Beruf notwendigen Fachkenntnisse zu vermitteln, sondern sie darüber hinaus auch für gesellschaftliche Fragestellungen zu sensibilisieren.

Vordenker und Gründungsvater der Förderung der Allgemeinen Bildung an der Technischen Hochschule in Karlsruhe war Ferdinand Redtenbacher, Professor für Maschinenbau und von 1857–1863 Direktor des Polytechnikums Karlsruhe. Er setzte sich für den Ausbau der allgemeinbildenden Fächer ein, um eine breite humanistische Bildung der Ingenieure zu sichern. Insbesondere forderte er die Einführung der Fächer Philosophie, Geschichte, Literatur, Nationalökonomie sowie Staats- und Rechtskunde, da er der Auffassung war, eine rein technische Berufsausbildung bei Vernachlässigung humanistischer Studien „isoliere den Techniker im bürgerlichen Leben und entfremde ihn den ideellen Interessen der Gesellschaft".[17]

Symptomatisch für die über lange Zeit zu verzeichnende unsichere, zweideutige Stellung des Studium Generale in Karlsruhe (aber auch darüber hinaus in Deutschland insgesamt) ist ein Ausspruch des Historikers Walther Peter Fuchs, der von 1953 bis 1959 Leiter dieser universitären Bildungseinrichtung war:

> „In den vergangenen sieben Jahren habe ich den Eindruck gewonnen, daß unsere Hochschule als Ganzes zwar auf das Studium generale nicht verzichten will, [...] daß sie aber nicht die Absicht hat, sich an dieser Stelle in einer konstruktiven Weise zu engagieren."[18]

---

16 Cf. ibid., S. 112ff.
17 Cf. Borgstedt, Angela: Universitätsgeschichte aus pragmatischer Absicht. Fuchs, Redtenbacher und die Geschichte der TH Karlsruhe. In: id. / Stolle, Michael (Hrsg.): *Walther Peter Fuchs – revisited. Beiträge zur Wirkung und Bedeutung eines Karlsruher Historikers (= Gelbe Hefte, Bd. 6)*. Universitätsverlag Karlsruhe: Karlsruhe 2006, S. 18f.
18 Fuchs, Walther Peter: Die Stellung der Geisteswissenschaften an den Technischen Hochschulen. In: Kraemer, Otto et al. (Hrsg.): *Die Fridericiana 1963. Gedanken und Bilder aus einer Technischen Hochschule. Hans Freudenberg zum 75. Geburtstag*. Universitätsverlag Karlsruhe: Karlsruhe 1963, S. 61.

Nach dem Zweiten Weltkrieg wurde im Wintersemester 1949/50 das Studium Generale an der Fridericiana eingeführt mit dem Bildungsziel, den Studierenden eine Orientierungshilfe in der jungen rechtsstaatlichen Demokratie der Bundesrepublik zu geben. Außerdem sollte das Studium Generale zu einer kritischen Selbstreflexion der Universitäten beitragen.

Erst 1972 wurde das Studium Generale als zentrale Universitätseinrichtung der Universität Karlsruhe in der Nachfolge von Simon Moser und unter Leitung des Ingenieurs und (Technik-)Philosophen Günter Ropohl institutionalisiert. Laut §1 der Satzung sollte das Studium Generale „der aktuellen und auf künftige Probleme gerichteten Selbstreflexion der Universität dienen." Grundlegende, fächerübergreifende und an den Wissenschaften orientierte Dialoge sollten im Mittelpunkt des Studiums stehen. Das „Zwei-Säulen-Modell" setzte sich aus Lehrveranstaltungen der Philosophie und anderen Reflexionsdisziplinen unter Bezugnahme auf die jeweiligen Fachwissenschaften zusammen.

Während der Leitung des Studium Generale durch Helmut F. Spinner (von 1987–2002) wurde die Struktur des Arbeitsprogramms hin zu einem „Drei-Säulen-Programm" vertieft, das als wissenschaftlicher Diskurs zwischen der Universität Karlsruhe und der außeruniversitären Öffentlichkeit gedacht war.[19]

Nach einem Senatsbeschluss vom 5. Juli 2002 wurde das Studium Generale dann in neuer Form weitergeführt. Das seit 1989 bestehende Interfakultative Institut für Angewandte Kulturwissenschaft (IAK) fusionierte mit dem Studium Generale zum ZAK | Zentrum für Angewandte Kulturwissenschaft und Studium Generale. Die Leitung übernahm Caroline Y. Robertson-von Trotha.

---

19 Helmut F. Spinner formulierte fünf entscheidende Prinzipien: „1. die Überbrückung der Reflexionslücke, 2. die Überwindung der Fachisolation, 3. die Verringerung der Praxislücke, 4. die Aufhebung der Selbstspaltung in zwei getrennte Kulturen und 5. die Milderung der Kulturisolation ‚unserer' besonderen Art und Weise, die Welt zu sehen." Cf. Robertson-von Trotha, Caroline: Fachübergreifende Lehre und Schlüsselkompetenz als Programm. 60 Jahre Studium Generale und 20 Jahre Angewandte Kulturwissenschaft an der Universität Karlsruhe (TH). In: id. (Hrsg.): *Schlüsselqualifikationen für Studium, Beruf und Gesellschaft* (= *Problemkreise der Angewandten Kulturwissenschaft, Bd. 14*), Universitätsverlag Karlsruhe: Karlsruhe 2009, S. 114.

4. Das „Karlsruher Modell" – die Trias Orientierungswissen, Basiskompetenzen und Praxisorientierung

Entscheidend für den konzeptuellen Ausbau des Lehrangebots am ZAK ist die Weiterentwicklung des „Karlsruher Modells". Die Trias Orientierungswissen, Basiskompetenzen und Praxisorientierung wurde im Zeitraum von Oktober 2005 bis März 2007 in einem gemeinsamen Verbundprojekt zwischen der Hochschuldidaktischen Arbeitsstelle der Technischen Universität Darmstadt, der Carl von Linde-Akademie der Technischen Universität München und dem ZAK der Universität Karlsruhe (TH) unter Gesamtleitung von Caroline Y. Robertson-von Trotha modifiziert und gemeinsam verabschiedet.

Eine Zielvorstellung des Projektes war es, die Klassifizierung des Verständnisses von Schlüsselqualifikationen im Kontext einer pragmatisch modifizierten Auseinandersetzung mit aktuellen Vorstellungen und Gegebenheiten zu etablieren.[20] Im Rahmen des Projekts befürworteten die teilnehmenden Einrichtungen einen ganzheitlichen Ansatz, der den Erwerb von Kompetenzen nicht auf das engere Verständnis der Berufs- und Arbeitswelt reduziert, sondern stattdessen als Grundlage für sozialverantwortliches Handeln des Einzelnen den Prozess des lebenslangen Lernens fördern soll. Die am Projekt Beteiligten einigten sich in einem Positionspapier[21] auf ein Verständnis der Vermittlung von Schlüsselqualifikationen, der die Trias

---

20 Im Vorfeld war diese Klassifizierung bereits in einer durch das IAK, der Vorgängerinstitution des ZAK, und unter Leitung von Caroline Y. Robertson von-Trotha durchgeführten empirischen Studie zur Fachübergreifenden Lehre im Jahr 2000 entwickelt worden. Cf.: Robertson-von Trotha, Caroline / Görisch, Jens / Koban, Iris Helene: Projekte zu Schlüsselqualifikationen an Technischen Universitäten. Konzeptionelle Überlegungen, empirische Erhebungen und interuniversitärer Austausch. In: id. (Hrsg.): *Schlüsselqualifikationen für Studium, Beruf und Gesellschaft* (= Problemkreise der Angewandten Kulturwissenschaft, Bd. 14), Universitätsverlag Karlsruhe: Karlsruhe 2009, S. 137, Fußnote 3: „Das Projekt und eine inhaltsanalytische Vorstudie von Stellenanzeigen in Zeitungen fand unter der wesentlichen Mitarbeit von Matthias Otten (Hauptstudie), Tobias Kuhnimhof (statistische Datenanalysen) und Zinga Makumbundu (Inhaltsanalyse) statt." Cf. auch S. 147.
21 Cf. Robertson-von Trotha, Caroline (Hrsg.): *Schlüsselqualifikationen für Studium, Beruf und Gesellschaft* (= Problemkreise der Angewandten Kulturwissenschaft, Bd. 14), Universitätsverlag Karlsruhe: Karlsruhe 2009, S. 167f.

Basiskompetenzen, Praxisorientierung und Orientierungswissen zugrunde liegen sollte.

Die Diskussion um den Begriff der Schlüsselqualifikation lässt sich zumindest bis in die 1970iger Jahre zurückverfolgen. Von Dieter Mertens war damals der Grundgedanke angelegt worden, das Fachwissen zu ergänzen durch Kompetenzen, die nötig sind, um sich flexibel neues und fachfremdes Wissen aneignen zu können.[22] 1995 wurde von der Bildungskommission NRW eine erweiterte, allgemeine Definition formuliert,[23] die im Kern mit der des Forum SQ Baden-Württemberg (gegründet 2004) übereinstimmt:

> „Schlüsselqualifikationen sind ganz allgemein gesagt intellektuelle und soziale Fähigkeiten, Kompetenzen und Qualifikationen, die eine Person neben der fachlichen Kompetenz braucht, um in Beruf und Gesellschaft erfolgreich bestehen zu können."[24]

Zwar hat die Kultusministerkonferenz im Jahr 2001 die „Vermittlung überfachlicher Qualifikationen"[25] empfohlen, einen gesetzlich festgelegten

---

22 Mertens, Dieter: Schlüsselqualifikationen. Thesen zur Schulung für eine moderne Gesellschaft. *Mitteilungen aus der Arbeitsmarkt- und Berufsforschung* (7), 1974, S. 36–43.

23 Bildungskommission NRW: „*Zukunft der Bildung – Schule der Zukunft*" – *Denkschrift der Kommission beim Ministerpräsidenten des Landes Nordrhein-Westfalen*, September 1995. Luchterhand: Berlin et al. 1995: „[…] erwerbbare allgemeine Fähigkeiten, Einstellungen und Wissenselemente, die bei der Lösung von Problemen und beim Erwerb neuer Kompetenzen in möglichst vielen Inhaltsbereichen von Nutzen sind, so dass eine Handlungsfähigkeit entsteht, die es ermöglicht, sowohl individuellen als auch gesellschaftlichen Anforderungen gerecht zu werden."

24 Forum SQ Baden-Württemberg: retrieved 03.09.2015, from http://www.forum-sq.de/schluesselqualifikationen.

25 Bund-Länder-Kommission für Bildungsplanung und Forschungsförderung (BLK): Modularisierung in Hochschulen. Handreichung zur Modularisierung und Einführung von Bachelor- und Master-Studiengängen. Erste Erfahrungen und Empfehlungen aus dem BLK-Programm „Modularisierung" Materialien. *Materialien zur Bildungsplanung und zur Forschungsförderung.* Bonn 2002, S. 27: „Berufsqualifikation und Handlungskompetenz beruhen nicht allein auf fachlichen Kenntnissen und Fertigkeiten, sondern setzen auch überfachliche Kompetenzen voraus, wie z.B. Team- und Kommunikationsfähigkeit, Medienkompetenz, Beherrschung von Präsentationstechniken oder Informationsmanagement. Es ist deshalb eine besondere Herausforderung, die Reformen dazu zu nutzen, die Vermittlung überfachlicher Qualifikationen gezielt zu berücksichtigen."

Rahmen zur Vermittlung von Schlüsselqualifikationen gibt es jedoch bis heute nicht. Dementsprechend herrscht hinsichtlich des differenzierten Verständnisses und der Vermittlung von Schlüsselqualifikationen an den deutschen Hochschulen eine große Vielfalt. Vor diesem Hintergrund wäre die oben vorgestellte Auffassung von Orientierungswissen als ein Ansatz zu verstehen, der die einzelnen spezifischen Ausformulierungen und Ausprägungen von Schlüsselqualifikationen umfasst, er- und aufschließt. Angelehnt an die aus dem angelsächsischem Sprachraum stammenden Konzepte der *Scientific* und *Cultural Literacy*[26] wäre gleichsam von einer ‚Metaschlüsselkompetenz' zu sprechen. Dass sich hieraus alleine noch keine konkreten bildungspolitischen Verhaltensanweisungen ableiten lassen, ist nicht von der Hand zu weisen. Doch die Herausforderung besteht darin, einen weiten, möglichst realgetreuen und klaren Horizont aufzutun und in dessen Sinne die „Praxislücke" zu schließen. Das praxisorientierte Anwendungswissen zielt daher auf allgemeinere berufspraktische Anwendungsbezüge. Studierende sollen Einsicht in die Praxis professionellen Handelns erhalten. Folglich sind unter Praxisorientierung (auch als *enabling skills* bekannt) etwa Kenntnisse von Fremdsprachen, vom Funktionieren von Organisationen oder über das (betriebswirtschaftliche) Projektmanagement zu verstehen. Die Basiskompetenzen (den sogenannten *soft skills* vergleichbar) beziehen sich dagegen weniger auf bestimmte thematische Wissensgebiete, sondern sind als Querschnittskompetenzen über alle Wissensbereiche hinweg auf die langfristige Entwicklung der Persönlichkeits- und Sozialkompetenzen, der interkulturellen Kompetenzen sowie der Medienkompetenzen ausgerichtet.

---

26 Cf. Robertson-von Trotha, Caroline: Fachübergreifende Lehre und Schlüsselkompetenz als Programm. 60 Jahre Studium Generale und 20 Jahre Angewandte Kulturwissenschaft an der Universität Karlsruhe (TH). In: id. (Hrsg.): *Schlüsselqualifikationen für Studium, Beruf und Gesellschaft (= Problemkreise der Angewandten Kulturwissenschaft, Bd. 14)*, Universitätsverlag Karlsruhe: Karlsruhe 2009, S. 124–132.

5. Die Vermittlung der Trias Orientierungswissen, Basiskompetenzen und Praxisorientierung in den Lehrveranstaltungen des ZAK

Das ZAK | Zentrum für Angewandte Kulturwissenschaft und Studium Generale verfolgt mit seinen Konzepten und Lehrveranstaltungen genau dieses Ziel: In der Dialektik von gesamtheitlicher Perspektive und Praxisbezug additive und integrative Schlüsselqualifikationen zu konzipieren und zu vermitteln.

Als Ergänzung zum Fachstudium bietet das ZAK am KIT Lehrveranstaltungen an, die besonders die Integration gesellschaftlicher und kultureller Wissensbestände in das Studium ermöglichen. Studierende erwerben Schlüsselqualifikationen nicht nur für den Beruf, sondern auch für das Studium und für die Gesellschaft. Dieser Kontextbezug ist an einer technisch ausgerichteten Universität wie dem KIT erforderlich, da sie für Berufsfelder ausbildet, deren Wirken auf die Lebensbedingungen von Menschen unmittelbar Einfluss haben. Zudem fördert das ZAK mit seinem Lehrangebot und seinen Veranstaltungen der Öffentlichen Wissenschaft das Überschreiten der eigenen Fachgrenzen. Der Begriff der Öffentlichen Wissenschaft wurde hier in den 1990iger Jahren als eine Form der interdisziplinären und dialogbasierten Wissenschaftskommunikation entwickelt und seither auch praktisch umgesetzt.[27] Ausgegangen wird davon, dass gerade eine Technische Hochschule mit ihrem ausgeprägten Spannungsfeld des Kultur- und Technik-Verständnisses prädestiniert ist, den Dialog unter den Ingenieur-/Natur- und Geistes-/Sozialwissenschaften sowie mit der Gesellschaft einzufordern und kontinuierlich zu führen. Individuelle Bildung und das erworbene Orientierungswissen können das Verantwortungsbewusstsein und die berufliche und gesellschaftliche Handlungskompetenz der Studierenden und Absolventen des KIT nachhaltig befruchten und etablieren helfen.

---

27 Cf. Robertson-von Trotha, Caroline (2007): Öffentliche Wissenschaft – ein notwendiger Dialog. In: Klaus, Joachim / Vogel, Helmut (Hrsg.): *Wissensmanagement und wissenschaftliche Weiterbildung. Dokumentation der Jahrestagung der deutschen Gesellschaft für wissenschaftliche Weiterbildung und Fernstudium an der Universität Karlsruhe (TH) (= Beiträge 45)*. DGWF: Hamburg 2007, S. 7–20.

Seit 2002 kam es im Zuge der Neugründung des ZAK bereits zu einer Umstrukturierung des Gesamtlehrangebots. Erhalten blieb die dem Studium Generale zugrunde liegende prinzipielle Möglichkeit, auf freiwilliger Basis und nach persönlichen Neigungen und Interessen einzelne Veranstaltungen zu besuchen. Die Wahlfreiheit stellt eine wichtige Voraussetzung zur Förderung der Eigeninitiative und des selbstregulierten Lernens dar. Die uneingeschränkte Wahlfreiheit setzt jedoch voraus, dass bereits eine Einsicht in die Notwendigkeit besteht, sich ein selektives Spektrum an überfachlichen Kompetenzen für Studium, Arbeits- und Alltagsleben anzueignen. Gerade dieses Bewusstsein wird aber oft erst durch die Bildungseinrichtungen geschaffen werden. Daher wurde das Lehrangebot auch durch eine Seminarstruktur der Zusatzqualifizierungen (wie die der Qualifikationsmodule) ergänzt, die zur Vertiefung des Fachwissens dienen.

Die Akzente wurden ferner darauf gelegt, die Sichtbarkeit von interdisziplinären Zusammenhängen, gesellschaftlichen Rahmenbedingungen und Anwendungskontexten sowie ‚fremdfachlichen' Zugängen zu erhöhen sowie den Fakultäten die Möglichkeit zu bieten, bestimmte Themenfelder und Lernbereiche in die Lehrpläne einzubinden. Ein strukturiertes Angebot im Hinblick auf die bevorstehende Bologna-Reform sollte diese Einbindung erleichtern. Weiter wurde parallel dazu das Studium Generale in fünf interdisziplinären Lernbereichen umstrukturiert: Mensch & Gesellschaft, Natur & Technik, Kultur & Medien, Wirtschaft & Recht sowie Politik & Globalisierung.[28]

Seitdem fand eine kontinuierliche Weiterentwicklung des Studium Generale statt, die zuletzt zu einer Neustrukturierung der Wahlbereiche für das Wahlpflichtmodul Schlüsselqualifikationen im Rahmen der Bachelor- und Masterstudiengänge am KIT führte. Die Trias Orientierungswissen, Basiskompetenzen und Praxisorientierung bildet am ZAK die konzeptuelle Grundlage für das SQ-Angebot, das wiederum in das Gesamtangebot des Studium Generale integriert ist. Demgemäß bietet das ZAK Zugangsmöglichkeiten

---

28 Cf. Robertson-von Trotha, Caroline: Fachübergreifende Lehre und Schlüsselkompetenz als Programm. 60 Jahre Studium Generale und 20 Jahre Angewandte Kulturwissenschaft an der Universität Karlsruhe (TH). In: id. (Hrsg.): *Schlüsselqualifikationen für Studium, Beruf und Gesellschaft (= Problemkreise der Angewandten Kulturwissenschaft, Bd. 14)*, Universitätsverlag Karlsruhe: Karlsruhe 2009, S. 116.

zu SQ-Lehrveranstaltungen über drei Wahlbereiche: 1. Kultur-Politik-Wissenschaft-Technik, 2. Themenspezifische Qualifikationsmodule, 3. Kompetenz- und Kreativitätswerkstätten.

5.1 Begleitstudiengänge Angewandte Kulturwissenschaft und Nachhaltige Entwicklung

Zu den umfassenderen Lehrangeboten gehören die Begleitstudiengänge. Das Begleitstudium Angewandte Kulturwissenschaft wird seit dem Wintersemester 1990/91[29] angeboten. Seit dem Sommersemester 2015 wurden die Studieninhalte zu 5 „Metabausteinen" zusammengefasst: Technik & Verantwortung, Doing Culture, Medien & Ästhetik, Global Cultures, Lebenswelten.[30] Die Lehrveranstaltungen sind hinsichtlich des Bologna-Prozesses und der Modulhandbücher übersichtlicher gestaltet und angesichts des straffen „Bologna-Stundenplans" im Umfang geringfügig reduziert worden.[31]

Das erst kürzlich neu eingeführte Begleitstudium Nachhaltige Entwicklung[32] wiederum hat zum Ziel, den Studierenden einen Überblick über die

---

29 Das IAK als Vorgängerinstitution des ZAK hatte zu seiner Zeit einzigartig in Deutschland ein Begleitstudium der ‚Angewandten Kulturwissenschaft' angeboten und damit eine Öffnung hin zum interdisziplinären Lernumfeld und Lerninhalt erreicht. Ziel war es, hoch motivierte junge Menschen aus allen Fächern anzusprechen in der Absicht, eine junge, fachübergreifend gebildete Nachwuchselite heranzubilden.
30 Cf. auch: http://www.zak.kit.edu/begleitstudium-bak.php: **Technik & Verantwortung**: Wertewandel/Verantwortungsethik, Technikentwicklung/Technikgeschichte, Allgemeine Ökologie, Nachhaltigkeit; **Doing Culture**: Kulturwissenschaft, Kulturmanagement, Kreativwirtschaft, Kulturinstitutionen, Kulturpolitik; **Medien & Ästhetik**: Kulturästhetik, Medienkommunikation; **Global Cultures**: Multikulturalität/Interkulturalität/Transkulturalität, Wissenschaft und Kultur; **Lebenswelten**: Kultursoziologie, Kulturerbe, Architektur und Stadtplanung, Arbeitswissenschaft.
31 Seit dem Sommersemester 2015 werden bei erfolgreichem Absolvieren des Begleitstudiums insgesamt 22 Leistungspunkte erworben. Einzelne Lehrveranstaltungen sind auch für das Wahlpflichtmodul Schlüsselqualifikationen am KIT anrechenbar.
32 Cf.: http://www.zak.kit.edu/begleitstudium-bene.php: Das neue Begleitstudium Nachhaltige Entwicklung wird am ZAK in Kooperation mit der Karlsruher Schule der Nachhaltigkeit am KIT entwickelt und für Studierende des KIT, der Hochschule für Gestaltung Karlsruhe und der Staatlichen Hochschule für

Felder der aktuellen Nachhaltigkeitsforschung, ihre Grundlagen und Methoden zu vermitteln sowie die Geschichte des Nachhaltigkeitskonzepts darzustellen und kritisch zu analysieren. Nachhaltigkeit wird als Leitbild verstanden, an dem sich wissenschaftliches, gesellschaftliches, wirtschaftliches und individuelles Handeln orientieren soll.

5.2 Qualifikationsmodule: Interdisziplinäre Zusatzqualifikationen

Die Qualifikationsmodule stellen eine Verbindung von spezialisierter Fachausbildung, Allgemeinbildung und dem Ansatz der Berufsbefähigung dar (vgl. *enabling skills*). Sie sind inhaltlich interdisziplinär ausgerichtet, wobei im Hinblick auf das technische Profil des KIT der Schwerpunkt auf berufsbezogenen und allgemeinbildenden Schlüsselthemen wie Nachhaltigkeit, Medienkompetenz, Diversität und interkulturelle Handlungskompetenz gelegt wird.[33] Einzelne Veranstaltungen sowohl der vertiefenden zertifizierten Qualifikationsmodule als auch aus den Begleitstudiengängen können als SQ-Scheine angerechnet werden.

6. Fazit und Ausblick: zur Verantwortung der Hochschulen und zum Verhältnis von Schlüsselqualifikationen und Studium Generale

Im Rahmen des Tagungs-Workshops „Studium Generale und Schlüsselqualifikationen – wie Feuer und Wasser?" wurde die Sorge geäußert, ob

---

Musik Karlsruhe als zertifizierte Zusatzqualifikation seit dem Sommersemester 2015 angeboten. Das Begleitstudium beinhaltet eine einführende Ringvorlesung mit Begleitseminar, die vier Wahlbereiche Nachhaltige Stadt- und Quartiersentwicklung; Nachhaltigkeitsbewertung von Technik; Subjekt, Leib, Individuum: die andere Seite der Nachhaltigkeit; Nachhaltigkeit in Kultur, Wirtschaft & Gesellschaft sowie ein Projektseminar. Einzelne Lehrveranstaltungen sind auch für das Wahlpflichtmodul als Schlüsselqualifikationen am KIT anrechenbar.

33 Cf. auch: http://www.zak.kit.edu/qualifikationsmodule.php: DiMa – Diversity Management; EURIIS – European Integration and Institutional Studies; FunD – Führungskompetenz und unternehmerisches Denken; INTER-ACT – Internationalisierung und Interkulturelle Handlungskompetenz; MeKKo – Medien-Kultur-Kommunikation: Europäische Medienkultur und Öffentlichkeit; MTF – Musik – Theater – Film; NATAN – Nachhaltigkeit und Transformation; Studium Generale klassisch.

„Schlüsselqualifikationen, bislang stark an *employability* orientiert, von der Auseinandersetzung mit bzw. der neuen Nähe zum Studium Generale profitieren?", oder ob nicht vielmehr die Formate des Studium Generale Gefahr liefen, „in die ökonomische Verzweckung von Bildung eingebunden zu werden und schlimmstenfalls Halbbildung zu befördern?"[34] In Anbetracht dieser Risiken ist auf der Grundlage des Karlsruher Modells mit der Trias Orientierungswissen, Basiskompetenz und Praxisorientierung die Absicht verbunden, das unausgereifte Verhältnis von Schlüsselqualifikationen und Studium Generale zu klären und zu harmonisieren. Die große Herausforderung der Hochschulen besteht darin, angesichts der Ökonomisierung aller Lebensbereiche die Studierenden technisch „fit für den Beruf" zu machen und diese Ausbildung aber zugleich in ein Verständnis für übergeordnete Fragen und Komplexe einzubetten. Es ist dabei ein schwieriger Balanceakt zu leisten zwischen Fortschritt und Bewahrung des Bewährten, und dies in Kontexten, die sich durch die Erfordernisse globalisierter Gesellschaften beschleunigt verändern. Insbesondere das Leitkonzept des Orientierungswissens kann hierbei die Funktion einer Vermittlungsinstanz übernehmen, indem es Verknüpfungen und Überbrückungen zwischen der Tradition des Studium Generale und der Moderne der Schlüsselqualifikationen herstellt.

Literatur

Bildungskommission NRW: *„Zukunft der Bildung – Schule der Zukunft" – Denkschrift der Kommission beim Ministerpräsidenten des Landes Nordrhein-Westfalen*, September 1995. Luchterhand: Berlin et al. 1995.

Borgstedt, Angela: Universitätsgeschichte aus pragmatischer Absicht. Fuchs, Redtenbacher und die Geschichte der TH Karlsruhe. In: id. / Stolle, Michael (Hrsg.): *Walther Peter Fuchs – revisited. Beiträge zur Wirkung und Bedeutung eines Karlsruher Historikers (= Gelbe Hefte, Bd. 6)*. Universitätsverlag Karlsruhe: Karlsruhe 2006, S. 17–23.

---

34 Zitiert aus der Tagungsbroschüre „Können Schlüsselqualifikationen bilden? Zur Rolle der Schlüsselqualifikationen an den Universitäten. Bildungstagung organisiert vom Forum SQ der baden-württembergischen Universitäten. 5./6. Juni 2014 – Kloster Hegne bei Konstanz."

Bund-Länder-Kommission für Bildungsplanung und Forschungsförderung (BLK): Modularisierung in Hochschulen. Handreichung zur Modularisierung und Einführung von Bachelor- und Master-Studiengängen. Erste Erfahrungen und Empfehlungen aus dem BLK-Programm „Modularisierung" Materialien. Materialien zur Bildungsplanung und zur Forschungsförderung. Bonn 2002.

Fuchs, Walther Peter: Die Stellung der Geisteswissenschaften an den Technischen Hochschulen. In: Kraemer, Otto et al. (Hrsg.): *Die Fridericiana 1963. Gedanken und Bilder aus einer Technischen Hochschule. Hans Freudenberg zum 75. Geburtstag.* Universitätsverlag Karlsruhe: Karlsruhe 1963, S. 59–69.

Hippler, Horst: „Das ‚Bulimie-Lernen' muss ein Ende haben". Interview vom 11.05.2012. *Einstieg. Meine Zukunft. Mein Ding,* 2012: retrieved from http://www.einstieg.com/studium/news/das-bulimie-lernen-muss-ein-ende-haben.html.

Jamme, Christoph / von Schröder, Asta (Hrsg.): *Einsamkeit und Freiheit. Zum Bildungsauftrag der Universität im 21. Jahrhundert.* Fink: München 2011.

Krantz, Jochen: *Ware Bildung. Schule und Universität unter dem Diktat der Ökonomie,* Heinrich Hugendubel Verlag: Kreuzlingen/München 2007.

Mertens Dieter: Schlüsselqualifikationen. Thesen zur Schulung für eine moderne Gesellschaft. *Mitteilungen aus der Arbeitsmarkt- und Berufsforschung* (7), 1974, S. 36–43.

Mittelstraß, Jürgen: Wissenschaft verstehen. In: Mittelstraß, Jürgen (Hrsg.): *Die Häuser des Wissens. Wissenschaftstheoretische Studien.* Suhrkamp: Frankfurt am Main 1998, S. 181–189.

Nida-Rümelin, Julian: *Philosophie einer humanen Bildung.* Hamburg 2013.

Nowotny, Helga: Wissenschaft neu denken. Vom verlässlichen Wissen zum gesellschaftlich robusten Wissen. In: Gerlof, Karsten / Ulrich, Anne (Hrsg.): *Die Verfasstheit der Wissensgesellschaft.* Heinrich Böll Stiftung: Münster 2006, S. 24–42.

Robertson-von Trotha, Caroline: *Studierende aus aller Welt – interkulturelle Kommunikation als Chance.* Impulsreferat auf der ‚Zukunftskonferenz Musikhochschulen'. 5. Symposium „Qualität und Vollangebot" an der Hochschule für Musik in Karlsruhe, Onlinepublikation 2014: retrieved from http://www.zukunftskonferenz-musikhochschulen-bw.de/dokumentation/5-symposium.

Robertson-von Trotha, Caroline: Schüsselqualifikationen revisited. Ein altes Thema in Zukunftskontexten. In: id. (Hrsg.): *Schlüsselqualifikationen für Studium, Beruf und Gesellschaft (= Problemkreise der Angewandten Kulturwissenschaft, Bd. 14)*. Universitätsverlag Karlsruhe: Karlsruhe 2009, S. 17–58.

Robertson-von Trotha, Caroline: Fachübergreifende Lehre und Schlüsselkompetenz als Programm. 60 Jahre Studium Generale und 20 Jahre Angewandte Kulturwissenschaft an der Universität Karlsruhe (TH). In: id. (Hrsg.): *Schlüsselqualifikationen für Studium, Beruf und Gesellschaft (= Problemkreise der Angewandten Kulturwissenschaft, Bd. 14)*, Universitätsverlag Karlsruhe: Karlsruhe 2009, S. 97–134.

Robertson-von Trotha, Caroline / Görisch, Jens / Koban, Iris Helene: Projekte zu Schlüsselqualifikationen an Technischen Universitäten. Konzeptionelle Überlegungen, empirische Erhebungen und interuniversitärer Austausch. In: id. (Hrsg.): *Schlüsselqualifikationen für Studium, Beruf und Gesellschaft (= Problemkreise der Angewandten Kulturwissenschaft, Bd. 14)*, Universitätsverlag Karlsruhe: Karlsruhe 2009, S. 135–168.

Robertson-von Trotha, Caroline (2007): Öffentliche Wissenschaft – ein notwendiger Dialog. In: Klaus, Joachim / Vogel, Helmut (Hrsg.): *Wissensmanagement und wissenschaftliche Weiterbildung. Dokumentation der Jahrestagung der deutschen Gesellschaft für wissenschaftliche Weiterbildung und Fernstudium an der Universität Karlsruhe (TH) (= Beiträge 45)*. DGWF: Hamburg 2007, S. 7–20.

Robertson-von Trotha, Caroline: „Open Doors" – Ausländische Studierende und Internationalisierung an der Universität Karlsruhe (TH). *Fridericiana. Zeitschrift der Universität Karlsruhe (TH)* (57), 2001, S. 73–85.

Robertson-Wensauer, Caroline Y.: Wozu ‚Angewandte Kulturwissenschaft' an einer technischen Hochschule? In: id. (Hrsg.): *Interfakultatives Institut für Angewandte Kulturwissenschaft, Universität Karlsruhe (TH): 1989–1999: Zehn Jahre interdisziplinäre Institutsarbeit*. Universitätsverlag Karlsruhe: Karlsruhe 1999, S. 19–23.

Saner, Luc: *Studium generale. Auf dem Weg zu einem allgemeinen Teil der Wissenschaften*. Springer Spektrum: Wiesbaden 2014.

Jens J. Rogmann

„Persönlichkeitsentwicklung" als „Qualifikationsziel" an deutschen Universitäten?

Abstract It is argued that personality evolvement (rather than its utility-oriented development) is not only compatible with but a paramount task suggested by the tertiary educational ideals of the traditional German university. Reflexive and transformative learning arrangements and critical modeling may help students challenge assumptions and inferences. Personality evolvement in this sense serves as an antidote to both discipline-specific specialization processes and "regimes of truth" as well as to the limitations of outcome-oriented (soft-)skill training programs.

Einführung – und ein Wort der Warnung ...

Unsere gegenwärtige Gesellschaft (und Bildungswissenschaft) schreibt dem eine große Bedeutung zu, was im Alltag unter „Persönlichkeit" (und deren „Entwicklung") verstanden wird. „Persönlichkeit" ist ein entscheidendes Differenzierungsmerkmal für die Auswahl und Beschäftigung von Hochschulabsolventen durch Unternehmen[1], und auch im Lehrerberuf werden „Handeln, Erfolg und Befinden"[2] - und insbesondere „Lernprozesse" - als von der „Persönlichkeit" bedeutsam beeinflusst gesehen[3].

---

1 Heidenreich, Kevin: *Erwartungen der Wirtschaft an Hochschulabsolventen. Deutscher Industrie- und Handelskammertag*: Berlin 2011, retrieved 15.8.2014, from http://www.dihk.de/ressourcen/ downloads/hochschulumfrage-2011/at_download/file?mdate=1295599747088.
2 Mayr, Johannes / Neuweg, Georg Hans: „Der Persönlichkeitsansatz in der Lehrer/innenforschung: Grundsätzliche Überlegungen, exemplarische Befunde und Implikationen für die Lehrer/in-nen/bildung". In: Heinrich, Martin / Greiner, Ulrike (Hrsg.): *Schauen, was 'rauskommt: Kompetenzförderung, Evaluation und Systemsteuerung im Bildungswesen*. Lit: Wien et al. 2006, S. 183.
3 Mayr, Johannes: „Der Persönlichkeitsansatz in der Lehrerforschung: Konzepte, Befunde und Folgerungen". In: Terhart, Ewald / Bennewitz, Hedda / Rothland, Martin (Hrsg.): *Handbuch der Forschung zum Lehrerberuf*. Waxmann: Münster 2011, S. 125–148.

Ist der derzeitige Interessenfocus also strukturell auf den Einzelnen und seine „Individualität" gerichtet, erscheinen in dieser Hinsicht die aufklärerischen neo-humanistischen Bildungstheorien mit einem neoliberalen, meritokratischen Zeitgeist kompatibel (letzterer drückt sich z.B. auch darin aus, dass das deutsche Prüfungs- und Studiums-Zulassungsrecht auf den Einzelnen und seine Leistungen abstellt). Denn eine „Bildung durch Wissenschaft" - als das mythologische Leitideal der „Universität im deutschen Sinne" Schleiermachers, Fichtes, Schillers und Humboldts – beinhaltet die Vorstellung, dass mit der freien Bildung „des wissenschaftlichen Geistes" auch die des „Charakters" einhergeht[4]. Thomä weist darauf hin, dass Humboldt & Co. hier ein nach stetiger Vervollkommnung des eigenen Charakters strebendes Individuum vor Augen haben, und gibt zu bedenken, dass der Weg zu einer Kultur des andauernden *self-improvement* nicht weit sei[5]. Wenn also das „Studienziel Persönlichkeit" als ein zentraler „Bildungsauftrag der Universität heute"[6] wiederentdeckt wird[7], sei zunächst ein kleines Wort der Warnung angebracht: Es wird durchaus – wahrscheinlich sogar populäre – Ansätze einer „gouvernementalen" Art einer an Hochschulen kultivierten „Persönlichkeitsentwicklung" geben, die – ohne kritische Reflexion der ihr zugrunde liegenden Annahmen, Werte und Menschenbilder – auf eine subtile, optimierte selbstreflexive Anpassung[8] oder gar eine offene

---

4 Cf. e.g. Schleiermacher, Friedrich D. E.: „Gelegentliche Gedanken über Universitäten in deutschem Sinn, nebst einem Anhang über eine neu zu errichtende". In: Präsident der Humboldt-Universität zu Berlin (Hrsg.): *Gründungstexte: Festgabe zum 200-jährigen Jubiläum der Humboldt-Universität zu Berlin*. Humboldt-Universität: Berlin 1809/10/2010, S. 217f.

5 Thomä, Dieter: „Drei Prinzipien und drei Phasen der „Humboldt-Kultur". Erfindung, Krise und ein Leben nach dem Tod". In: Spoun, Sascha / Wunderlich, Werner (Hrsg.): *Studienziel Persönlichkeit: Beiträge zum Bildungsauftrag der Universität heute*. Campus: Frankfurt/M. 2005, S. 57.

6 Cf. Spoun, Sascha / Wunderlich, Werner (Hrsg.): *Studienziel Persönlichkeit: Beiträge zum Bildungsauftrag der Universität heute*. Campus: Frankfurt/M. 2005.

7 E.g. Rosenstiel, Lutz von / Frey, Dieter: „Universität als Stätte der Bildung und Persönlichkeitsentwicklung". In: Oerter, Rolf et al. (Hrsg.): *Universitäre Bildung – Fachidiot oder Persönlichkeit*. Hampp: München 2012, S. 49–68.

8 Cf. e.g. Barrow, Mark: "Assessment and student transformation: Linking character and intellect". *Studies in Higher Education* 31 2006, S. 357–372, retrieved from DOI: 10.1080/03075070600680869.

Förderung von „Marketing-Charaktern" im Frommschen Sinne abzielen[9]. Werden wir uns dann in einigen Jahren dafür schämen müssen, einmal die Auffassung vertreten zu haben, „Persönlichkeitsentwicklung" sei als Aufgabe den Hochschulen zuzuweisen?

1. Welches Problem soll „Persönlichkeitsentwicklung" als „Qualifikationsziel" eigentlich lösen?

Jenseits des neo-humanistischen Charakterbildungsbegriffs und des Alltagsverständnisses von „Persönlichkeit" als Temperament, Charisma, selbstsicherem Auftreten oder auch der Summe individueller Eigenarten spricht die wissenschaftliche Psychologie lieber von zeitstabilen Merkmalen und Verhaltensmustern, nach denen sich Menschen unterscheiden lassen. Dazu gehören (neben den rein physischen Merkmalen) insbesondere:

– die Beschreibung und Ausprägung von Eigenschaftskonstrukten, nach denen wir typischerweise Menschen unterscheiden („Temperament", z.B. „Big-5");
– die Werthaltungen und Einstellungen einer Person - auch zu sich selbst;
– persontypische Bedürfnisse, Interessen, Handlungsüberzeugungen und Anforderungsbewältigungsneigungen; und schließlich
– Wissen, Fähigkeiten und Kompetenzen[10].

„Persönlichkeit" bleibt trotz aller wissenschaftlichen Forschung ein umstrittenes Konstrukt, zu dem das, was jeweils als „legitimer Forschungszugang" gilt, je nach Paradigma und Menschenbild des Forschenden unterschiedlich ausfallen kann. Insbesondere bleibt umstritten, ob Unterschiede zwischen Personen sich lediglich auf Grundlage von Verhalten und Erleben – weitgehend abstrahiert von spezifischen Situation und Kontexten - beschreiben lassen oder ob diese Unterschiede als „Dispositionen" einen das aktuelle Verhalten und Erleben einer Person erklärenden, d.h. beeinflussenden (und

---

9 Molesworth, Mike / Nixon, Elizabeth / Scullion, Richard: "Having, being and higher education: The marketisation of the university and the transformation of the student into consumer". *Teaching in Higher Education* 14(3) 2009, S. 277–287, retrieved from DOI: 10.1080/13562510902898841.
10 Cf. Asendorpf, Jens B. / Neyer, Franz-Josef: *Psychologie der Persönlichkeit* (5. Aufl.). Springer: Heidelberg et al. 2012.

damit auch: Vorhersage-) Charakter haben können. Jenseits dieser Gedanken bleibt aber dreierlei festzuhalten.

Erstens: „Änderungen der Persönlichkeit" (z.b. zwischen Studienbeginn und Studienende) dürfen nicht eindimensional als Änderungen des Temperaments („Big-5") beschrieben werden, sondern umfassen komplexe Kompetenzen (z.b. bei sozialen Anforderungen) sowie das breite Feld von Interessen, Werthaltungen, Einstellungen, Selbstbild, Bewältigungsstilen usw. Zweitens bleibt ein wenig Ratlosigkeit: Jenseits „anekdotischer Evidenz" oder „gesundem Menschenverstand" wissen wir nämlich eigentlich nicht, welche persönlichen Merkmale (systematisch oder zufällig oder mehrheitlich) durch ein Universitätsstudium entwickelt werden, da es hierzu kaum empirische Untersuchungen gibt[11]. Und letztlich ergibt sich aus der Analyse keine Antwort auf die normative, oben bereits angedeutete Frage, welche Persönlichkeitsmerkmale (nicht) „entwickelt" bzw. entfaltet werden sollen (und wer darüber denn bestimmt). Überspitzt lässt sich der Begriff der „Persönlichkeitsentwicklung" von dem (sowohl dem Grundgesetz wie dem Bildungsbegriff näherstehenden) der „Persönlichkeitsentfaltung" abgrenzen: Ersterer beschreibt dabei eine gezielte Anpassung und Förderung der Verwertbarkeit einzelner, individueller, sozial erwünschter, verwertbarer („marktgängiger") Personmerkmale (insbesondere durch eine erfahrungsselektive Auseinandersetzung und extern gesetzte Prüfungsbedingungen); letzterer eine ganzheitliche erfahrungsoffen-transformative, emanzipierende Förderung des kritischen und praktischen Reflexionsvermögens sowie verantworteter Handlungsfähigkeit zur mündigen Gestaltung sozialer Interaktion.

Plakativ verdeutlicht wird dieser Unterschied auch in der von Martin Buber überlieferten chassidischen Geschichte von Rabbi Sussja: „In der kommenden Welt wird man mich nicht fragen: ‚Warum bist du nicht Mose gewesen?' Man wird mich fragen: ‚Warum bist du nicht Sussja gewesen?'"[12]

---

11 Cf. Preckel, Daniel / Frey, Karl: „Erzeugt das Hochschulstudium messbare Persönlichkeitsveränderungen?". In: Spoun / Wunderlich 2005, S. 71–83.
12 Buber, Martin: *Die Erzählungen der Chassidim* (12. Aufl.). Manesse Verlag: Zürich 1996/1949, S. 394.

2. „Persönlichkeitsentfaltung" bleibt alte und neue Aufgabe der Universität

Hinter den Forderungen nach einem „Studienziel Persönlichkeit" steht weiter eine wissenschafts- und universitätsgemäße Aufgabe, auch wenn die gegenwärtigen Kontroversen zwischen „Bolognesern" und „Humboldtianern" an Universitäten[13] wie die Abwehr gegen Einflussnahmen aus Politik und Ökonomie paradoxerweise den Blick darauf verstellen könnten.

Wissenschaft lebt von dem Ausgangspunkt, dass Erkenntnis prinzipiell unabgeschlossen bleibt und dass sich wissenschaftlicher Fortschritt insbesondere durch Explikation, methodisch-systematische Untersuchungen und schließlich durch Veränderung von Annahmen (d.h. Methoden, Theorien, Konstrukten, Paradigmen, Lesarten usw.) ergibt. Wie oben angedeutet, sieht Humboldt die Charakterbildung insbesondere dadurch begründet, dass dieses grundlegende wissenschaftliche Prinzip auf die eigene Person des Lernenden übertragen werde: Die „objective Wissenschaft wird mit der subjectiven Bildung"[14] verknüpft und „(…) nur die Wissenschaft, die (…) in's Innere gepflanzt werden kann, bildet auch den Charakter um"[15].

Gleichwohl hat die Universität diese Verknüpfung lange nicht hochschuldidaktisch (und bildungstheoretisch) unterfüttert. Studierende lernen im universitären Fachstudium zunächst vornehmlich die „Grammatik" einer Fachwissenschaft[16] kennen – und damit also die „internen" Regeln

---

13 Cf. Schimank, Uwe: „Humboldt in Bologna – falscher Mann am falschen Ort?". In: HIS (Hrsg.): *Perspektive Studienqualität: Themen und Ergebnisse der HIS-Fachtagung am 25./26.3.2009 in Hannover*. Bertelsmann: Bielefeld 2010, S. 44–61; sowie – stärker bezogen auf Schlüsselkompetenzen – cf. Rogmann, Jens J. / Meyer, Moritz: „Affirmatives Kompetenztraining oder reflexive Bildungserfahrung: Ist die Förderung von Schlüsselkompetenzen an deutschen Universitäten am Scheidepunkt?". *SQ-Forum: Schlüsselqualifikationen in Lehre, Forschung und Praxis* 2013(1), S. 41–62.
14 Humboldt, Wilhelm von: „Gelegentliche Gedanken über Universitäten in deutschem Sinn, nebst einem Anhang über eine neu zu errichtende". In: Präsident der Humboldt-Universität zu Berlin (Hrsg.): *Gründungstexte: Festgabe zum 200-jährigen Jubiläum der Humboldt-Universität zu Berlin*. Humboldt-Universität: Berlin 1809/10/2010, S. 229.
15 Op. cit., S. 232.
16 Peters, Richard Stanley: *The Philosophy of Education*. Oxford University Press: London 1973.

einer Disziplin zur Erkenntnisgewinnung und deren legitime zentrale Wissensbestände, Konzepte, Kategorien und Methoden.

Barnett weist darauf hin, dass die herrschenden, „anerkannten" Kriterien zur Beurteilung legitimierter Wissenschaftlichkeit auch mit Foucault[17] als gouvernementale „Wahrheitsregime" verstanden werden können[18] und so bereits innerhalb einer Fachdisziplin einem emanzipatorischen, kritischen Denken Grenzen aufgezeigt werden. Relativ dürfte die Didaktik der Vermittlung der angesprochenen „Fachgrammatik" in den meisten Disziplinen erheblich weiter entwickelt sein als das diskursive Infragestellen von stillen, paradigmatischen Annahmen, die Anregung zur Reflexion über Bedeutung, Folgen und Risiken des Wissens, einer Vermittlung von Kontroversen zu den als legitim erachteten Methoden oder den ethischen Implikationen der Ergebnisse usw.

Bei Dominanz der fachwissenschaftlichen Orientierung besteht darum die Gefahr, dass Studierende sich entweder von der Interaktion mit anderen Disziplinen und Lebenswelten abwenden (Bourdieus Habitus) oder die „Grammatik" der Fachwissenschaft (unreflektiert) auf sich selbst und andere Bereiche (z.B. andere Disziplinen, Berufsfelder, Gesellschaft, Politik, Lebenswelt, Alltag) zu übertragen suchen, ohne grundsätzliche Unterschiede und Limitationen zu erkennen („Fachidiotie"). Diesen Ausgangspunkt haben alle Bemühungen gemein, die das Fachstudium mit fach-überschreitenden Studienbestandteilen zu ergänzen suchen. Zwar bieten Volluniversitäten durch ihre Fächerbreite gute Möglichkeiten, diesen Spezialisierungstendenzen entgegenzuwirken. Allerdings werden sie weder in der Breite systematisch genutzt noch gezielt eingesetzt. Die Universität ist noch lange kein „Ort der Anleitung zur kompetenten Selbstkultivierung"[19] wie von Schneewind gefordert.

---

17 Foucault, Michel / Gordon, Colin: *Power/Knowledge: Selected Interviews and Other Writings 1972–1977 by Michel Foucault*. Pantheon Books: New York 1980.

18 Barnett, Ronald: *Higher Education: A Critical Business*. The Society for Research into Higher Education & Open University Press: Buckingham 1997, S. 71f.

19 Schneewind, Klaus A.: „Die ‚Bachelorisierung' des Studiums und die ‚Gnade der frühen Geburt': Kritische Anmerkungen zur Ausbildung im Fach Psychologie".

3. Gesellschafts- und universitätsgemäße Persönlichkeitsbildung

Unter diesen Vorzeichen ist eine „universitätsgemäße" Persönlichkeitsbildung fachüberschreitend und wäre auf „Persönlichkeitsentfaltung" im oben genannten Sinne angelegt. Allerdings weisen die in der letzten Zeit erschienenen Beiträge zur Rolle der deutschen Universität in der Gegenwart[20] darauf hin, dass eine solche „universitätsgemäße" Persönlichkeitsbildung nicht unbedingt gesellschaftlich legitimationsfähig sein muss.

Hier erscheint insbesondere der Ansatz von Barnett[21] ergiebig. Er bestimmt die gesellschaftliche Funktion einer modernen Universität als eine die Wissenschaft, Welt und das Subjekt nachhaltig, zukunftsfähig und gesellschaftskritisch reflektierende. Barnett sieht es als Aufgabe der Universität, der Zivilgesellschaft ein breites, kritisches Potenzial zur Aufnahme und nachhaltigen Bewältigung von Zukunftsfragen der globalisierten Gesellschaften zur Verfügung zu stellen. In diesem Sinne könnte die hier diskutierte „persönlichkeitsbildende" Aufgabe der Universität zumindest in politischen Kreisen anschlussfähig sein - als Beitrag, die „innere" Verfassung der demokratischen Gesellschaft und des zivilgesellschaftlichen Staats substanziell zu erhalten und zu stärken. Universität wäre dann ein *mass enterprise* im doppelten Sinne[22], indem sie in größerem Ausmaß Bürger als gesellschaftlich Teilhabende prägt, die für ein deliberativ-demokratisches Handeln geeignete psychische, soziale und (ideologie-)kritische Voraussetzungen und Einstellungen mitbringen. Es wäre ein Beitrag zur Stärkung der „moralischen Substanz des einzelnen", des Zusammenhalts und der Zukunftsfähigkeit der Gesellschaft, die nach dem vielzitierten Theorem

---

In: Oerter, Rolf et al. (Hrsg.): *Universitäre Bildung – Fachidiot oder Persönlichkeit*. Hampp: München 2012, S. 174.
20 E.g. Barnett, Ronald: *Imagining the University*. Routledge: Abingdon 2013.; Elkana, Yehuda / Klöpper, Hannes: *Die Universität im 21. Jahrhundert: Für eine neue Einheit von Lehre, Forschung und Gesellschaft*. Edition Körber Stiftung: Hamburg 2012.; Jamme, Christoph / Schröder, Asta von (Hrsg.): *Einsamkeit und Freiheit: Zum Bildungsauftrag der Universität im 21. Jahrhundert*. Fink: München 2011.; Ricken, Norbert / Koller, Hans-Christoph / Keiner, Edwin (Hrsg.): *Die Idee der Universität – revisited*. Springer: Wiesbaden 2014.
21 Barnett 1997; Barnett 2013.
22 Barnett 1997, S. 6.

Böckenfördes als Voraussetzungen gelten, die der „freiheitliche, demokratische Staat [...] nicht selbst garantieren kann"[23].

Auch so verstanden bleibt die Universität derzeit weit unter ihren Möglichkeiten. Eine Entfaltung kritischer Persönlichkeiten (*critical being*) erfordert nach Barnett neben einer vertieften Kritik innerhalb der und zwischen den Wissenschaften (*critical reason*) zusätzlich die Förderung der transformierenden Auseinandersetzung mit der eigenen Person (*critical self-reflection*) und die Förderung reflektierender und gestaltender Bezüge zur außeruniversitären Welt (*critical action*)[24]. Diese Zielvorstellung beinhaltet damit drei grundsätzliche Bestimmungsstücke.

„Criticality"

Erstens geht es um die Förderung und Entwicklung „kritischen Denkens". Wie Brookfield feststellt, stellt diese Formel einen Minimalkonsens universitärer Lehre dar. Persönlichkeitsbildend sei dabei insbesondere die Vermittlung der Explizierung, des Infragestellens und Prüfens von eigenen, persönlichen Annahmen in der Auseinandersetzung mit anderen.[25]

Allerdings sind dem kritischen Verständnis sowohl in den Einzelwissenschaften wie auch bei außeruniversitären Akteuren in der Ökonomie Grenzen gesetzt: „Man" will zwar wohl Studierende, Absolventen und Mitarbeiter, die sich im vorgegebenen Rahmen den entstandenen Problemherausforderungen offen, kreativ, originell und aktiv stellen. Aber das Untersuchen und Infragestellen des Rahmens und der Zielstellungen selbst werden oft als nicht „zielführend", „unwissenschaftlich", „verkopft" oder vielleicht sogar „zersetzend" angesehen. Wo wird z.B. Bachelorstudierenden eine aktive Auseinandersetzung mit aktuellen Forschungs- und grundlegenden Paradigmenkontroversen zugemutet? Und Menschen im Verkaufstraining befassen sich z.B. eben nicht mit der Frage, in wessen Interessen eigentlich das nutzenorientierte „Funktionalisieren der Beziehungsebene" sein kann.

---

23 Böckenförde, Ernst Wolfgang: *Staat, Gesellschaft, Freiheit: Studien zur Staatstheorie und zum Verfassungsrecht*. Suhrkamp: Frankfurt/M. 1976, S. 60.
24 Barnett 1997.
25 Brookfield, Stephen D.: *Teaching for Critical Thinking: Tools and Techniques to Help Students Question their Assumptions*. Jossey-Bass: San Francisco 2012.

Die Universität – mit ihrem Ideal einer *universitas litterarum*, dem Beitrag verschiedener Disziplinen und in Auseinandersetzung mit verschiedenen Wissenschaftskulturen – könnte hier ein gesellschaftliches Refugium bilden, das „kritisches Denken" auch in einem viel weiteren Verständnis fördert. Eine so verstandene, tiefergehende kritische Auseinandersetzung sieht Brookfield denn auch als vorrangiges Ziel einer modernen Erwachsenenbildung an, wenn er Studierende dazu ermutigen will, Ideologien in Frage zu stellen, sich mit Hegemonieprozessen auseinanderzusetzen, Machtverhältnisse zu hinterfragen, „Entfremdungsprozesse" zu entdecken, Demokratie im Diskurs zu praktizieren usw.[26]

Praxis- und Weltbezüge

In Ergänzung des Fachprinzips tritt damit die „Reflexion auf das Allgemeinwohl"[27]. Damit sind die vielfältigen Schnittstellen zwischen der Universität und den außeruniversitären Lebens-, Gesellschafts- und Berufswelten angesprochen. Einerseits können „epochaltypische Schlüsselprobleme"[28] der Gesellschaft (wie z.B. Nachhaltigkeit, Zukunftsfähigkeit, Gerechtigkeit usw.) direkt als (problembasierter) Ausgangspunkt bzw. Lerngegenstand genommen werden. Zum anderen können Alltags- und Berufsfelderfahrungen systematisch einer wissenschaftlichen Reflexion zugänglich gemacht werden. Ziel dabei ist nicht unbedingt, die „Praxisrelevanz" des eigenen Fachstudiums zu verstärken (oder einem utilitätsorientierten, ansonsten aber kritik- oder reflexionsarmen „Service Learning" das Wort zu reden), sondern auf der Grundlage authentischer, aktualisierter Referenzerfahrungen verbesserte Anlässe für eine wissenschaftlich relevante wie persönliche soziale Auseinandersetzung zu schaffen. In der Tiefe oder Weiterführung kann dies auch bedeuten, die Ergebnisse der Auseinandersetzung in die

---

26 Brookfield, Stephen D.: *The Power of Critical Theory for Adult Learning and Teaching*. Open University Press: New York 2005.
27 Huber, Ludwig: „Bildung durch Wissenschaft – Wissenschaft durch Bildung: Hochschuldidaktische Anmerkungen zu einem großen Thema". *Pädagogik und Schule in Ost und West* 39 (4), 1991, S. 196.
28 Klafki, Wolfgang: *Neue Studien zur Bildungstheorie und Didaktik: Zeitgemässe Allgemeinbildung und kritisch-konstruktive Didaktik* (6. Aufl.). Beltz: Weinheim et al. 2007.

Planung und Umsetzung persönlichen, sozialen, politischen und/oder zivilgesellschaftlichen Engagements und in den Aufbau widerständiger, (basis) demokratischer Bewegungen als Lernfeld münden zu lassen, innerhalb wie außerhalb der Universität[29].

Lernen in sozialkommunikativen Bezügen

Zugleich ist diese Vorstellung ein starkes Argument für die Präsenzuniversität und wider den Individualismus beim Lernen (und Prüfen). Während Wissen in unserer Zeit zunehmend als Information verstanden wird, das individuell und räumlich und zeitlich unabhängig von den traditionellen Institutionen und sozialen Kontexten verfügbar ist und erlernt werden kann (z.B. durch moderne Medien), bedarf es zur Bildung und Entwicklung der Persönlichkeit wahrscheinlich zwingend sozialer Kontexte und sozialkommunikativer Interaktion[30].

Denn über eine innere Selbstreflexion hinaus geht es um die äußere Auseinandersetzung über eigene Annahmen, um deren Explikation, das Infragestellen von Bewertungsregeln, Diskursen, Plänen und Handlungen. Die Reflexion des Einzelnen über sich - seine eigene Geschichte, Interessen, Bedürfnisse und sein „Wesen" - wird dann nicht „nur" verbunden mit der Reflexion über die Auseinandersetzung mit den Haltungen und Interessen usw. anderer. Die Reflexion des Umgangs in der Gruppe bietet vielmehr darüber hinaus die Möglichkeit, auch etwas über die Art der Auseinandersetzung selbst – die „Gruppendynamik", die Machtverhältnisse und Interessen, stillschweigende und explizierte „kulturelle" Ge- und Verbote, Feedbackgeben und -nehmen, „praktizierte Demokratie" usw. zu lernen. Es geht dann um die Gestaltung eines sozialen Lernarrangements, das gleichzeitig darauf ausgerichtet ist, „das Individuum im System wie das System im Individuum"[31] zu betrachten.

---

29 Brookfield, Stephen D. / Holst, John D.: *Radicalizing Learning: Adult Education for a Just World*. Jossey-Bass: San Francisco 2011.
30 Brookfield, 2012.
31 Pörksen, Bernhard / Schulz von Thun, Friedemann: *Kommunikation und Lebenskunst: Philosophie und Praxis des Miteinander-Redens*. Carl Auer: Heidelberg 2014, S. 82.

Das Wissen darüber, wie dieser sozialkommunikative Bezugsrahmen produktiv hochschuldidaktisch gestaltet werden soll, befindet sich jedoch auf einem noch rudimentären Stand. Das Schaffen von Erfahrungsräumen ist im Fachstudium eher nicht üblich und bisher eher selten anzutreffen[32]. Vielen Lehrenden, die vornehmlich als spezialisierte Experten Karriere gemacht haben, fällt es schwer, diesbezüglich förderliche kommunikative Bedingungen herzustellen, obgleich sie auch im fachwissenschaftlichen, „herrschaftsfreien Diskurs" zur Wahrheitskonstruktion *idealiter* gegeben sein sollten. Bei den sozialen Voraussetzungen für eine „universitätsgemäße" Persönlichkeitsbildung aber handelt es sich um ein komplexes Geflecht aus Moderation- und Gesprächsführung, Mediation und Konfliktaustragung, Kulturkritik und Hermeneutik sowie einer Wahrnehmung für die komplexen Macht- und Motivationsverhältnisse, die zudem interaktiv, reflexiv und auf der Grundlage einer entsprechend förderlichen Wertkultur immer wieder erarbeitet werden müssen. Fragen ergeben sich dabei insbesondere für das Verhältnis zwischen Lehrenden und Lernenden, das Wechselspiel zwischen Konfrontation und Akzeptanz als notwendige Änderungsbedingungen sowie das Verhältnis von akademischer Freiheit und Präsenzpflichten (zumal das Recht auf die freie Entfaltung der eigenen Persönlichkeit – und damit potenziell immer auch das Recht auf Nichtentfaltung (oder auch: „Fachidiotie") - immerhin grundgesetzlich geschützt ist).

4. Weiterentwicklung des Fachstudiums und bestehender fachüberschreitender Bereiche

In den neuen, konsekutiven Studiengängen werden die auf eine „Persönlichkeitsbildung" abzielenden Lernangebote an vielen deutschen Universitäten „additiv" zum Fachstudium organisiert und von zentralen Zentren in fachübergreifenden Lehrbereichen (z.B. Schlüsselqualifikationen, Studium Generale, Professionalisierungsbereich) angeboten[33]. Das Angebotsportfolio in

---

32 Cf. Rogmann & Meyer, 2013.
33 Dittrich, Claudia / Kleinert, Alexander: „Entwicklung sozialer Kompetenzen an speziellen Einrichtungen im deutschen Sprachraum in den letzten zehn Jahren". In: Scala, Klaus (Hrsg.): *Universitäten vermitteln Soziale Kompetenz*. Nausner & Nausner: Graz 2010, S. 33–45.

diesem Bereich ist häufig differenziert nach der in der Literatur oft zu findenden Aufteilung nach „Methoden-", „Selbst-" und „Sozialkompetenzen"[34]. Diese Trennung ist unsäglich und irreführend, weil einerseits eine „ideale didaktische Förderung möglicherweise gerade in der Aufhebung dieser Trennung"[35] besteht. So beschränkt sich z.B. die Förderung von Präsentationsfähigkeit gerade nicht auf die Gestaltung von Folien oder rhetorische Prägnanz, sondern fördert zugleich „kognitive Empathie"[36], die Verlebendigung, den Einbezug des Zuhörerkreises und die Fürsorge für die eigene Person bei Lampenfieber oder wahrgenommenem „Druck". Auch bei der Förderung von „Stressbewältigung" sollte es doch idealerweise nicht nur um die instrumentelle Vermittlung von Techniken (Autogenes Training, Progressive Muskelrelaxation nach Jacobson) gehen, sondern auch um die Reflexion von subjektiven Anforderungen, den Erwartungen anderer und ggfs. sogar um Delegations- und Verhandlungsprozesse.

Zum anderen lässt sich damit hier auch fragen, inwieweit eine vorrangig mit „handwerklicher" oder „nutzenorientierter" Zielrichtung betriebene Vermittlung reiner (Kultur-)Techniken (z.B. Training im „10-Finger-Tippsystem", „Knigge") überhaupt mit den oben skizzierten Bestimmungsstücken „universitätsgemäßer" Persönlichkeitsbildung vereinbar ist. Die vielfach von Protagonisten hier ins Feld geführte Überlegung, Methodenqualifizierung trage zu einer „subjektbezogenen Selbstorganisationsdisposition" bei[37], reicht jedenfalls nicht aus, denn sie macht regelmäßig die macht-, ideologie- und hegemoniekritische Untersuchung der Lernziele, -inhalte und -motive gerade nicht zum Gegenstand der Reflexion.

---

34 Cf. e.g. In der Smitten, Susanne / Jaeger, Michael: „Kompetenzerwerb von Studierenden und Profilbildung an Hochschulen". In: In der Smitten, Susanne / Jaeger, Michael (Hrsg.): *Studentischer Kompetenzerwerb im Kontext von Hochschulsteuerung und Profilbildung: Dokumentation zur HIS-Tagung am 03. November 2009 in Hannover*. Forum Hochschule 2010(13). HIS: Hannover, S. 6.
35 Rogmann & Meyer 2013, S. 48f.
36 Pörksen / Schulz von Thun 2014, S. 44.
37 E.g. Lang-von Wins, Thomas / Rosenstiel, Lutz von: „Kompetenzentwicklung in der Universität". In: Spoun, Sascha / Wunderlich, Werner (Hrsg.): *Studienziel Persönlichkeit – Beiträge zum Bildungsauftrag der Universität heute*. Campus: Frankfurt/M. 2005, S. 297–314. Oder auch Erpenbeck, John / Heyse, Volker: *Die Kompetenzbiographie: Wege der Kompetenzentwicklung*. Waxmann: Münster 2007.

Für die bestehenden, additiv organisierten Lehrangebote an Universitäten bedeutet dies, das sie zum einen – durch Analyse und Ergänzung – darauf hinwirken sollten, die Trennung in Methoden-, Selbst- und Sozialkompetenzen weitestgehend aufzugeben und jeweils an den Lernenden auszurichten. Aber zum anderen sind die bestehenden Lehrangebote im beschriebenen Sinne auch der Förderung des Studierenden als *critical being* zu ergänzen und weiterzuentwickeln. Als Erinnerungshilfe schlage ich daher vor, mindestens übergangsweise die gängige Trias der sozialen, personalen und methodischen Schlüsselkompetenzen um ein viertes Element „Kritische Kompetenz" zu erweitern.

Sofern man z.B. Seminare zum Stress- und Zeitmanagement unbedingt an der Universität erhalten will, kann dieser vierte Aspekt dann daran erinnern, dass es nicht nur um eine „Selbstoptimierung" im Rahmen gegebener (Zeit- und Stress-)Verhältnisse gehen sollte, sondern auch um die Auseinandersetzung mit den diesbezüglichen Annahmen (z.B. Nicht-Änderbarkeit der Studien- oder Arbeitsbelastungen), möglichen Gründen für diese (z.B. Hegemonieprozesse) und möglichen Folgen (z.B. Entfremdung, Leben der Interessen anderer). Lernende könnten z.B. auch aktiv zu der Auseinandersetzung mit der eigenen Motivation und zum Nachdenken über alternative (z.B. gemeinschaftlich-politische) Bewältigungsstrategien angeregt werden.

Für die Aufrechterhaltung von organisationalen Strukturen, die Studierenden dabei helfen sollen, das Fachstudium gezielt zu überschreiten, spricht meiner Auffassung nach das extrem hohe Maß an dafür nötigen sozialkommunikativen Steuerungs-, Anregungs- und Reflexionsressourcen. Zwar ist dadurch der oben grundsätzlich formulierte Anspruch an die Fachwissenschaftler nicht aufgegeben, ihre Paradigmen und Auffassungen zu explizieren und immer neu in Frage zu stellen und in der Lehre Studierende in diese Prozesse einzuführen. Die gegenwärtig an der Universität herrschenden Auswahl- und Anreizsysteme des Lehrpersonals sprechen jedoch eher für eine stärkere Spezialisierung und eine Konzentration auf (Grundlagen-)Forschung und Publikation. (Es wäre m.E. hier auch untersuchenswert, inwieweit eine hohe Produktivität im Bereich exzellenter Forschung und eine kontinuierliche Befassung mit den Axiomen, epistemologischen Begrenzungen und Infragestellungen des eigenen präferierten Forschungsparadigmas wirklich miteinander vereinbar sind.) Allein dieser Sachverhalt macht mich skeptisch, dass in absehbarer Zeit genügend entwickelte hochschuldidaktische Fähigkeiten zur

Verfügung stehen könnten, die die Mehrzahl der Lehrenden als modellhaft wirkende *critical beings* im umfassenden Sinn hervorstechen lassen.

Huber mag zwar recht damit haben, diesen grundsätzlichen Anspruch nicht aufzugeben[38], und es bleibt eine Herausforderung für alle „persönlichkeitsbildende" Lehre organisierenden Bereiche, geeignete Lehrende für eine solche Lehre zu finden. Nicht nur Fachlehrende als Spezialisten, sondern insbesondere auch mit der Lehre beauftragte „Praktikerinnen" oder „Trainer" weisen in diesem Sinne oftmals viel zu wenig kritisch-modellbildende Qualitäten auf.

Allerdings teile ich eine andere von Huber angedeutete[39], in Radikalität und Ausschließlichkeit jedoch eher von anderen vertretene[40], Grundannahme explizit *nicht*, nach der eine „universitätsgemäße" Bildung stets einen fachwissenschaftlichen Gegenstandbezug brauche und darum auch jeder „additiven" Organisation von Lehrangeboten für persönlichkeitsbildende Bereiche mit großer Skepsis begegnet wird. Wie Brookfield zeigt, können jedoch gerade auch Lerngegenstände mit starkem Alltags- und Lebensweltbezug sowohl die Zugänglichkeit wie den Transfer in außeruniversitäre Bezugssysteme stark erhöhen[41]. Es ist m.E. auch „universitätsgemäß", wenn in Lehr-Lern-Settings nicht der Lerngegenstand selbst fachwissenschaftlich ist, aber die Ziele, Inhalte und Lehr-Lern-Methoden einer wissenschaftlichen, umfassenden Reflexion (mindestens exemplarisch) zugänglich gemacht werden.

Kruse betont richtigerweise allerdings die Unterschiedlichkeiten zum Aufbau von Kompetenzen im Sinne von Wissensbeständen und (messbaren) Fertigkeiten im Fachstudium:

---

38 Huber, Ludwig: „ABK, FWB, Fach: Woher kann und soll ‚Akademische Allgemeinbildung' kommen?". In: Universitätskolleg (Hrsg.): *Wege zur Bildung durch Wissenschaft heute: Institutionelle und curriculare Perspektiven. Universitätskolleg-Schriften Band 2.* Universität Hamburg: Hamburg 2012, S. 105.
39 Op. cit.
40 E.g. Willingham, Daniel T.: "Critical thinking: Why is it so hard to teach?". *American Educator* 31 (2) 2007, S. 8–19.; Kruse, Otto.: „Kritisches Denken im Zeichen Bolognas: Rhetorik und Realität". In: Eberhardt, Ulrike (Hrsg.): *Neue Impulse in der Hochschuldidaktik.* Springer VS et al.: Wiesbaden 2010, S. 67f.
41 Cf. Brookfield 2012, insbes. Kap. 7.

„Kritisches Denken heißt per definitionem, aus eingefahrenen Bahnen des Denkens ausbrechen zu lernen und als gültig akzeptiertes Wissen hinterfragen zu können. Es geht zudem nicht [...] allein um den Aufbau von Kompetenzen, sondern auch um die Entwicklung von Persönlichkeiten, die sich kritischem Denken verpflichtet fühlen"[42].

Diese „Entwicklung" ist nun einmal nicht wirklich vorhersagbar im Sinne von Qualifikationszielen. Daher wäre es m.E. hier im besten Sinne „lernerorientiert", Lehr- und Lern-Prozesse zu betrachten und nicht Qualifikationsergebnisse vorzugeben. Eine lernerorientierte „Prüfung" würde auf entwicklungsförderliche Bedingungen und Prozesse über die Zeit (also eher auf Studienleistungen und Organisationsentwicklung und Teamleistungen) abstellen denn auf kompetenzorientierte, individuumzentrierte Leistungen.

Es bleibt zu hoffen, dass diese Umstände und Sachverhalte zukünftig bei der rechtskonformen Ausgestaltung von Studiengängen sowie bei Akkreditierungsprozessen eine angemessene Berücksichtigung finden werden.

Literatur

Asendorpf, Jens B. / Neyer, Franz-Josef: *Psychologie der Persönlichkeit* (5. Aufl.). Springer: Heidelberg et al. 2012.

Barnett, Ronald: *Imagining the University*. Routledge: Milton Park, Abingdon, UK, 2013.

Barnett, Ronald. *Higher Education: A Critical Business*. The Society for Research into Higher Education & Open University Press: Buckingham, UK, 1997.

Barrow, Mark: "Assessment and student transformation: Linking character and intellect". *Studies in Higher Education 31* 2006. S. 357–372. DOI 10.1080/03075070600680869.

Böckenförde, Ernst Wolfgang: *Staat, Gesellschaft, Freiheit: Studien zur Staatstheorie und zum Verfassungsrecht*. Suhrkamp: Frankfurt/M. 1976.

Brookfield, Stephen D.: *The Power of Critical Theory for Adult Learning and Teaching*. Open University Press: New York 2005.

Brookfield, Stephen D.: *Teaching for Critical Thinking: Tools and Techniques to Help Students Question their Assumptions*. Jossey-Bass: San Francisco 2012.

---

42 Kruse 2010, S. 66f.

Brookfield, Stephen D. / Holst, John D.: *Radicalizing Learning: Adult Education for a Just World*. Jossey-Bass: San Francisco 2011.

Buber, Martin: *Die Erzählungen der Chassidim* (12. Aufl.). Manesse Verlag: Zürich 1996/1949.

Dittrich, Claudia / Kleinert, Alexander: „Entwicklung sozialer Kompetenzen an speziellen Einrichtungen im deutschen Sprachraum in den letzten zehn Jahren". In: Scala, Klaus (Hrsg.): *Universitäten vermitteln Soziale Kompetenz*. Nausner & Nausner: Graz 2010, S. 33–45.

Elkana, Yehuda / Klöpper, Hannes: *Die Universität im 21. Jahrhundert: Für eine neue Einheit von Lehre, Forschung und Gesellschaft*. Edition Körber Stiftung: Hamburg 2012.

Erpenbeck, John / Heyse, Volker: *Die Kompetenzbiographie: Wege der Kompetenzentwicklung*. Waxmann: Münster 2007.

Foucault, Michel / Gordon, Colin: *Power/Knowledge: Selected Interviews and Other Writings 1972–1977 by Michel Foucault*. Pantheon Books: New York 1980.

Heidenreich, Kevin: *Erwartungen der Wirtschaft an Hochschulabsolventen*. Deutscher Industrie- und Handelskammertag: Berlin 2011, retrieved 15.8.2014, from http://www.dihk.de/ressourcen/downloads/hochschulumfrage-2011/at_download/file?mdate=1295599747088.

Huber, Ludwig: „Bildung durch Wissenschaft – Wissenschaft durch Bildung: Hochschuldidaktische Anmerkungen zu einem großen Thema". *Pädagogik und Schule in Ost und West 39* (4) 1991, S. 193–200.

Huber, Ludwig: „ABK, FWB, Fach: Woher kann und soll ‚Akademische Allgemeinbildung' kommen?" In: Universitätskolleg (Hrsg.): *Wege zur Bildung durch Wissenschaft heute: Institutionelle und curriculare Perspektiven*. (Universitätskolleg-Schriften Band 2). Universität Hamburg: Hamburg 2012, S. 93–107.

Humboldt, Wilhelm von: „Gelegentliche Gedanken über Universitäten in deutschem Sinn, nebst einem Anhang über eine neu zu errichtende". In: Präsident der Humboldt-Universität zu Berlin (Hrsg.): *Gründungstexte: Festgabe zum 200-jährigen Jubiläum der Humboldt-Universität zu Berlin*. Humboldt-Universität: Berlin 1809/10/2010, S. 229–241. Retrieved 14.2.2014 from http://edoc.hu-berlin.de/miscellanies/g-texte-30372/all/hu_g-texte.pdf.

In der Smitten, Susanne / Jaeger, Michael: „Kompetenzerwerb von Studierenden und Profilbildung an Hochschulen". In: In der Smitten, Susanne /

Jaeger, Michael (Hrsg.): *Studentischer Kompetenzerwerb im Kontext von Hochschulsteuerung und Profilbildung: Dokumentation zur HIS-Tagung am 03. November 2009 in Hannover*. Forum Hochschule 2010(13). HIS: Hannover, S. 1–26.

Jamme, Christoph / Schröder, Asta von (Hrsg.): *Einsamkeit und Freiheit: Zum Bildungsauftrag der Universität im 21. Jahrhundert*. Fink: München 2011.

Klafki, Wolfgang: *Neue Studien zur Bildungstheorie und Didaktik: Zeitgemässe Allgemeinbildung und kritisch-konstruktive Didaktik* (6. Aufl.). Beltz: Weinheim et al. 2007.

Kruse, Otto.: „Kritisches Denken im Zeichen Bolognas: Rhetorik und Realität". In: Eberhardt, Ulrike (Hrsg.): *Neue Impulse in der Hochschuldidaktik*, Springer VS et al.: Wiesbaden 2010, S. 45–80.

Lang-von Wins, Thomas / Rosenstiel, Lutz von: „Kompetenzentwicklung in der Universität". In: Spoun, Sascha / Wunderlich, Werner (Hrsg.): *Studienziel Persönlichkeit – Beiträge zum Bildungsauftrag der Universität heute*. Campus: Frankfurt/M. 2005, S. 297–314.

Mayr, Johannes: „Der Persönlichkeitsansatz in der Lehrerforschung: Konzepte, Befunde und Folgerungen". In: Terhart, Ewald / Bennewitz, Hedda / Rothland, Martin (Hrsg.): *Handbuch der Forschung zum Lehrerberuf*. Waxmann: Münster 2011, S. 125–148.

Mayr, Johannes / Neuweg, Georg Hans: „Der Persönlichkeitsansatz in der Lehrer/innen/forschung: Grundsätzliche Überlegungen, exemplarische Befunde und Implikationen für die Lehrer/innen/bildung". In: Heinrich, Martin / Greiner, Ulrike (Hrsg.): *Schauen, was 'rauskommt: Kompetenzförderung, Evaluation und Systemsteuerung im Bildungswesen*. Lit: Wien et al. 2006, S. 183–206.

Molesworth, Mike / Nixon, Elizabeth / Scullion, Richard: "Having, being and higher education: The marketisation of the university and the transformation of the student into consumer". *Teaching in Higher Education 14(3)* 2009, S. 277–287. DOI: 10.1080/13562510902898841.

Peters, Richard Stanley: *The Philosophy of Education*. Oxford University Press: London 1973.

Pörksen, Bernhard / Schulz von Thun, Friedemann: *Kommunikation und Lebenskunst: Philosophie und Praxis des Miteinander-Redens*. Carl Auer: Heidelberg 2014.

Preckel, Daniel / Frey, Karl: „Erzeugt das Hochschulstudium messbare Persönlichkeitsveränderungen?". In: Spoun, Sascha / Wunderlich, Werner (Hrsg.): *Studienziel Persönlichkeit – Beiträge zum Bildungsauftrag der Universität heute*. Campus: Frankfurt/M. 2005, S. 71–83.

Ricken, Norbert / Koller, Hans-Christoph / Keiner, Edwin (Hrsg.): *Die Idee der Universität – revisited*. Springer: Wiesbaden 2014.

Rogmann, Jens J. / Meyer, Moritz: „Affirmatives Kompetenztraining oder reflexive Bildungserfahrung: Ist die Förderung von Schlüsselkompetenzen an deutschen Universitäten am Scheidepunkt?" *SQ-Forum: Schlüsselqualifikationen in Lehre, Forschung und Praxis (Heft 1/2013)*, S. 41–62. Retrieved 18.4.2014 from: http://www.ew.uni-hamburg.de/de/ueber-die-fakultaet/personen/rogmann/files/rogmann-meyer-2013-sq-forum-1-2013-41-62.pdf.

Rosenstiel, Lutz von / Frey, Dieter: „Universität als Stätte der Bildung und Persönlichkeitsentwicklung". In: Oerter, Rolf et al. (Hrsg.): *Universitäre Bildung – Fachidiot oder Persönlichkeit*. Hampp: München 2012, S. 49–68.

Schleiermacher, Friedrich D. E.: „Gelegentliche Gedanken über Universitäten in deutschem Sinn, nebst einem Anhang über eine neu zu errichtende". In: Präsident der Humboldt-Universität zu Berlin (Hrsg.): *Gründungstexte: Festgabe zum 200-jährigen Jubiläum der Humboldt-Universität zu Berlin*. Humboldt-Universität: Berlin 1809/10/2010, S. 123–227. Retrieved 14.2.2014 from http://edoc.hu-berlin.de/miscellanies/g-texte-30372/all/hu_g-texte.pdf.

Schneewind, Klaus A.: „Die ‚Bachelorisierung' des Studiums und die ‚Gnade der frühen Geburt': Kritische Anmerkungen zur Ausbildung im Fach Psychologie". In: Oerter, Rolf et al. (Hrsg.): *Universitäre Bildung – Fachidiot oder Persönlichkeit*. Hampp: München 2012. S. 171–176.

Schimank, Uwe: „Humboldt in Bologna – falscher Mann am falschen Ort?" In: HIS (Hrsg.): *Perspektive Studienqualität: Themen und Ergebnisse der HIS-Fachtagung am 25./26.3.2009 in Hannover*. Bertelsmann: Bielefeld 2010, S. 44–61.

Spoun, Sascha / Wunderlich, Werner (Hrsg.): *Studienziel Persönlichkeit: Beiträge zum Bildungsauftrag der Universität heute*. Campus: Frankfurt/M. 2005.

Thomä, Dieter: „Drei Prinzipien und drei Phasen der „Humboldt-Kultur. Erfindung, Krise und ein Leben nach dem Tod". In: Spoun, Sascha /

Wunderlich, Werner (Hrsg.): *Studienziel Persönlichkeit: Beiträge zum Bildungsauftrag der Universität heute.* Campus: Frankfurt/M. 2005, S. 49–70.

Willingham, Daniel T.: "Critical thinking: Why is it so hard to teach?" *American Educator 31* (2) 2007, S. 8–19.

Sebastian Jünger

Bildungsziel Persönlichkeitsentwicklung? Lehrer/innenbildung durch Kompetenzorientierung am Beispiel des Moduls Personale Kompetenz (MPK) für Lehramtsstudierende

Abstract The historical evolution of university teacher education in Germany and the impact of the concept of competence in this field are discussed in order to integrate both perspectives in developing a concrete university program aiming at engaging teacher students in developing their personal competencies.

Lehrer/innenausbildung und Lehrer/innenbildung an der Universität

Im Zuge der preußischen Bildungsreform brachte W. von Humboldt nicht nur das Ideal der humanistischen Bildung und die revolutionäre Veranstaltungsart der Seminare in, sondern zum ersten Mal auch die Lehrer/innenbildung an die Universitäten. Mit der Lehramtsprüfung von 1810 hatte Humboldt zumindest für die Gymnasiallehrer die Unabhängigkeit vom Ausbildungsmonopol theologischer Tradition geschaffen und damit eine universitäre Lehrer/innenbildung eingerichtet, die eine aufgeklärte Bildung im Sinne einer allgemeinen Bildung aus Neugier durch Wissenschaft in Interaktion mit offenem Ergebnis zuerst selbst genießen und später in den Schulen verantworten und vermitteln sollte[1]. Das Lehramtsstudium war in seinen Ursprüngen also ein wissenschaftliches Bildungsstudium und damit zunächst explizit gegen die Ansprüche schulischer Bildung sowie bloß berufsbezogener Ausbildung mit ihren jeweiligen Festlegungen angelegt. Möglich werden sollte es vor allem im Ideal des zweckfreien und ergebnisoffenen Austauschs von Forschenden in den Seminaren der

---

1 Cf. Fohrmann, Jürgen: „Was ist Bildung? Vom inflationären Gebrauch eines Begriffs und dem Verschwinden seiner tatsächlichen Bedeutung". *Forschung & Lehre* 17(3)/ 2010, S. 174–176.

reformierten Philosophischen Fakultät. Die Prüfung allerdings verlangte dann von den Lehramtsstudierenden Kenntnisse in allen Schulwissenschaften analog zum Fächerkanon des damals gleichzeitig reformierten Gymnasiums. Ziel der Prüfung war, anhand der Qualität die Befähigung für die jeweilige Stufe des 9-klassigen Gymnasiums festzustellen. Für die Bildung als Ganze und auch für die Professionalisierungsbestrebungen der Gymnasiallehrerschaft hatte Preußen also ohne Frage einen Meilenstein erreicht: Die Akademisierung der Professionen und der Bildung nun als konsequente Ausrichtung an Wissenschaft und Forschung stellt einen zentralen Schritt der Säkularisierung zu Beginn des 19. Jahrhunderts dar und hatte Strahlkraft auch für die übrigen deutschsprachigen Gebiete. Für die individuellen Bildungsbiographien angehender Lehrpersonen an der Universität waren damit andererseits bereits zu Beginn drei zentrale Problembereiche installiert, die in den letzten 200 Jahren nichts an Relevanz eingebüßt haben, wenngleich sich die gesellschaftlichen Rahmenbedingungen von Schule, Universität und Lehrer/innenberuf seitdem beträchtlich gewandelt haben:

1. das Spannungsverhältnis zwischen den Anforderungen einer selbstbezogenen, unspezifischen und ergebnisoffenen Bildung als Studienpraxis und den Anforderungen einer Studienpraxis des Lernens für Prüfungen, die ganz spezifisch den Berufszugang regeln und deren Ergebnis für die weitere berufliche Karriere maßgeblich ist (Hochschulstudium vs. Staatsexamen),
2. das Spannungsverhältnis zwischen der unspezifischen Neugier des Forschenden und dem Zwang zur Festlegung auf Fächerkombinationen, die dazugehörigen Disziplinen und ihre kanonischen „Stoffe". (Schul- bzw. Fachwissenschaften vs. überfachliche Studienanteile),
3. das Spannungsverhältnis zwischen einer allgemeinen universitären und wissenschaftlichen Bildung im Sinne der Interaktion von Forschenden und der nachgelagerten, außeruniversitären traditionalistischen Ausbildung im Meister-Lehrlings-Modus des Imitierens/Korrigierens (Studium und Referendariat).

Die humboldtsche Idee der Lehrer/innenbildung hielt unter dem Druck der wissenschafts- und universitätsinternen Ausdifferenzierungen sowie der professionsseitigen Ansprüche leider nur rund 50 Jahre – dann war für die

Gymnasien und das Lehramtsstudium das Fachlehrerprinzip mit der Einschränkung auf und der Vertiefung in zwei oder drei Disziplinen, wie wir es heute kennen, durchgesetzt. Neben den genannten Problembereichen erschwert dieser starke Disziplinbezug bis heute zusätzlich die Bildungsprozesse von Lehramtsstudierenden unabhängig von jeglicher Berufsspezifik: Verschiedene Fächer mit verschiedenen Fach- und Wissenschaftskulturen an verschiedenen Fakultäten verlangen von sich bildenden Lehramtsstudierenden die Bereitschaft und Fähigkeit zum inter- und transdisziplinären Verstehen und Denken. Die dafür wissenschaftstheoretisch dringend nötige Rückbindung an eine genuine Disziplin zur Beheimatung der übergeordneten Fragestellungen wird erst mit der Entstehung der wissenschaftlichen Pädagogik (dann Erziehungswissenschaft und schließlich Bildungswissenschaften) erreicht – freilich zum Preis einer zusätzlichen disziplinären Eigenlogik mit Stoff-Kanon und eigenen Prüfungen...

Aus der kurzen Rückschau wird ersichtlich, dass Bildung und Ausbildung von Lehrpersonen an der Universität von Beginn an enger zusammen gedacht werden müssen als bei anderen wissenschaftlichen Studien. Dabei besteht seit der preußischen Bildungsreform die Nähe einerseits formal strukturell in der Kanonisierung und Abstimmung des gymnasialen Schulwissens mit seinen universitären *Wissenschaften* und inhaltlich in der Einheit der neuen Art von *Bildung*, die nun vom Selbst erfahren und am Anderen verantwortet werden muss. Für den Ausbildungsaspekt revolutionär war dabei die Verwissenschaftlichung als Beginn der Tertiarisierung der Lehrer/innenbildung, für den Bildungsaspekt revolutionär war die neue Sozialform des Seminars als Ort zweckfreier und ergebnisoffener Interaktion Forschender – in bewusster Absetzung von den ubiquitären Vermittlungsformen des Frontalunterrichts und der Vorlesung und von den engen Sozialformen dyadischer Meister-Lehrlings-Beziehungen. Für die sich bildenden Persönlichkeiten schaffte das gleichermaßen neue Autonomie und Freiheit wie auch neue Herausforderungen und Mühsal, das ist dem Lehramtsstudium als große Kontinuität geblieben. Geblieben ist auch der Bildungsanspruch Humboldts in der normativen Neuformulierung der uralten Mechanik von Bildungsprozessen als Bewegungen des Wiederholens von Vergangenem in Adaption an die Gegenwart in Richtung auf die Gestaltung der Zukunft, neu betreffend ihrer *sozialen Praxis und ihrer kulturellen Funktion*: Weniger stumpfes Wiederholen von Dogmen unter Ungleichen und mehr ergebnisoffenes Forschen unter Gleichen – wir sind immer noch bei der Einlösung dieses Anspruchs. Geblieben ist bildungstheoretisch gesehen auch diese Einsicht: Unbestimmtheit und nicht Sicherheit ist das Momentum von Bildung und damit auch der Strukturkern beruflichen Handelns von Lehrpersonen. Warum ist es aber so schwer, Anspruch und Einsicht auch einzulösen? Zum einen ist es inhaltlich wohl eine der schwierigsten Aufgaben, Menschen, die sich gerade selbst bilden, im Modus dieser Selbstbildung die Gestaltung der Bildung von anderen Menschen zuzumuten, also die eigene Offenheit und Unbestimmtheit mit der gestaltenden Ermöglichung von fremder Offenheit und Unbestimmtheit in Einklang bringen zu müssen. Zum anderen waren dafür die Bedingungen unter 12.000 Studierenden in ganz Deutschland zu Zeiten Humboldts vielleicht ideal, was Betreuungsverhältnis, Ausstattung und Bildungshintergrund der Studierendenschaft angeht. Heute sind es allein in Freiburg gut 2.000 Studierende – nur im Gymnasiallehramt.

Gebildete und kompetente Lehrpersonen

Mit dem Auftreten des Kompetenzbegriffs in universitären Bildungszusammenhängen Mitte des letzten Jahrhunderts ist keine vergleichbare Zäsur oder historische Konstellation verbunden – in der Lehrer/innenbildung boomt der Begriff gar erst ab den 1990er Jahren. Nichtsdestotrotz sind auch mit der expliziten und insbesondere wissenschaftlichen Durchsetzung des Konzepts und des Begriffs von Kompetenz ebenso bestimmte formal-strukturelle und inhaltliche Verhältnisse in Kultur, Gesellschaft und Wissenschaft verbunden, ohne die die heutige Kompetenzkultur vor allem in ihrem Verhältnis zur nach wie vor bestehenden Bildungskultur nicht verstanden werden kann. Wo in Humboldts Bildungsbegriff die (epistemische) Aufklärung des Subjekts zum Problem wird, dessen Lösung in der Interaktion zu suchen ist und damit im Sozialen, hat sich zu Zeiten der Kompetenz das Problem ins Soziale verschoben, für das nun das Subjekt die Lösungen haben muss. Etymologisch ist der soziale Aspekt des competere als nach außen gerichtete Aktivität bereits angelegt, in der ersten Verwendung im deutschen Sprachraum als „Zuständigkeit" ist der soziale Aspekt bereits reflexiv geworden: Du und nicht jener kann nach außen so oder so handeln. So besehen sind Bildung und Kompetenz zunächst nur zwei Blickrichtungen auf dieselben Prozesse, die beispielsweise im Verlauf eines Studiums in und an Menschen ablaufen und ihre Wirkungen dann auch im Handeln hinterlassen[2]. Kompetenzpflicht befreit also keineswegs vom Bildungsanspruch und die meist polemische Ausstaffierung der beiden Begriffe als Alternativen ist kaum hilfreich. Dabei läuft die Argumentation meist über die Dämonisierung von Kompetenz als eine Art Trojanisches Pferd des ökonomischen Diskurses in den Stadtmauern des freien (sich autonom bildenden) Subjekts. Dass die Durchsetzung eines humanistischen Bildungsbegriffs ohne die innere Logik der Industrialisierung und ohne finanzkräftiges Bildungsbürgertum kaum zu denken wäre, wird aber auf der anderen Seite meist unterschlagen und führt insgesamt zu einer unzulässigen Verkürzung der Begriffs- und Ideengeschichte rund um Kompetenz[3]: In der Linguistik wurde Chomskys Unterscheidung zwischen Kompetenz und Performanz ja deswegen thematisch, weil der Zusammenhang zwischen den Ergebnissen von (auch sprachlichen) Prozessen und den sie erzeugenden Mechanismen im Vergleich zum beginnenden 19. Jahrhundert nicht mehr implizit durch den geselligen und freien Austausch der Forschenden garantiert werden konnte. Durch die funktionale Differenzierung und systemische Schließung der Gesellschaft im 19. und 20. Jahrhundert mitsamt der medialen Entwicklung und der damit verbundenen exponentiellen Zunahme von Beobachtungs- und Darstellungsmöglichkeiten der sozialen Wirklichkeit konnte das Verhältnis zwischen Sprechenkönnen und Gesprochenem vereinfacht gesagt nicht länger nur über die Semantik (Beziehung zwischen Zeichen und Bezeichnetem) oder über die Pragmatik (Beziehung zwischen Zeichen und Bezeichner) verstanden werden – zu stark hatten die sich ausbildenden sozialen Systeme bereits eigene „Codes" als Regeln von Teilnahme und Verstehen installiert. Chomskys generative Transformationsgrammatik suchte dann auch die Lösung der Erklärung auf der Ebene der Syntax (Beziehung zwischen den Zeichen), auf der die Regelhaftigkeit der Verwendung von Zeichen als vorgängige soziokulturelle Norm zum Gegenstand der

---

2 Cf. Erpenbeck, John / Weinberg, Johannes: „Bildung oder Kompetenz – eine Scheinalternative?". *REPORT 27(3)*, 2004, S. 69–76.
3 Cf. hierzu und im Folgenden: Kobelt, Kai: „Ideengeschichtliche Entwicklung des pädagogischen Kompetenzkonzepts." In: Koch, Martin / Straßer, Peter (Hrsg.): *In der Tat kompetent. Zum Verständnis von Kompetenz und Tätigkeit in der beruflichen Benachteiligtenförderung.* Bertelsmann: Bielefeld 2008, S. 9–23.

Analyse wird. Diese Verschiebung des Beobachtungsschwerpunkts zeitigte einerseits unmittelbare (bildungs)politische Konsequenzen im Amerika der 1960er Jahre und bereitete andererseits medientheoretisch McLuhans berühmtes Diktum vor, wonach das Medium – verstanden als Regelzusammenhang des Ermöglichens und Einschränkens von Wahrnehmung, Kommunikation, etc. – die eigentliche Botschaft ist. Mit der Ausweitung des linguistic turn von Linguistik und Sprachphilosophie in andere Disziplinen war im Grunde der Versuch verbunden, die *Verhinderung* von Bildung durch das Aufzeigen der versteckten Begrenzungen von ergebnisoffenen Prozessen aufzudecken. Wissenschaftstheoretisch relevant wurde der *linguistic turn* als Wegbereiter insbesondere für konstruktivistische und dekonstruktivistische Denkrichtungen und für das Herzstück von Wissenschaft und Unterricht dann schließlich in Lyotards ernüchternder Darstellung des Zustands des postmodernen Wissens. Das Ende des objektivistischen Wissensbegriffs als das Ende der großen Erzählungen bedeutet(e) eine Krise für die gesamte pädagogische Profession. Die Notwendigkeit der Umstellung von Inhalten auf Ergebnisse (sogenannte outcomes) in der Kompetenzorientierung erscheint schon epistemologisch gesehen als konsequente Folge, wenn Wissen nicht mehr als „universell" und „gesichert" bloß nach den Bedingungen der Verteiler verteilt, sondern unter gemeinsamen Bedingungen immer wieder neu hergestellt werden muss. Die Mechanik der Bildung im und am Einzelnen ist freilich geblieben, nur hat die Wissenschaftspraxis seit Humboldt viel von ihrer Zweckfreiheit und Ergebnisoffenheit den sie ermöglichenden institutionellen, politischen, ökonomischen und administrativen Logiken geopfert. Das, was nämlich am Kompetenzbegriff dem Bildungsbegriff (und zwar in der engen humboldtschen Prägung) nach wie vor entgegenläuft, ist das, was ihn für Bildungs*systeme* heutiger Prägung so unverzichtbar macht: die Möglichkeit, anders mit den Ergebnissen von Bildungsprozessen umzugehen, sie nämlich allgemein vergleichen zu können. Der Vergleich quantifizierter Qualität ist die herrschende Syntax unserer Bildung, die Kompetenz eröffnet auf die unbestimmte, lebenslange und jeweils nur für sich selbst zu verantwortende Bildung synchrone funktionale Perspektiven des Vergleichs. Sie *eröffnet* diese Perspektiven allerdings nur, denn verglichen werden können einzig Performanzen. Unglücklicherweise leidet der „Kompetenzdiskurs" unter anderem an der unscharfen Verwendung der von Chomsky eingeführten grundlegenden Unterscheidung. Das, was überhaupt der Beobachtung zugänglich und damit Grundlage für Messung, Bewertung und Vergleich ist, sind ausschließlich die realisierten Performanzen, das konkrete Handeln, auf das gemeinsam Bezug genommen werden kann. Begriff und Figur der Kompetenz beinhalten dagegen die komplexen inneren und unzugänglichen Aspekte (seit Weinert mindestens kognitive, motivationale, volitionale und soziale) der für uns Menschen mit einem konkreten Handeln verbundenen Erwartungen. Im Grunde formuliert die Kompetenz die Mechanik der Bildung dergestalt um, dass die neue gesellschaftliche Möglichkeit der Bezugnahme auf die Ergebnisse von Bildungsprozessen darin besteht, dem Einzelnen die volle Zuständigkeit für seine Bildungsaktivitäten aufzutragen und damit die Erwartung zu verbinden, eine bestimmte Qualität an Ergebnis im konkreten Handeln zeigen zu können (Performanz). Kompetenz spezifiziert Bildung also auf die Vergleichbarkeit von Ergebnissen hinsichtlich ihrer aktuellen sozialen Funktion ohne die grundsätzliche Ergebnisoffenheit und Zweckfreiheit der individuellen Bildungsbiographie infrage zu stellen. In den kognitiven und motivationalen Aspekten decken sich die Architektur von Kompetenz und humboldtscher Bildung, im Aspekt des Sozialen rehabilitiert sie sogar die ursprüngliche Forderung nach Geselligkeit in der Interaktion Forschender, im Aspekt des Volitionalen geht die Kompetenz über die Bildung hinaus. Kompetent sein heißt immer auch, bereit zu sein, Performanz zu zeigen; immer bereit zu sein, die Bildung mit und an sich selbst in der Sprache von ganz spezifischen Kompetenzen und Performanzen zu befragen; immer bereit zu sein, sich auf Bewertung und Vergleich des Gezeigten als Grundlage für die Wahrnehmung der eigenen Kompetenz einlassen zu müssen. Für Lehrpersonen bedeutet das nun aber im Kurzschluss eben nicht, dass es *nicht* mehr ausreicht, gebildet zu sein. Es bedeutet, dass die beste und umfassendste Bildung keine Garantie dafür ist, Schüler/innen so behandeln zu können, wie es für deren jeweilige und aktuelle Bedürfnisse angemessen ist und erwartet werden kann. Und das hat nicht nur etwas mit der Nivellierung des Wissens durch die Postmoderne zu tun. War vor 200 Jahren noch derjenige als Lehrperson qualifiziert, der mehr wusste als alle anderen, müssen die berufsspezifischen und allgemeinen Anforderungen an Lehrpersonen heute in elf Einzelkompetenzen und über 80 Standards formuliert werden, das Fach*wissen* der Lehrperson spielt dabei heute eher eine untergeordnete Rolle, was die Wirksamkeit für den Lernerfolg der Schüler/innen angeht.

Die Universität als Bildungsraum und Lernort: MPK am ZfS

Für Lehramtsstudierende in Baden-Württemberg sind heute weder Humboldt noch Bologna an den Universitäten verwirklicht – im Gegenteil: Die drei Grundspannungen der universitären Lehrer/innenbildung haben sich im Zuge der Modularisierung, der Ausrichtung an einem europaweit gültigen Punktesystem sowie an der Beschäftigungsorientierung noch verstärkt. Hinzugekommen ist als Paradoxie noch die historisch bedingte Entkoppelung von Schul- und Hochschuldidaktik mit der Folge, dass nur wenige Hochschullehrende *performative Lerngelegenheiten* bieten und damit in ihrer eigenen Lehre zeigen, was sie für die zukünftige Lehre der Studierenden fordern. Für die Entwicklung eines neuen Studienbereichs, der dazu dienen soll, „den persönlichen Bezug zum Lehrer/innenberuf über das Fachwissenschaftliche hinaus zu vertiefen und personale Handlungskompetenz zu entwickeln"[4] waren damit bestimmte Ansprüche an die berufs- und studienbezogene Ausrichtung sowie an die didaktische Gestaltung einer zeitgemäßen Lehrer/innenbildung klar:

1. Das Studienangebot soll die Prüfung und Kreditierung von Studien-leistungen an die effektiven Lernprozesse koppeln und die zu erreichende Handlungskompetenz in der Prüfungsform abbilden.
2. Das Studienangebot soll einerseits die in der Prüfungsordnung geforderten, überfachlichen Themenbereiche abdecken, andererseits die Spezifik der Fächer und Fachkulturen berücksichtigen.
3. Das Studienangebot soll den Anspruch allgemeiner universitärer Bildung mit den berufsspezifischen Anforderungen der Ausbildung von angehenden Lehrpersonen verbinden und in den Sozialformen durch eine performative Didaktik umgesetzt werden.

An der Albert-Ludwigs-Universität wurde der Studienbereich MPK am Zentrum für Schlüsselqualifikationen (ZfS) angesiedelt und in zwei Veranstaltungstypen gegliedert, eine vorlesungsähnliche Überblicksveranstaltung und thematisch differenzierte praxisorientierte Lehrveranstaltungen mit

---

4 Cf. Zentrum für Schlüsselqualifikationen Universität Freiburg: *Allgemeine Infos zum MPK-Bereich*, retrieved 30.7.2015, from „http://www.zfs.uni-freiburg.de/studium/mpk".

begrenzter Teilnehmerzahl. Die einführende, informierende und sensibilisierende Überblicksveranstaltung sollte idealerweise vor, die praxisorientierte Lehrveranstaltung nach dem Schulpraxissemester besucht werden, das ungefähr in der Mitte des zehnsemestrigen Staatsexamensstudiengangs zu absolvieren ist. Die zeitliche Empfehlung sollte dabei eine möglichst gute Passung der Lernangebote zu den Erfahrungen im berufspraktischen Studienabschnitt ermöglichen: In der Vorbereitung eigene Entwicklungs- und Lernfelder identifizieren und Ziele setzen, in der Schulpraxis eine professionelle Perspektive auf die eigene Wirksamkeit im Feld erzeugen, um für die Nachbereitung konkrete Trainings-, Reflexions- und Unterstützungsangebote auswählen zu können. Diese gliederten sich auf Grundlage von Prüfungsordnung und KMK-Standards in die Themenfelder Kommunikation (Körpersprache, Stimme, Rhetorik, Gesprächsführung, Konfliktlösung, Interkulturalität und Gendermainstreaming, ...) und Person (Biographie, Zielfindung, Rollenklärung, Persönlichkeitsentwicklung, Umgang mit Emotionen, Entspannungstechniken, Selbst- und Zeitmanagement, ...). Als Lehrbeauftragte wurden abgeordnete Gymnasiallehrer/innen mit entsprechender Zusatzqualifikation oder freie Trainer/innen mit Lehramtsbezug gewonnen, jeder Veranstaltung ging die Erstellung eines wissenschaftlich fundierten Konzepts mit detaillierter Lehrplanung voraus, jede Veranstaltung wurde evaluiert, und die Lehrbeauftragten erhielten detailliertes Feedback auf ihre Auswertungen. Bei den Arbeits- und Prüfungsformen wurde darauf geachtet, möglichst viele der im KMK-Papier geforderten didaktisch-methodischen Ansätze der Bildungswissenschaften in der Lehrer/innenbildung umzusetzen, insbesondere Situationsansatz, Fallorientierung und biographisch-reflexive Ansätze. Nach der grundlegenden wissenschaftlichen Einführung und Erarbeitung des Themas wurden die handlungsorientierten Lernziele mit den maximal 20 Teilnehmenden meist durch Rollenspiele und Unterrichtssimulationen mit persönlicher Erprobung und anschließender Reflexion umgesetzt, oft kamen Videoanalysen zum Einsatz, teilweise auch Hospitationen und Exkursionen. Für die Selbstlernphasen und die schriftliche Dokumentation der Studienleistungen wurden durchweg kooperative Arbeitsformen angeregt und reflexives Lernen durch den Einsatz von Portfolios unterstützt.

Für die vorlesungsähnliche Überblicksveranstaltung mit zwischen 90 und 180 Teilnehmenden waren die hochschuldidaktischen Anforderungen in einigen Punkten noch spezifischer: In den vier einführenden Sitzungen, die durch den Dozenten gestaltet wurden, kamen neben vielfältigem Medieneinsatz immer aktivierende Methoden (offene Fragen, Think-Pair-Share oder Buzzgroups) zum Einsatz mit dialogischer Rückmeldung per Mikrofon. Die weiteren Sitzungen wurden dann hauptsächlich durch Lerngruppen von 6–12 Teilnehmenden verantwortet, die ausgehend von 16 verschiedenen Fallvignetten jeweils eine 20-minütige Lerneinheit gestalten und zum Veranstaltungsende in einem Gruppenportfolio dokumentieren mussten. In jeder Sitzung war zusätzlich ausreichend Zeit für ein ausführliches, geleitetes und sachbezogenes Feedback an die Gruppen und eine abschließende inhaltliche Rahmung und Zusammenfassung durch den Dozenten. Die Gütekriterien für die Performanz der Gruppe wie auch des Dozenten wurden vorweg transparent gemacht und konsequent eingefordert: Aktivierung durch vielfältige Medien, herausfordernde Fragestellungen und Interaktion mit dem Plenum hauptsächlich durch Körpersprache und Bewegung im Hörsaal, wertschätzender und freundlicher Umgang, fachliche Kompetenz. Die inhaltliche Arbeit in den Gruppen wurde durch detaillierte Arbeitsaufträge mit Einzel- und Gruppenaufgaben strukturiert: Jede/r Teilnehmende musste ein Interview zum Thema mit einer Berufsperson führen, einen wissenschaftlichen Text zum Thema lesen und kommentieren, an einer Gruppendiskussion teilnehmen sowie einen Erfahrungsbericht zur Veranstaltung verfassen. Die Transkriptionen und weiteren schriftlichen Ergebnisse dieser Elemente mussten neben anderem Zusatzmaterial (Präsentationsfolien, Literatur, Grafiken und Tabellen) in einem digitalen Gruppenportfolio zusammengeführt und auf der begleitenden virtuellen Lernplattform ILIAS nach Veranstaltungsende veröffentlicht werden. Auf dieser Plattform wurden ebenfalls begleitende Materialien und Informationen zur Veranstaltung bereitgestellt sowie auch Kommunikationsmöglichkeiten für die Gruppen (Forum) und das Plenum (E-Mail) eingerichtet.

Sowohl der Anspruch an eine Lehrer/innen*bildung* als auch die Anforderungen an eine Kompetenzentwicklung der Studierenden sollte in diesem Programm verwirklicht werden. Das eine durch die Fokussierung auf wissenschaftlich fundierte, ko-konstruktiv erarbeitete und biographisch-reflexiv eingeordnete thematische Aspekte, das andere durch die klare Verpflichtung (auch) auf handlungsorientierte studien- und berufsbezogene Lernziele, deren Erreichung an die Stimmigkeit von gelehrter Performanz und der Performanz der Lehrenden gebunden sind. Jetzt, wo mit der neuen Reform des gymnasialen Lehramtsstudiums in Baden-Württemberg und der Umstellung auf die gestufte Studienstruktur auch neue Curricula und Studienelemente diskutiert werden, können wir aus Freiburger Sicht das MPK im Hinblick auf die formulierten Ansprüche ganz klar als Best Practice empfehlen. Das zeigen einerseits die quantitativen Ergebnisse in Sachen Kompetenzorientierung aus den studentischen Evaluationen, hier haben die Veranstaltungen des MPK-Bereichs beispielsweise auf einer 5-stufigen proportionalen Skala im Sommersemester 2014 als Gesamtbewertung im Durchschnitt eine 1,4 erhalten und sind damit nicht nur insgesamt außergewöhnlich gut, sondern im Schnitt um mehr als 0,1 Punkte besser bewertet worden als das vergleichbare Programm für Bachelor-Studierende[5]. Auf der anderen Seite zeigen aber auch die individuellen Rückmeldungen der Studierenden in den offenen Kommentaren sowie in Erfahrungsberichten und Einträgen in Lerntagebüchern und Portfolios deutliche Bildungsprozesse auf: Die Mehrheit der Teilnehmenden erfährt die geforderte Verantwortung und Interaktion in kooperativen Arbeitsformen als bereichernd und lernwirksam, nicht selten wird von tiefergehenden Auseinandersetzungen mit Rollen-, Menschen- und Weltbildern berichtet.

Literatur

Erpenbeck, John / Weinberg, Johannes: „Bildung oder Kompetenz – eine Scheinalternative?". In: *REPORT 27(3)*, 2004, S. 69–76.

Fohrmann, Jürgen: „Was ist Bildung? Vom inflationären Gebrauch eines Begriffs und dem Verschwinden seiner tatsächlichen Bedeutung". In: *Forschung & Lehre* 17(3)/ 2010, S. 174–176.

Kobelt, Kai: Ideengeschichtliche Entwicklung des pädagogischen Kompetenzkonzepts. In: Koch, Martin / Straßer, Peter (Hrsg.): *In der Tat kompetent. Zum Verständnis von Kompetenz und Tätigkeit in der beruflichen Benachteiligtenförderung.* Bertelsmann: Bielefeld 2008, S. 9–23.

---

5 Cf. Zentrum für Schlüsselqualifikationen Universität Freiburg: *Gesamtauswertung Evaluationen Studierende Sommersemester 2014*, retrieved 30.7.2015, from https://www.zfs.uni-reiburg.de/aktuelles/Bilder/download/evaluationen/sose_2014/gesamtuebersicht_studierende_ss_14.pdf.

Zentrum für Schlüsselqualifikationen Universität Freiburg: *Gesamtauswertung Evaluationen Studierende Sommersemester 2014*, retrieved 30.1.2015, from https://www.zfs.uni-freiburg.de/aktuelles/Bilder/download/evaluationen/sose_2014/gesamtuebersicht_studierende_ss_14.pdf.

Zentrum für Schlüsselqualifikationen Universität Freiburg: *Allgemeine Infos zum MPK-Bereich, retrieved 30.7.2015, from http://www.zfs.uni-freiburg.de/studium/mpk.*

Stefanie Enderle und Alexa Maria Kunz

„Gibt's da einen Schein für?"
Einblicke in studentische Lebenswelten

Abstract Due to an increasingly heterogeneous student population it becomes more and more difficult to generate reliable data about students which are actually attached to the students realities. For a better understanding of these "unknown students", we provide new insights based on a life-world analytic ethnography.

Vorbemerkung: Wie bereits am Titel ersichtlich, scheuen wir uns im folgenden Beitrag nicht, O-Töne Studierender zu übernehmen und Formulierungen zu wählen, die provokant klingen und bisweilen den Vorwurf einbringen können, einen despektierlichen Ton gegenüber den Studierenden anzuschlagen. Das ist mitnichten unsere Absicht! Gewählt wird dieser Ton vielmehr, um die (sozial hergestellte) Wirklichkeit möglichst frei von moralisierenden Urteilen beschreiben zu können – und zwar moralisierend in jedwede Richtung: Warum sollte es weniger legitim sein, ein Studium statt als Selbstzweck als reine Berufsqualifikation zu betrachten, zu deren Abschluss ‚Scheine gesammelt' werden müssen? Formulierungen oder Argumente, die zunächst überspitzt klingen mögen, weisen meist vielmehr auf die Grenzen unseres eigenen gewohnten Denkens hin. Genau diese Grenzen sollen hier überschritten werden, denn Ziel unserer Arbeit ist es nicht, unsere eigenen Sinnsetzungen zu verstehen, sondern die von Studierenden. Wir wollen zeigen, warum Studierende denken und tun, was und wie sie eben denken und tun. Damit wollen wir die innere Funktionslogik ihrer Sinnsetzungen aufzeigen, selbst wenn es für unsere eigenen Denkmuster (und die unserer Leser/innen) unbequem wird. Forschungspraktisch gehört für uns zu diesem Vorgehen eine kommunikative Validierung durch das Feld: Forschungsergebnisse und Darstellungen wie dieser Beitrag werden vor der Veröffentlichung stets mehrfach mit Feldteilnehmern – in unserem Fall Studierenden – besprochen und entsprechend kritischer Anmerkungen überarbeitet. Ihnen allen gilt unser besonderer Dank!

Lassen Sie sich zu Beginn unseres Beitrags mitnehmen in eine Situation, die sicher jede und jeder Lehrende kennt: Sie möchten mit Studierenden einen Termin für ein Referat, eine Gruppenarbeit oder Ähnliches festlegen und erhalten die Antwort: „Da kann ich nicht, denn da hab ich ... Fußballtraining" (um eines der Klischees einer Technischen Hochschule zu bedienen). Oder auch: „Da müsste ich extra herfahren, denn da hab ich Besuch; da bin ich eigentlich im Urlaub ..." und so weiter. Irritation eins: Hatten wir nicht gedacht, dass die jungen Menschen, die sich Studierende nennen, ihr Studium wichtig nehmen und bereit sind, alles, was damit zu tun hat, an erste Stelle zu rücken?

Oder um Sie an einer unserer ‚Lieblingssituationen' teilhaben zu lassen: Nachdem wir einer Studentin ermöglicht haben, in den Kurs nachzurücken, kommt sie nach der Veranstaltung strahlend auf uns zu: „Ich bin ja so froh, dass ich den Kurs bei Ihnen belegen kann!". Wir sind begeistert: Hier scheint sich jemand gezielt für das Thema entschieden zu haben und vielleicht sogar uns als Dozentinnenteam gut zu finden – wir strahlen zurück. Doch dann die Ernüchterung: Die Studentin ergänzt: „Dann habe ich das schon mal abgehakt". Irritation zwei: Hatten wir nicht gedacht, dass die jungen Menschen, die wir Studierende nennen, ihr Studium als etwas sähen, das ihnen die Möglichkeit gibt, sich mit ihren Interessen auseinander zu setzen, anstatt ein bloßes Pflichtprogramm zu absolvieren? Und auch: Was verbirgt sich dahinter, wenn die Erleichterung einer Studentin darüber so groß ist, dass sie „etwas abhaken" kann?

Und um unsere Verwirrung zu komplettieren: Schon Wochen vor Kursbeginn, kurz nach der Veröffentlichung des Veranstaltungsverzeichnisses, gehen nicht wenige Mails ein mit der Bitte, noch detailliertere Informationen zur Verfügung zu stellen – vor allem zum exakten Arbeitsaufwand und zu Abgabefristen sowie der Frage, ob man sich bereits auf den Kurs vorbereiten könne. Irritation drei: Hatten wir nicht gedacht, dass die jungen Menschen, die man Studierende nennt, immer ein wenig in den Tag lebten und nicht alles exakt durchplanten? Und in welchem Verhältnis stehen diese akribische Befassung mit dem eigenen Stundenplan und das ‚Lernen im Voraus' zu den ersten beiden Beobachtungen?

Wer sind diese Studierenden?

Eine Möglichkeit wäre nun, sich mit der These zu begnügen, dass es eben immer schon ‚solche und solche' Studierenden gegeben, man es schlicht mit unterschiedlichen ‚Typen' zu tun und sich eigentlich überhaupt nichts geändert habe. Dem entgegen steht allerdings der empirische Befund, dass diejenigen Studierenden, die ihren Alltag streng planen und bereit sind, sich (zumindest zeitextensiv) mit ihren Studieninhalten zu befassen, nicht selten dieselben sind, die ‚etwas abhaken' wollen oder anderen Aktivitäten Priorität einräumen. Spätestens hier geraten Alltagstypologien, die lediglich ‚echte motivierte Studierende' von ‚ECTS[1]-sammelnden Mitläufern' unterscheiden, an ihre Grenzen. Auch die Vervielfachung der Studierendenzahlen in den letzten Jahrzehnten[2] und die Einführung der ‚Massenuniversität' seit den 1960er Jahren[3] lassen vermuten, dass mit solch massiven quantitativen Veränderungen qualitative Veränderungen einhergehen.[4] Aus kritisch-theoretischer Perspektive sprechen zudem jene Diagnosen gegen die Bestandsthese, die einen kulturellen Wandel an den Hochschulen auszumachen meinen – und zwar nicht nur auf der Steuerungsebene, sondern auch auf der Ebene derer, die ‚gesteuert werden' sollen: neben den Mitarbeiterinnen und Mitarbeitern also vor allem bei den Studierenden.[5]

Entsprechend stellt sich die Frage, wer denn *diese* Studierenden sind, die einem manchmal wie unbekannte Wesen vorkommen – womit sich wieder einmal bestätigt, dass man nicht in die Ferne schweifen muss, um fremde

---

1 ECTS steht für European Credit Transfer System – ein Punktesystem, mit dem die Bachelor- und Master-Studiengänge europaweit vergleichbar gemacht werden sollen. Spätestens seit endgültiger Ratifizierung der Bologna-Reform an allen europäischen Hochschulen im Jahr 2010 sollen Bachelorstudiengänge 180 ECTS-Credits und Masterstudiengänge 120 ECTS-Credits umfassen.
2 Cf. Autorengruppe Bildungsberichterstattung (Hrsg.): *Bildung in Deutschland 2014. Ein indikatorengestützter Bericht mit einer Analyse zur Bildung von Menschen mit Behinderungen*. Bertelsmann: Bielefeld 2014, retrieved 6.3.2015, http://www.bildungsbericht.de.
3 Cf. exemplarisch für Baden-Württemberg Stolle, Michael: *Universitäten und Hochschulen in Baden-Württemberg. Tradition – Vielfalt – Wandel*. (Schriften zur politischen Landeskunde Baden-Württembergs 41). Kohlhammer: Stuttgart 2015, S. 104–127, dort auch zum Begriff der Massenuniversität S. 78–79.
4 Cf. Berthold, Christian et al.: *Schwarzer Peter mit zwei Unbekannten. Ein empirischer Vergleich der unterschiedlichen Perspektiven von Studierenden und Lehrenden auf das Studium*. (Arbeitspapier CHE Centrum für Hochschulentwicklung gGmbH 141). CHE Consult GmbH: Gütersloh 2011.
5 Cf. exemplarisch Kühl, Stefan: *Der Sudoku-Effekt. Hochschulen im Teufelskreis der Bürokratie. Eine Streitschrift*. transcript: Bielefeld 2012.

Welten zu entdecken, sondern dass das Abenteuer ‚gleich um die Ecke' beginnt.[6] Wenn nicht bereits anhand des Beitragstitels, so präsentieren wir uns wohl spätestens mit diesem Hinweis als ethnografisch inspirierte Soziologinnen, die sich methodologisch begründet gerne von der eigenen Kultur befremden lassen.[7]

Ethnografie trifft traditionelle Sozialforschung

Wir verstehen Ethnografie als „(eine Art) Ethnologie der eigenen Gesellschaft"[8], welche eine bestimmte Kultur „und die darin eingelagerten Wissensbestände und -formen in das Zentrum der Aufmerksamkeit rück[t]"[9] und deren Ziel die „verstehende[.] Beschreibung von kleinen sozialen Lebenswelten, von sozial (mit-)organisierten Ausschnitten individueller Welterfahrungen"[10]

---

6   Cf. Bruckner, Pascal / Finkielkraut, Alain: *Das Abenteuer gleich um die Ecke. Kleines Handbuch der Alltagsüberlebenskunst.* Hanser: München 1981.
7   Cf. Amann, Klaus / Hirschauer, Stefan (Hrsg.): *Die Befremdung der eigenen Kultur. Zur ethnografischen Herausforderung soziologischer Empirie.* Suhrkamp: Frankfurt a.M. 1997.
8   Hitzler, Ronald: „Welten erkunden. Soziologie als (eine Art) Ethnologie der eigenen Gesellschaft". In: Beck, Ulrich / Kieserling, André (Hrsg.): *Ortsbestimmungen der Soziologie. Wie die kommende Generation Gesellschaftswissenschaften betreiben will.* Nomos: Baden-Baden 2000, S. 141–150.
9   Lüders, Christian: „Beobachten im Feld und Ethnografie". In: Flick, Uwe / Kardorff, Ernst von / Steinke, Ines (Hrsg.): *Qualitative Forschung. Ein Handbuch.* Rowohlt: Reinbek 2007, S. 390.
10 Honer, Anne: „Lebensweltanalyse in der Ethnographie". In: Flick, Uwe / Kardorff, Ernst von / Steinke, Ines (Hrsg.): *Qualitative Forschung. Ein Handbuch.* Rowohlt: Reinbek 2007, S. 195. Zum Konzept der kleinen sozialen Lebenswelten cf. Honer, Anne: *Kleine Leiblichkeiten – Erkundungen in Lebenswelten.* VS: Wiesbaden 2011, Honer, Anne: *Lebensweltliche Ethnographie. Ein explorativ-interpretativer Forschungsansatz am Beispiel von Heimwerker-Wissen.* DUV: Wiesbaden 1993 sowie Luckmann, Benita: „The Small Life-Worlds of Modern Man". *Social Research* 37 (4), 1970, S. 580–596. *Klein* sind diese Welten nicht etwa, weil sie grundsätzlich nur kleine Räume betreffen oder nur aus wenigen Mitgliedern bestehen. *Klein* werden sie vielmehr deshalb genannt, weil in ihnen die Komplexität möglicher Relevanzen fokussiert ist auf bestimmte Relevanzen und Relevanzhierarchien. *Sozial* werden kleine soziale Lebenswelten genannt, weil diese Relevanzsysteme intersubjektiv jeweils verbindlich sind für die gelingende Partizipation. Sie lassen sich verstehen als durch die Interpretation

ist.¹¹ Methodisch bedeutet diese Art der Forschung, „praktische[.] Teilnehmer-Erfahrungen mit feldrelevanten Daten *aller Art*"¹² zu verknüpfen.¹³ Zum einen sind wir also vor Ort und beobachten, führen Gespräche mit Studierenden (und Dozierenden), befassen uns mit studentischen Medien wie Fachschaftsmagazinen, sind – durchaus in unterschiedlichen Rollen (mal als Dozentin, mal als ‚Quasi-Studentin') – in Lehrveranstaltungen, bei Hochschulgruppen, Partys oder studentischen Gremien mit dabei usw. Wir versuchen schlicht, uns möglichst intensiv mit Studierenden zu umgeben und zumindest temporär in den studentischen Alltag einzutauchen.¹⁴

---

der eigenen Lebensplanung motivierte, thematisch begrenzte Relevanzsysteme sozialen Handelns.
11 Zu diesem Ethnografieverständnis cf. auch Kunz, Alexa M.: „Log- und Tagebücher als Erhebungsmethode in ethnographischen Forschungsdesigns". In: Hitzler, Ronald / Gothe, Miriam (Hrsg.): *Ethnographische Erkundungen. Methodische Aspekte explorativ-interpretativer Forschungsprojekte*. VS: Wiesbaden 2015, S. 141–162; zur Unterscheidung verschiedener Ethnographien cf. Hitzler, Ronald / Gothe, Miriam (Hrsg.): *Ethnographische Erkundungen. Methodische Aspekte explorativ-interpretativer Forschungsprojekte*. VS: Wiesbaden 2015.
12 Hitzler 2000, S. 144; Hervorh. i.O.
13 Ethnografie ist damit ein ausgesprochen offenes, methodenplurales, unterschiedliche Verfahren der Datenerhebung und -auswertung kontextangemessen integrierendes Forschungsprogramm (cf. Dellwing, Michael / Prus, Robert: *Einführung in die interaktionistische Ethnografie. Soziologie im Außendienst*. VS: Wiesbaden 2012, S. 9, S. 12; Breidenstein, Georg et al.: *Ethnografie. Die Praxis der Feldforschung*. UTB: Konstanz 2013, S. 34, S. 39; Hitzler 2000, S. 143; Lüders 2007, S. 394).
14 Wenn von „wir" die Rede ist, ist damit v.a. Stefanie Enderle gemeint, die das aus BMBF-Mitteln geförderte Projekt „Studierkulturen unter Großforschungsbedingungen" bearbeitet. Alexa Maria Kunz und ein weiterer Kollege, Felix Albrecht, sind in anderen Projektzusammenhängen ebenfalls mit Studierendenforschung befasst und stehen in kontinuierlichem Austausch miteinander. Unterstützt wird das Team durch mehrere studentische Hilfskräfte, die u.a. eine wichtige Funktion für den Feldzugang erfüllen und an Veranstaltungen, an denen akademischen Mitarbeiter/innen die aktive Teilnahme verwehrt bleibt (e.g. der so genannten Orientierungs-Phase, die zu Beginn des Studiums von den Fachschaften für ihre Erstsemester veranstaltet wird), beobachtend teilnehmen. Die hier dargestellten Ergebnisse sind aufgrund der noch andauernden Projektlaufzeit insbesondere mit Blick auf theoriebildende Aspekte noch als vorläufig zu verstehen und geben

Zum anderen führen wir gezielt als solche erkennbare, eher dem Bereich der ‚traditionellen Sozialforschung' zuzuordnende Untersuchungen durch, von denen wir zum einen hier auf die so genannte *My Campus*-Studie rekurrieren, mittels der u.a. studentische Raumnutzungstypen sowie grundlegende Studienorientierungen rekonstruiert werden konnten.[15] Zum anderen beziehen wir uns in diesem Beitrag auf Ergebnisse der Repräsentativbefragung *My Agenda,* die sich der Zeitbudgetierung und dem Belastungsempfinden von Studierenden in der vorlesungsfreien Zeit (= der Klausurenphase) widmete und in zwei aufeinander folgenden Jahren von uns durchgeführt wurde.[16]

Um zu verstehen, was Studieren aus Sicht der Studierenden bedeutet, nehmen wir also zum einen objektivierte Sachverhalte wie Zeitverwendung und ‚workload' in den Blick, fragen aber im Gegensatz zu einer rein standardisierten Forschung darüber hinaus nach den Relevanzen der Studierenden und ihrer Anordnung. Wir fragen nach dem, was der Studierende als sozialer Typus in seiner Welt erfährt und was ihm davon wichtig ist, wobei sich die im Folgenden dargestellten Ergebnisse auf zwei Schwerpunkte konzentrieren: *fachspezifische kleine soziale Lebenswelten* zum einen sowie einen gemeinsamen Wirklichkeitsbereich, der ‚quer' zu den Fächern liegt und auf eine gemeinsame, *alltägliche studentische Lebenswelt* hinweist (im Folgenden als ‚studentische Lebenswelt' bezeichnet).[17] Im Sinne einer

---

Einblick in ein ‚work in progress'. Stellen, an denen noch empirische oder theoretische Arbeit zu leisten ist, sind als solche kenntlich gemacht.

15 Cf. Gothe, Kerstin / Pfadenhauer, Michaela: My Campus – Räume für die ‚Wissensgesellschaft'?. Raumnutzungsmuster von Studierenden. VS: Wiesbaden 2010 sowie Eichholz, Daniela / Kunz, Alexa M.: „»My Campus Karlsruhe«. Zur Rekonstruktion studentischer Raumnutzungsmuster mittels Logbuch-Verfahren". In: Schröteler-von Brandt, Hildegard et al. (Hrsg.): *Raum für Bildung. Ästhetik und Architektur von Lern- und Lebensorten.* transcript: Bielefeld 2012, S. 61–71.

16 Cf. Enchelmaier, Meike / Kunz, Alexa M.: „Zur Zeitverwendung von Bachelor-Studierenden in der vorlesungsfreien Zeit". *Journal of New Frontiers in Spatial Concepts* (4), 2012, S. 44–47.

17 Zum Begriff der alltäglichen Lebenswelt cf. Schütz, Alfred / Luckmann, Thomas: *Strukturen der Lebenswelt.* UVK: Stuttgart 2003 / 1975: Diese „ist der Wirklichkeitsbereich, an der der Mensch in ausweichlicher, regelmäßiger Wiederkehr teilnimmt. Die alltägliche Lebenswelt ist die Wirklichkeitsregion, in die der

solchen, lebensweltanalytisch-ethnografisch orientierten Sozialforschung wollen wir mit diesem Beitrag Einblicke in studentische Lebenswelten geben, um besser verstehen zu können, mit wem wir es zu tun haben, wenn wir über Studierende reden, Curricula für sie entwerfen und gemeinsam mit ihnen arbeiten.

Forschungsfeld KIT

Da wir das ‚Abenteuer um die Ecke' nicht nur metaphorisch verstanden wissen wollen, berichten wir von Ergebnissen unserer Forschungen, die wir am Karlsruher Institut für Technologie (KIT), und damit sozusagen vor unserer eigenen ‚Haustür' vornehmen.[18]

Zunächst zu dieser institutionellen Seite: Das KIT ist nicht erst seit dem Zusammenschluss der ehemaligen Universität Karlsruhe (TH) und dem Forschungszentrum in der Helmholtz-Gemeinschaft im Jahr 2009 eine ausgesprochen forschungsstarke Einrichtung, die sich das Prinzip der

---

Mensch eingreifen und die er verändern kann, indem er in ihr durch die Vermittlung seines Leibes wirkt. Zugleich beschränken die in diesem Bereich vorfindlichen Gegenständlichkeiten und Ereignisse, einschließlich des Handelns und der Handlungsergebnisse anderer Menschen, seine freien Handlungsmöglichkeiten. Sie setzen ihm zu überwindende Widerstände wie auch unüberwindliche Schranken entgegen. Ferner kann sich der Mensch nur innerhalb dieses Bereichs mit seinen Mitmenschen verständigen, und nur in ihm kann er mit ihnen zusammenwirken. Nur in der alltäglichen Lebenswelt kann sich eine gemeinsame kommunikative Umwelt konstituieren. Die Lebenswelt ist folglich die vornehmliche und ausgezeichnete Wirklichkeit des Menschen. Unter alltäglicher Lebenswelt soll jener Wirklichkeitsbereich verstanden werden, den der wache und normale Erwachsene in der Einstellung des gesunden Menschenverstandes als schlicht gegeben vorfindet. Mit >schlicht gegeben< bezeichnen wir alles, was wir als fraglos erleben, jeden Sachverhalt, der uns bis auf weiteres unproblematisch ist" (S. 29). Nicht zu verwechseln mit dem Verständnis von Lebenswelt im Sinne eines egologischen Gebildes nach Edmund Husserl (cf. Honer 1993, S. 14–15).

18 Aufgrund ähnlicher Befunde von Kolleginnen an anderen Standorten (cf. e.g. Hasse, Cathrine: "An Anthropolgy of Learning in Epistemic Cultures". In: Langemeyer, Ines / Fischer, Martin / Pfadenhauer, Michaela (Hrsg.): *Epistemic and Learning Cultures at the University of the 21st Century*. Beltz Juventa: Weinheim (im Erscheinen) ist allerdings anzunehmen, dass unsere Ergebnisse einen mittleren Generalisierungsgrad aufweisen und das KIT somit eine Art ‚Stellvertreterfunktion' zumindest für Hochschulen eines ähnlichen Typus einnimmt.

forschungsorientierten Lehre explizit in die Statuten geschrieben hat.[19,20] Es handelt sich um eine Hochschule mit deutlich ausgeprägt technisch-naturwissenschaftlichem Profil, an der rund 22.600 Studierende mit einem Anteil ausländischer Studierender von rund 17% eingeschrieben sind.[21] Die größten der rund 90 Studiengänge an den 11 Fakultäten sind Maschinenbau, Wirtschaftsingenieurwesen, Informatik, Elektrotechnik und Informationstechnik, Bauingenieurwesen und Physik.[22] Angesichts der deutschen Bildungstradition im MINT-Bereich verwundert es daher nicht, dass bei diesem Profil ein Anteil männlicher Studierender von durchschnittlich 72% zu verzeichnen ist.[23]

Studentische Grundorientierungen

Die *eine* Relevanz, die all diese Studierenden – unabhängig von ihrem fachlichen Hintergrund, ihrem Geschlecht, ihrer Studienphase, ihrer nationalen und sozialen Herkunft – miteinander verbindet, ist es, dem formalen

---

19 Cf. dazu das Leitbild für Studium und Lehre, retrieved 6.3.2015, http://www.pst.kit.edu/452.php.
20 Zur Besonderheit der Fusion von Universität und Großforschungseinrichtung sowie der Frage wie kompatibel (Groß)Forschung mit dem heutigen Studieren ist, cf. Pfadenhauer, Michaela / Enderle, Stefanie / Albrecht, Felix: „Cultures of Studying under Conditions of Big Science. The Case of KIT". In: Langemeyer, Ines / Fischer, Martin / Pfadenhauer, Michaela (Hrsg.): *Epistemic and Learning Cultures at the University of the 21st Century*. Beltz Juventa: Weinheim (im Erscheinen).
21 Zahlen laut KIT-Studierendenstatistik SS 2014, retrieved 6.3.2015, http://www.kit.edu/downloads/Statistik_SS2014.pdf; Studierende inkl. 878 Promovierende, wobei Promovierende in unseren sonstigen Forschungen nicht eingeschlossen sind.
22 Anzahl der im WS 2013/14 als Erstfachstudierende immatrikulierten Studierenden nach Studiengängen: Physik: 1.171 Studierende, Bauingenieurwesen: 1.240 Studierende, Elektrotechnik und Informationstechnik: 1.745 Studierende, Informatik: 2.436 Studierende, Wirtschaftsingenieurwesen: 3.166 Studierende und Maschinenbau: 4.022 Studierende.
23 Dieser variiert allerdings stark zwischen den Studiengängen, wie sich an folgenden Studiengängen exemplarisch zeigt: Im Studiengang Architektur sind rund 35% männliche Studierende eingeschrieben, in den Geistes- und Sozialwissenschaften rund 40%, im Wirtschaftsingenieurwesen rund 74%, in der Physik rund 80% und im Maschinenbau rund 88%.

Anspruch nachkommen zu wollen, eine für den entsprechenden Studienabschluss notwendige Anzahl an ECTS-Punkten zu erwerben.[24] Nicht mehr, und nicht weniger – oder wie es neulich ein Dozent provokant formulierte: „Seit Bologna können alle bis 180 rechnen". Aber: Wer kann es den Studierenden denn verdenken, sich im Dschungel von Prüfungsordnungen, Modulhandbüchern, learning agreements, unterschiedlichen Einschreibefristen an verschiedenen Instituten und Motivationsschreiben für einzelne Lehrveranstaltungen an dieser ‚einen verlässlichen Größe' von 180 ECTS für einen Bachelorstudiengang bzw. 120 ECTS-Punkte für einen Masterstudiengang zu orientieren? Selbst die Vermutung, dass so mancher 'Alt-Diplomer' oder 'Alt-Magister' sich ebenfalls dankbar an einer eindeutigen Zahl orientiert hätte, wenn seinerzeit ein Punktesystem existiert hätte, liegt wohl nicht ganz fern. Nicht zuletzt die Einführung jener ECTS-Punkte wird jedoch von Kritikern dafür verantwortlich gemacht, dass sich das Studium zu einer rein bürokratischen Angelegenheit entwickele[25] und nicht länger eine (Selbst-)Erprobungsphase sei. Studierende von heute würden vielmehr möglichst effizient auf ein bestimmtes Bildungsziel hinarbeiten, das für sie eine Etappe auf ihrem Karriereweg darstelle.[26]

Obgleich alle Studierenden die Relevanz des ECTS-Erwerbs teilen und eine Orientierung an einer planbaren Größe wie den ECTS-Punkten nur allzu nachvollziehbar ist, gilt unseren Befunden zufolge die Diagnose vom Verlust der Erprobungsmöglichkeit oder auch -willigkeit gerade nicht für alle Studierenden, wie die beiden unterschiedlichen Grundorientierungen der Studiengestaltung zeigen, die wir in unserer *My Campus*-Studie rekonstruieren konnten: Unseren so genannten *Convenience-Studierenden* ist es

---

24 Der Vollständigkeit wegen: Dies gilt nicht für Personen, die keinen Abschluss erwerben wollen, sondern ausschließlich aus formaljuristischen Gründen eingeschrieben sind und sich darüber den Studierendenstatus sichern. Schätzungen darüber, wie hoch oder niedrig diese Dunkelziffer ist, liegen bislang nur für den Bereich der Promovierenden vor (cf. Moes, Johannes: *Weiterentwicklung der wissenschaftlichen Nachwuchsförderung in Sachsen-Anhalt. Studie der HIS GmbH im Auftrag des WZW.* (WZW-Arbeitsberichte 3). Wissenschaftszentrum Sachsen-Anhalt Wittenberg: Wittenberg 2011, S. 14), die wir hier nicht zu den Studierenden zählen.
25 Cf. Kühl 2012.
26 Cf. Brandt, Reinhard: *Wozu noch Universitäten?. Ein Essay.* Meiner: Hamburg 2011, S. 159.

sehr wohl wichtig, nicht ‚nur zu studieren', sondern aus dem Studium auch eine ‚schöne Zeit' zu machen. Neben dem zu absolvierenden ‚Pflichtprogramm' versuchen sie, ihren Studienalltag möglichst komfortabel zu gestalten, indem sie Wert auf entsprechende Ausgleichsaktivitäten wie Freunde treffen, ‚chillen' oder die Mitarbeit in einer Hochschulgruppe – die aus ihrer Perspektive eine ‚angenehme Abwechslung' darstellt – legen.[27]

Ganz im Gegensatz zum genannten *Efficializing-Studierenden*, auf den dies/die geschilderte Karriereorientierung viel eher zutrifft: Hier gilt das Motto ‚Der Tag ist kurz: Ich habe keine Zeit zu verlieren!'. Sämtliche Aktivitäten werden möglichst zeiteffizient geplant, der Studienalltag ist durchorganisiert. Pausen bzw. freie Blöcke zwischen den Veranstaltungen gilt es zu vermeiden; gibt es sie dennoch, werden sie für andere studienrelevante Tätigkeiten genutzt.[28]

Damit kein falscher Eindruck entsteht: Auch die *Efficializer* trifft man in Hochschulgruppen und Fachschaften an – aber mit anderen Motiven. Anders als beim *Convenience-Studierenden* gehört es für sie nicht zum ‚studentischen Flair', sich ehrenamtlich zu betätigen, sondern extracurriculare Tätigkeiten stellen eine Notwendigkeit zur Erschließung beruflich relevanter Netzwerke und für den Nachweis von Belastbarkeit und Bereitschaft zum Engagement im Lebenslauf dar. Eine Fachrichtung wiederum, in der diese *Efficializing*-Orientierung besonders ausgeprägt ist, ist die des Wirtschaftsingenieurwesens. Für „WiWis", wie sich die Studierenden selbst nennen,[29] ist neben dem Erlangen von Fachwissen das Organisieren sowie das Optimieren ein zentraler Bestandteil des Studiums. Den Aufwand, den sie für das Studium aufbringen, unterziehen sie – genauso wie sie es in einer BWL-Vorlesung lernen – permanent einer Kosten-Nutzen-Kalkulation, um das Studium möglichst effizient zu gestalten. Studienschwerpunkte und zusätzliche Leistungen wie Praktika oder ehrenamtliche Tätigkeiten wählen sie mit dem Ziel aus, sich bestmöglich für das Berufsleben zu qualifizieren. Vorrangig ist hierbei die Nachweisbarkeit von Leistung über

---

27 Cf. Gothe / Pfadenhauer 2010, S. 81–84.
28 Cf. ibid., S. 84–86.
29 Da hier die Perspektive derjenigen, die beforscht werden, im Vordergrund stehen soll, verwenden wir im Folgenden ebenfalls die Bezeichnung „WiWi" als Ethno-Begriff für Studierende des Wirtschaftsingenieurwesens.

das Sammeln von Zertifikaten und Referenzen, da nur nachweisbare Qualifikationen als relevant gelten. Diese Relevanzen und ihre Priorisierung innerhalb des Studiums sind ein weitgehend geteilter Wissensbestand in der Lebenswelt der WiWis. Vermittelt wird dieses Wissen vor allem von Studierenden höherer Semester – wobei insbesondere die Fachschaft eine wichtige Funktion einnimmt: Im Fachschaftsmagazin werden über Artikel mit Titeln wie „How to WiWi" oder „How to Studium" Newcomern Handlungsorientierungen über „do's and dont's" im universitären Alltag an die Hand gegeben.

Abbildung 1: Fachschaftsmagazin Wi2, Ausgabe Juli 2012, Rubrik „How to WiWi"

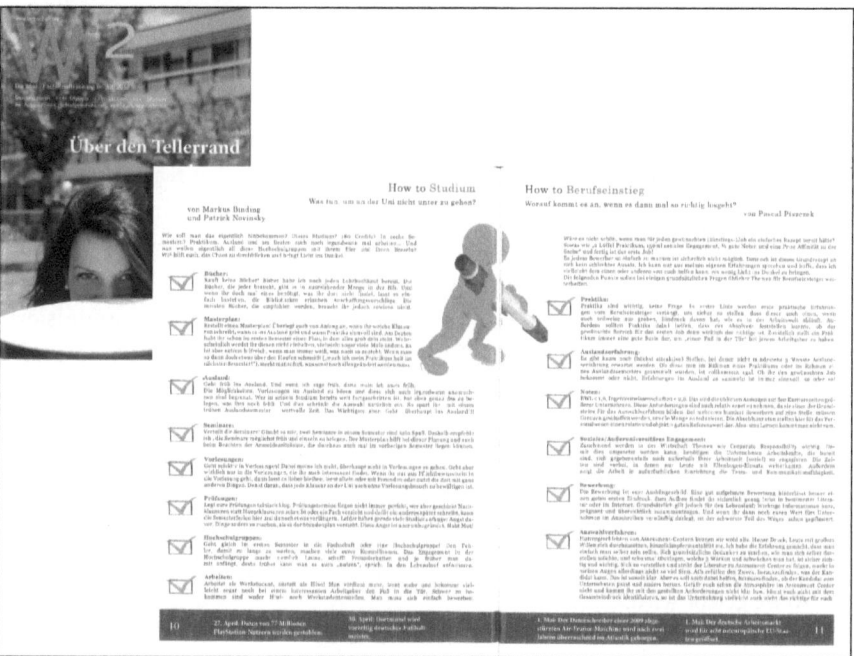

Als besonders gemeinschaftsstiftend erweist sich die einwöchige O(rientierungs)-Phase vor Studienbeginn: In ritualförmigen kommunikativen Handlungen wie dem gemeinsamen Feiern und Trinken wird hier sichtbar situativ Gemeinschaft hergestellt. Vor allem aber wird über Teambildung, Spieldynamiken und starke Symbole wie einer eigenen Hymne ein

Zusammenhalt erzeugt, der sich zum Teil über das ganze Studium hinweg als stabil erweist.[30]

Auch wenn sich das exzessive Feiern meist durch die gesamte Studienzeit zieht, darf nicht der Eindruck entstehen, die Studierenden würden das Studium auf Kosten des Feierns vernachlässigen. Das Studium ist anspruchsvoll und zeitintensiv, wie die Ergebnisse von *My Agenda* belegen: Mit einem durchschnittlichen Zeitbudget von 40 Lern-/Arbeitsstunden pro Woche in den Semesterferien zählt es im Vergleich mit Studiengängen anderer Fakultäten zu den zeitaufwändigsten. Rund ein Viertel der Studierenden (24,1%) wendet in den ‚Ferien' 40 bis 60 Stunden pro Woche für studienbezogene Aktivitäten auf; weitere 12,4% sogar 60 bis über 80 Stunden. Das Studium des Wirtschaftsingenieurwesen folgt vielmehr dem Motto ‚work hard, play hard' – so genanntes ‚hartes Feiern' wird als der notwendige Ausgleich zum ‚harten Studium' angesehen.[31]

Die Strukturiertheit, die bei der Organisation eines solch dichten Studienalltags an den Tag gelegt wird, durchzieht sämtliche Bereiche: Die Kommunikation in der Fachschaftssitzung wird durch ein Kartensystem in Ampelfarben organisiert, um möglichst schnell und effektiv zu einem Ergebnis zu kommen. Das Fachschaftsmagazin macht einen ausgesprochen professionellen Eindruck und wird über Werbeanzeigen namhafter Unternehmen finanziert, und selbst die Folgen des exzessiven Feierns werden organisiert, indem erfahrene Tutorinnen und Tutoren während der erwähnten O-Phase die neuen Studierenden darauf hinweisen, stets ausreichend zu essen und

---

30 Auf youtube finden sich unter dem Suchbegriff „O-Phase" auch zahlreiche Videos zu dem Thema. Darüber wird nicht zuletzt ersichtlich, dass es sich nicht um ein Spezifikum der Karlsruher Studierendenschaft handelt, sondern dass diese Art der Hochschulsozialisation an anderen Standorten in sehr ähnlicher Weise gelebt wird.

31 Genauso wenig darf das Sporttreiben vor den Fakultätsgebäuden von meist männlichen Studierenden oder das Sonnenbad der weiblichen Studierenden auf der Wiese nicht als Ausdruck von ‚Laziness' verstanden werden: Die körperliche Ertüchtigung oder das Relaxen haben vielmehr die Funktion, die für das ‚anstrengende Leben als WiWi' notwendige Fitness zu erhalten und wer von außen betrachtet einfach nur ‚abhängt', hat es sich in der Selbstwahrnehmung ganz sicher irgendwie ‚verdient'. Auf die ausgesprochen interessante Thematik der Geschlechterbilder in den Studiengängen, die bei diesem Hinweis mitschwingt, kann an dieser Stelle nicht vertiefend eingegangen werden.

nicht-alkoholische Getränke zu sich zu nehmen. Auch die Busfahrer, die die Studierenden zu entsprechenden Partylocations und zurück befördern, sind entsprechend vorbereitet. Mit Blick auf das spätere Berufsleben von Wirtschaftsingeniereur/innen. Wenig verwunderlich ist damit auch, dass Studierende, die eher eine *convenience*-orientierte Studienhaltung an den Tag legen, in diesem Umfeld einer starken Zerreißprobe ausgesetzt sind – genauso wie sich andererseits *efficializing*-orientierte Studierende in den Geistes- und Sozialwissenschaften eher legitimieren müssen, da es dort zum ‚guten Ton' gehört, gerade nicht alles einem Optimierungs- und Effizienzgedanken zu unterstellen. Zusammenfassend lässt sich somit festhalten: Zentrale Lehrveranstaltungen, in denen kanonische Wissensbestände (wie hier etwa Modelle der Effektivitäts- und Effizienzsteigerung) vermittelt werden, erweisen sich ebenso wie die Fachschaften mit ihren je spezifischen Arbeitsstilen, Medien und Feierkulturen als konstitutives Element für die kleine soziale Lebenswelt von Studierenden dieses Faches. Dass es sich bei diesem Befund *nicht* um ein Spezifikum der WiWis handelt, zeigt sich etwa im Vergleich mit Studierenden der Physik, für die gänzlich andere Wissensbestände und Orientierungen relevant sind. Die Mechanismen und Anlässe, bei denen und auf welche Weise diese vermittelt werden, sind jedoch die gleichen:

Während für die WiWis das Praktikum sowie der Einstieg in ein außeruniversitäres Berufsfeld zentrale Themen darstellen, behandeln Physik-Studierende in ihren Fachschaftsmagazinen Themen mit Bezug zu wissenschaftlicher Forschung, wie etwa Berichte über Summer Schools oder Abhandlungen über die ethische Verantwortung des Forschers. Über Artikel mit solchen Titeln wie „Verantwortung in der Naturwissenschaft – Wer denkt bei der Forschung auch an ihre Folgen?" vermitteln sie sich gegenseitig medial bereits während des Studiums das Berufsbild des Wissenschaftlers. Sie selbst bezeichnen sich als die „Geisteswissenschaftler unter den Naturwissenschaftlern", was sich auch in Freizeitaktivitäten wie dem Physiker-Theater oder dem Physiker-Chor der Studierenden am KIT widerspiegelt.

Die Darstellung der Themen findet dabei häufig in einer Form statt, in der sich die Studierenden alles andere als mit der auf Professionalität zielenden Darstellung der WiWis präsentieren. In ihrer mit sehr einfachen technischen wie finanziellen Mitteln hergestellten Fachschaftszeitung zeigen sie sich vielmehr als ‚Nerd' und stilisieren sich nahezu selbstironisch. Auf den Covern der Fachschaftszeitung werden beispielsweise Science Fiction-Elemente aufgegriffen (cf. Abb. 2), und nicht selten finden sich augenzwinkernde Kommentare darüber, dass Physiker die Weltformel besitzen würden.

Abbildung 2: Die Eule – das ‚Maskottchen' der Physiker – verkleidet als Jedi Ritter aus Star Wars[32]

Viele der Texte sind zudem stark indexikal formuliert, so dass ein Außenstehender kaum in der Lage ist einzuschätzen, ob es sich um ironisierende Darstellungen handelt oder nicht. Diese ‚Nerdkultur' ist auch über das KIT hinaus zu beobachten. So berichtete eine Kollegin der Universität Aarhus (Dänemark)[33] über den immer wiederkehrenden Verweis auf die Zahl 42 in den Gesprächen Physik-Studierender, auf den auch wir gestoßen waren: Dieser Hinweis auf den ‚Hitchhiker's Guide to the Galaxy'[34], bei dem die

---

32 Quelle Filmplakat retrieved 17.3.2015, http://www.jedipedia.de/wiki/Episode_VI_-_Die_Rückkehr_der_Jedi-Ritter.
33 Cf. Hasse (im Erscheinen).
34 Adams, Douglas: *The Hitchhiker's Guide to the Galaxy*. Del Rey Books: New York 1995.

Zahl 42 für die Antwort auf die Frage „nach dem Leben, dem Universum und dem ganzen Rest" steht, ist unter den Physikstudierenden ein gemeinsam geteilter Wissensbestand, der nur gegenüber Außenstehenden expliziert werden muss. Auch die kleine soziale Lebenswelt der Phsyikstudierenden ist mit Blick auf das spätere Berufsleben sehr funktional: Im Gegensatz zu den Wirtschaftsingenieuren geht es bei ihnen gerade nicht darum, an sämtliche Branchen anschlussfähig zu sein. Viel wichtiger ist die Pflege eines hochgradig ausdifferenzierten Spezialistentums. Auch wenn dieses Ideal aus der eigenen Fachcommunity bisweilen kritisch betrachtet wird: Im Zweifel gilt es als Qualitätsausweis, dass selbst andere Physiker/innen einen nicht verstehen und man sich nur mit wenigen anderen Fachkollegen aus der ganzen Welt 'wirklich verständigen' kann.

Auch in Bezug auf den Umgang mit ihren Zeitbudgets sind bei Physikstudierenden Besonderheiten festzustellen: Mit einem durchschnittlichen Zeitaufwand von 26 Stunden/Woche für studienbezogene Tätigkeiten haben sie unter allen Studierenden den geringsten Zeitaufwand in den Semesterferien. Dies wird strukturell dadurch begünstigt, dass viele Studienleistungen wie Laborpraktika in der Vorlesungszeit geleistet werden und nicht einfach nach dem eigenen Zeitplan absolviert werden können. Eine so klare Zuordnung zu einer grundsätzlichen Studienorientierung wie bei den WiWis lässt sich bei den Physikern jedoch nicht erkennen. Unter den Studierenden finden sich ohne nennenswerte Bevorzugungen bzw. Ablehnungen sowohl die *Convenience-* als auch die *Efficializing-* Orientierung und strukturelle Vorgaben begünstigen weder die eine noch die andere Orientierung. Entsprechend lässt sich unsere vorherige Feststellung präzisieren: Zentrale Lehrveranstaltungen sowie fachschaftsspezifische Arbeitsstile, Medien und Feierkulturen konstituieren die kleine soziale Lebenswelt von Studierenden dieses Faches zwar mit. Die Betrachtung des Fachs und dessen Spezifika *alleine* reichen aber nicht aus, um die alltägliche Lebenswelt von Studierenden zu verstehen.

Über diese Unterscheidung von 1. der alltäglichen Lebenswelt von Studierenden (= studentische Lebenswelt) und 2. den kleinen sozialen Lebenswelten von Studierenden lassen sich dann auch die zu Beginn dieses Beitrags formulierten Irritationen auflösen und Fragen nach der Konsequenz dieser Erkenntnisse für die Gestaltung insbesondere fachübergreifender Curricula stellen.

Die alltägliche Lebenswelt von Studierenden

Die alltägliche, studentische Lebenswelt lässt sich als die Gesamtheit dessen vorstellen, was Studierenden typischerweise als fragloser und selbstverständlicher Alltag erscheint. Dieser Wirklichkeitsbereich, den alle Menschen teilen, die von sich selbst und Anderen als Studierende bezeichnet werden und den wir zu Beginn bereits unter dem Begriff der ‚studentischen Lebenswelt' eingeführt haben, ist ausgesprochen überschaubar. Es ist ein kleinster gemeinsamer Nenner, der alle Studierenden verbindet, und dieser ist zunächst recht formaler Natur: Das, was alle Studierenden gemeinsam haben, ist ein formal-rechtlicher Status. Um diesen zu erwerben, muss man zuvor bestimmte Qualifikationen nachgewiesen und sich – teils nach einem zusätzlichen Auswahlverfahren – an einer (meist staatlich legitimierten) Studieneinrichtung für einen bestimmten Studiengang eingeschrieben haben. Hat man den Studierendenstatus erworben, ergeben sich daraus bestimmte bildungsrechtliche, versicherungstechnische und finanzielle Rechte und Pflichten. Aus studentischer Perspektive sind es vor allem die Pflichten, mit denen man sich ab dem Studienbeginn – in dem von uns dargestellten Forschungsfeld spätestens, wenn die O-Phase vorbei ist – konfrontiert sieht. Bereits die Aufnahme eines Studiums stellt typischerweise für Studierende mehr oder minder die logische Konsequenz daraus dar, dass sie zuvor die Allgemeine Hochschulreife erworben haben, so dass der Charakter der Freiwilligkeit und der mit einem Studium einhergehenden Möglichkeiten und Rechte in der studentischen Perspektive in den Hintergrund treten.[35]

---

35 Relevanztechnisch gesprochen liegen hier auch die in der Vergangenheit begründeten Weil-Motive und nicht nur die in die Zukunft gerichteten Um-zu-Motive auf der Hand (ausführlich zu Relevanzen cf. Schütz / Luckmann 2003 / 1975, S. 252–312): Man studiert, weil es heutzutage in Deutschland eine bildungsbiografische Selbstverständlichkeit darstellt, zu studieren, wenn man Abitur hat (weil man sich das Abitur hätte „sparen können", wenn man nicht studieren will); weil ein Studium „etwas Gutes" ist usw. Ein gemeinsames Um-zu-Motiv von Studierenden ist die bereits zu Beginn erwähnte Absicht, einen „Abschluss zu machen". Wozu genau dieser dann dienen soll – um einen Beruf auszuüben, Geld zu verdienen, sich selbst zu verwirklichen, angesehen zu werden usw. – differiert wiederum (cf. Ramm, Michael et al.: *Studiensituation und studentische Orientierungen. 12. Studierendensurvey an Universitäten und Fachhochschulen. Kurzfassung.* Bundesministerium für Bildung und Forschung: Bonn / Berlin

Die diffuse Mischung aus Hoffnungen und Ängsten, aus Freude und Neugier, mit denen die Studierenden an die Hochschule kommen, wandelt sich nahezu über Nacht in eine Art Pflichterfüllungsdruck und Betroffenheit von Bürokratie, der sie sich ausgesetzt sehen. Das Greifbarste in der Unübersichtlichkeit aus Studienordnungen, Modulhandbüchern, Stundenplänen, Seminarplatzvergaberegelungen und der allgemeinen Heraus- bzw. bisweilen Überforderung, die Vorlesungsinhalte in Einklang zu bringen mit dem, was man sich vom Studium erwartet hatte – also dem ‚was man eigentlich studieren will' –, sind die zu Beginn erwähnten ECTS. Sie stellen eine eindeutige, für alle Studiengänge gültige und messbare Bezugsgröße dar, und die Formulierung „Gibt's da einen Schein für?" steht verkürzt für die Frage: „Gibt es dafür ECTS-Punkte und wenn ja, wie viele?".

Hinzu kommen weitere grundlegende organisatorische Rahmenbedingungen sowie das Vorhandensein bestimmter Rollen, die eine Selbstverständlichkeit für Studierende darstellen: Es steht außer Frage, dass es Kommilitonen einerseits sowie akademische Mitarbeiter/innen und Professoren/innen andererseits gibt. Welche Rollenerwartungen an die jeweiligen Träger_innen gestellt werden bzw. was dies für den konkreten Umgang miteinander bedeutet, ist in unterschiedlichen Fakultäten und Studiengängen allerdings dermaßen unterschiedlich, dass hier nur auf einer recht abstrakten Ebene von einer studentischen Lebenswelt die Rede sein kann.[36]

2014, S. 15). Diese Selbstverständlichkeit, das Studium als eine logische Konsequenz aus der bisherigen Bildungsbiografie zu sehen und das Studium eher als Pflichterfüllung zu sehen, dürfte auf einen Großteil, aber dennoch nicht für alle Studierenden – nicht einmal in unserem Feld – zutreffen, so dass bereits hier die Frage zu stellen ist, ob der Begriff *der* studentischen Lebenswelt dafür noch zutreffend ist. Zu denken ist etwa an Studierende, die aus geografischen und/oder biografischen Kontexten kommen, in denen Studieren weit weniger selbstverständlich ist, und die ‚Lernen müssen' und ‚Klausuren bestehen müssen' weniger als Pflichten denn als Möglichkeiten begreifen. Hierin könnte eine Unterscheidung für verschiedene studentische Lebenswelten liegen; auf Basis der aktuellen Forschungsergebnisse wäre es jedoch verfrüht, dies abschließend zu behaupten, weshalb hier zunächst die Unterscheidung zwischen einer studentischen Lebenswelt und mehreren kleinen sozialen Lebenswelten von Studierenden aufrecht erhalten werden soll.

36 Hier ist von einem nahezu kollegialen Umgang von Professoren mit Studierenden bis zum stark hierarchisch organisierten Miteinander, von der 1:1-Betreuung im

Gleiches gilt für Lehrveranstaltungs- und Prüfungsformate: Für Studierende ist es selbstverständlich, *dass* es bestimmte Veranstaltungen gibt und *dass* man entsprechende Leistungen erbringen muss, um im Studienverlauf voranzukommen. Wie diese Formate jedoch konkret aussehen, ist ebenfalls in Abhängigkeit sowohl vom Studienfach als auch von den Präferenzen der jeweiligen Lehrverantwortlichen derart heterogen, dass Studierende, die zum Beispiel im Rahmen einer Wahlpflichtveranstaltung einen Kurs in einem anderen Studienfach belegen, häufig den Eindruck haben, eine ‚völlig andere Welt' zu betreten.[37]

Den organisatorischen Rahmenbedingungen wie ECTS-Punkten, Veranstaltungs- und Prüfungsformaten gemeinsam ist deren strukturierender Charakter insbesondere in Bezug auf die studentische Zeitverwendung. Wie die empirischen Befunde aus *My Agenda* zeigen, gelten für Studierende die Zeitinstitutionen eines außeruniversitären Alltags nicht: Jenseits des Mittelwerts existieren weder ein 8-Stunden-Tag noch eine 40-Stunden-Woche, ebenso wenig wie ein eindeutiges Wochenende und ein reguläres Urlaubsverhalten.[38] Der Alltag von Studierenden wird durch eigene Zeitinstitutionen wie Klausurenphasen und Abgabe- oder Präsentationstermine strukturiert, die nicht selten mit außerhochschulischen Zeitinstitutionen in Konflikt geraten – was etwa dann ins Bewusstsein tritt, wenn Studierende bemerken, dass die Fahrradwerkstatt und der Supermarkt geschlossen haben, wenn sie selbst ‚endlich Zeit' haben (dass an Hochschulen generell andere Zeitregime gelten als ‚in der Welt da draußen', können sicher nicht nur Studierende bestätigen). Soweit unsere bisherigen Forschungsergebnisse dies zulassen, ist damit allerdings die Grenze dessen, was allen Studierenden typischerweise gemeinsam ist und damit als studentische Lebenswelt bezeichnet werden

---

    face-to-face-Austausch bis zum ausschließlich über wissenschaftliche Mitarbeiter vermittelten Kontakt zum Professor alles möglich.

37 Damit einher gehen auch unterschiedliche Verständnisse, was ‚Lernen' ist, wobei in unserem Feld der Begriff des Lernens vor allem für Auswendiglernen und Reproduzieren von Vorlesungsinhalten verwendet wird, was etwa bei Studierenden der Architektur dazu führt, dass sie selbst von sich behaupten, kaum ‚richtig lernen' zu müssen (außer bei e.g. Statik- oder Baugeschichteklausuren). Wenn sie e.g. an Entwürfen arbeiten, wird dieses eher als ‚was für die Uni machen' bezeichnet.

38 Cf. Enchelmaier / Kunz 2012, S. 47.

kann, bereits erreicht. Andere Bereiche betreffend – von der ökonomischen Situation bis zu thematischen Interessen – hat ein Studierender mit einem gleichaltrigen Nicht-Studierenden unter Umständen mehr gemeinsam als mit seinem Kommilitonen, der im Hörsaal eine Reihe vor ihm sitzt.

Kleine soziale Lebenswelten von Studierenden

Zu der studentischen Lebenswelt, die alle Studierenden verbindet, kommen nun mannigfaltige kleine soziale Lebenswelten hinzu, in denen jeweils bestimmte Regeln gelten und man sich bestimmte Wissensbestände teilt, zu denen manche klar dazugehören, während man sich bei anderen nicht so sicher ist und so weiter. Dabei lassen sich mit Blick auf Studierende zwei Arten von kleinen sozialen Lebenswelten unterscheiden: zum einen diejenigen, die nicht unmittelbar mit dem Studium verbunden sind und häufig bereits vor dem Studium existierten – wie die kleine soziale Lebenswelt der Familie, die eines spezifischen Freundeskreises oder die der Paarbeziehung, die des Fußballvereins, der Arbeit oder der Einrichtung, in der man ehrenamtlich tätig ist. Zum zweiten sind es diejenigen kleinen sozialen Lebenswelten, mit denen man über das Studium in Kontakt kommt bzw. an deren Herausbildung man aufgrund seines Studierendenstatus' mitwirkt – wie etwa die kleine soziale Lebenswelt der Fachgemeinschaft, des Studiengangs oder des Jahrgangs, die der Fachschaft, der Hochschulgruppe oder des Allgemeinen Studierendenausschusses (AStA). Zwischen diesen unterschiedlichen Teilwelten – auch denen erster und zweiter Art – *kann* es, aber *muss* es keine Überschneidungen geben. Zudem lassen sich ausgesprochen unterschiedliche Relevanzsetzungen im Umgang mit diesen Teilwelten beobachten, wie sich anhand zweier Idealtypen illustrieren lässt, die wir ebenfalls im Zuge der *My Campus*-Studie rekonstruieren konnten: dem College-Typ und dem Separator:[39]

Beim College-Typ[40] kreist alles um unterschiedlichste studentische Aktivitäten, was sich räumlich darin spiegelt, dass er mehr oder weniger sein gesamtes Leben auf dem Campus verbringt und nur noch zum Schlafen nach Hause geht. Sämtliche kleinen sozialen Lebenswelten, an denen er teilhat, weisen einen Bezug zum Studium bzw. zur Universität auf: Sein Freundeskreis besteht

---

[39] Cf. Gothe / Pfadenhauer 2010.
[40] Cf. ibid., S. 71–75.

(fast) nur noch aus Kommilitonen oder anderen Studierenden, die sportlichen Aktivitäten finden im Hochschulsport anstatt im heimischen Fußballverein statt, und das Ehrenamt wird nicht bei der Ortsfeuerwehr oder im Altenheim, sondern in der Hochschulgruppe erbracht.

Ganz anders der Separator[41]: Er trennt die Lebenswelten strikt – und zwar auch räumlich, ganz nach dem Motto ‚Dienst ist Dienst und Schnaps ist Schnaps'. Den Campus nutzt er als reinen Arbeitsort, an dem er für Prüfungen lernt, während er sein häusliches Umfeld für Freizeitaktivitäten und zur Rekreation nutzt. Unisport und Hochschulkino sind für ihn undenkbar, weil Freizeit und Uni für ihn zwei unvereinbare Welten darstellen und – wenn überhaupt vorhanden – weist der Kreis der ‚Uni-Freunde' kaum Schnittstellen zu den ‚anderen Freunden' (meist ‚alten Freunden') auf.

Studierende als bekannte Wesen

Genau hier sind wir bei den zu Beginn genannten Irritationen angelangt: Fragen wir uns einmal selbst, welchen der beiden Typen wir als ‚richtigen Studenten' wahrnehmen – wohl eher nicht den Separator! Nicht selten sitzen wir gängigen Klischees über das, was Studierende angeblich ausmacht, auf und sind irritiert, wenn unsere Erwartungen nicht erfüllt werden: Zum einen erwarten wir, dass sämtliche kleinen sozialen Lebenswelten eines Studierenden irgendwie mit dem Studium verbunden sind und sein Selbstverständnis als Studierender sich in allen Teilbereichen seines Lebens zeigt. Zum anderen erwarten wir, dass dies nicht nur für einen konkreten Studierenden gilt, sondern für Studierende überhaupt, so dass wir von dem, was wir als studentische Lebenswelt bezeichnen, viel mehr erwarten als lediglich ein sehr basales, geteiltes Verständnis über die Organisation von Universität inklusive ECTS und Zeitinstitutionen. Dem ist jedoch nicht so – bildlich gesprochen erwarten wir eine ‚umfängliche' studentische Lebenswelt, die sämtliche kleinen sozialen Lebenswelten in sich aufnimmt. Empirisch begegnet uns jedoch eine sehr ‚schmale' studentische Lebenswelt, an die einige kleine soziale Lebenswelten ‚andocken', während andere unberührt daneben existieren. Nur wenn wir bereit sind, dies anzuerkennen und unsere eigenen gängigen Denkmuster zu überwinden, sind Studierende

---

41 Cf. ibid., S. 58–63.

keine unbekannten Wesen mehr. Weit mehr Teilwelten als die unmittelbar mit dem Studium verbundenen sind für Studierende relevant und müssen ‚unter einen Hut gebracht werden'. Dies wiederum geschieht auf derart vielfältige Art und Weise, dass wir uns mit einer sehr heterogenen Studierendenschaft konfrontiert sehen.[42]

Konsequenzen für den SQ-Bereich

Was bedeuten diese Einsichten nun für die Lehre, insbesondere im Bereich der so genannten ‚Schlüsselqualifikationen' (SQ): Wenn die ECTS einen solchen strukturierenden Stellenwert besitzen, welche Rolle kommt dann einem Ausschnitt zu, der zumeist mit einer geringen Anzahl an ECTS ‚ausgestattet' ist? Wenn die strukturierende Wirkung von Prüfungsleistungen für den Umgang mit Zeit so eindeutig ist, muss sich der SQ-Bereich nicht zumindest der Realität stellen, dass Studierende im Zweifel die Veranstaltung wählen, die in ihren restlichen Stundenplan passt und nicht diejenige, die sie inhaltlich am meisten interessiert? Und was bedeutet dies für die Gestaltung von Lehrportfolios im SQ-Bereich – in zeitlicher wie inhaltlicher Perspektive? Möchte sich der SQ-Bereich als die ‚letzte Bastion' verstehen, die inhaltliche Wahlfreiheit und weitgehende Befreiung von Leistungsdruck ermöglicht? Wenn ja, vor welche konkreten Herausforderungen stellt dies die Lehrenden (und auch die Studierenden), wenn Studierende aus ihrem weit überwiegenden Studienalltag andere Relevanzsetzungen gewohnt sind? Wie weit möchten die Verantwortlichen im SQ-Bereich die empirische Realität akzeptieren und sich damit begnügen, dass womöglich in zahlreichen Fällen Studieren nur eine Relevanz von vielen darstellt und wo fangen sie an, selbst Strukturen zu schaffen, die Studierenden abverlangen, einen höheren Verbindungsgrad zwischen ihren kleinen sozialen Lebenswelten und ihrem Studium oder ihrer Universität herzustellen?

---

42 Eine Aufgabe der weiteren Forschungsarbeit besteht darin, wiederum typische Konstellationen zu rekonstruieren, die als verschiedene studentische Lebenswelten charakterisiert werden können. Nicht rekonstruiert werden sollen einzelne Lebenswelten im Sinne egologischer Gebilde von individuellen Studierenden (cf. zu dieser begrifflichen Unterscheidung Fußnote 6). Eine weitere Frage wäre, wie sich diese unterschiedlichen studentischen Lebenswelten in der Gesamtheit der Studierenden quantitativ abbilden.

Diese und weitere Fragen kontrovers zu diskutieren, dazu möchten wir abschließend einladen.

Literatur

Adams, Douglas: *The Hitchhiker's Guide to the Galaxy*. Del Rey Books: New York 1995.

Amann, Klaus / Hirschauer, Stefan (Hrsg.): *Die Befremdung der eigenen Kultur. Zur ethnografischen Herausforderung soziologischer Empirie*. Suhrkamp: Frankfurt a.M. 1997.

Autorengruppe Bildungsberichterstattung (Hrsg.): *Bildung in Deutschland 2014. Ein indikatorengestützter Bericht mit einer Analyse zur Bildung von Menschen mit Behinderungen*. Bertelsmann: Bielefeld 2014, retrieved 6.3.2015, http://www.bildungsbericht.de.

Beck, Ulrich / Kieserling, André (Hrsg.): *Ortsbestimmungen der Soziologie. Wie die kommende Generation Gesellschaftswissenschaften betreiben will*. Nomos: Baden-Baden 2000.

Berthold, Christian et al.: *Schwarzer Peter mit zwei Unbekannten. Ein empirischer Vergleich der unterschiedlichen Perspektiven von Studierenden und Lehrenden auf das Studium*. (Arbeitspapier CHE Centrum für Hochschulentwicklung gGmbH 141). CHE Consult GmbH: Gütersloh 2011.

Brandt, Reinhard: *Wozu noch Universitäten?. Ein Essay*. Meiner: Hamburg 2011.

Breidenstein, Georg et al.: *Ethnografie. Die Praxis der Feldforschung*. UTB: Konstanz 2013.

Bruckner, Pascal / Finkielkraut, Alain: *Das Abenteuer gleich um die Ecke. Kleines Handbuch der Alltagsüberlebenskunst*. Hanser: München 1981.

Dellwing, Michael / Prus, Robert: *Einführung in die interaktionistische Ethnografie. Soziologie im Außendienst*. VS: Wiesbaden 2012.

Eichholz, Daniela / Kunz, Alexa M.: „»My Campus Karlsruhe«. Zur Rekonstruktion studentischer Raumnutzungsmuster mittels Logbuch-Verfahren". In: Schröteler-von Brandt, Hildegard et al. (Hrsg.): *Raum für Bildung. Ästhetik und Architektur von Lern- und Lebensorten*. transcript: Bielefeld 2012, S. 61–71.

Enchelmaier, Meike / Kunz, Alexa M.: „Zur Zeitverwendung von Bachelor-Studierenden in der vorlesungsfreien Zeit". *Journal of New Frontiers in Spatial Concepts* (4), 2012, S. 44–47.

Flick, Uwe / Kardorff, Ernst von / Steinke, Ines (Hrsg.): *Qualitative Forschung. Ein Handbuch*. Rowohlt: Reinbek 2007.

Gothe, Kerstin / Pfadenhauer, Michaela: *My Campus – Räume für die ‚Wissensgesellschaft'?. Raumnutzungsmuster von Studierenden*. VS: Wiesbaden 2010.

Hasse, Cathrine: "An Anthropolgy of Learning in Epistemic Cultures". In: Langemeyer, Ines / Fischer, Martin / Pfadenhauer, Michaela (Hrsg.): *Epistemic and Learning Cultures at the University of the 21st Century*. Beltz Juventa: Weinheim (im Erscheinen).

Hitzler, Ronald: „Welten erkunden. Soziologie als (eine Art) Ethnologie der eigenen Gesellschaft". In: Beck, Ulrich / Kieserling, André (Hrsg.): *Ortsbestimmungen der Soziologie. Wie die kommende Generation Gesellschaftswissenschaften betreiben will*. Nomos: Baden-Baden 2000, S. 141–150.

Hitzler, Ronald / Gothe, Miriam (Hrsg.): *Ethnographische Erkundungen. Methodische Aspekte explorativ-interpretativer Forschungsprojekte*. VS: Wiesbaden 2015.

Honer, Anne: *Lebensweltliche Ethnographie. Ein explorativ-interpretativer Forschungsansatz am Beispiel von Heimwerker-Wissen*. DUV: Wiesbaden 1993.

Honer, Anne: „Lebensweltanalyse in der Ethnographie". In: Flick, Uwe / Kardorff, Ernst von / Steinke, Ines (Hrsg.): *Qualitative Forschung. Ein Handbuch*. Rowohlt: Reinbek 2007, S. 194–204.

Honer, Anne: *Kleine Leiblichkeiten – Erkundungen in Lebenswelten*. VS: Wiesbaden 2011.

Kunz, Alexa M.: „Log- und Tagebücher als Erhebungsmethode in ethnographischen Forschungsdesigns". In: Hitzler, Ronald / Gothe, Miriam (Hrsg.): *Ethnographische Erkundungen. Methodische Aspekte explorativ-interpretativer Forschungsprojekte*. VS: Wiesbaden 2015, S. 141–162.

Kühl, Stefan: *Der Sudoku-Effekt. Hochschulen im Teufelskreis der Bürokratie. Eine Streitschrift*. transcript: Bielefeld 2012.

Langemeyer, Ines / Fischer, Martin / Pfadenhauer, Michaela (Hrsg.): *Epistemic and Learning Cultures at the University of the 21st Century*. Beltz Juventa: Weinheim (im Erscheinen).

Luckmann, Benita: „The Small Life-Worlds of Modern Man". *Social Research* 37 (4), 1970, S. 580–596.

Lüders, Christian: „Beobachten im Feld und Ethnografie". In: Flick, Uwe / Kardorff, Ernst von / Steinke, Ines (Hrsg.): *Qualitative Forschung. Ein Handbuch*. Rowohlt: Reinbek 2007, S. 384–401.

Moes, Johannes: *Weiterentwicklung der wissenschaftlichen Nachwuchsförderung in Sachsen-Anhalt. Studie der HIS GmbH im Auftrag des WZW.* (WZW-Arbeitsberichte 3). Wissenschaftszentrum Sachsen-Anhalt Wittenberg: Wittenberg 2011.

Pfadenhauer, Michaela / Enderle, Stefanie / Albrecht, Felix: „Cultures of Studying under Conditions of Big Science. The Case of KIT". In: Langemeyer, Ines / Fischer, Martin / Pfadenhauer, Michaela (Hrsg.): *Epistemic and Learning Cultures at the University of the 21st Century*. Beltz Juventa: Weinheim (im Erscheinen).

Ramm, Michael et al.: *Studiensituation und studentische Orientierungen. 12. Studierendensurvey an Universitäten und Fachhochschulen. Kurzfassung*. Bundesministerium für Bildung und Forschung: Bonn / Berlin 2014.

Schröteler-von Brandt, Hildegard et al. (Hrsg.): *Raum für Bildung. Ästhetik und Architektur von Lern- und Lebensorten.* transcript: Bielefeld 2012.

Schütz, Alfred / Luckmann, Thomas: *Strukturen der Lebenswelt*. UVK: Stuttgart 2003 / 1975.

Stolle, Michael: *Universitäten und Hochschulen in Baden-Württemberg. Tradition – Vielfalt – Wandel*. (Schriften zur politischen Landeskunde Baden-Württembergs 41). Kohlhammer: Stuttgart 2015.

Frank Multrus

Befunde aus dem Studierendensurvey und dem Studienqualitätsmonitor

Abstract The situation in higher education and the conditions of academic studies has improved in the opinion of students since the last years. Most students are content with the professional education and its outputs. Indeed the students miss sufficient advancements in special key skills. Good references in research in the field of study however can increase the results in many skills explicitly.

Studienerträge: Erwartungen der Studierenden und erfahrene Förderungen

Die Arbeitsgruppe Hochschulforschung an der Universität Konstanz führt, gefördert vom BMBF, seit den frühen 1980er Jahren Studierendenbefragungen an deutschen Hochschulen durch, sowohl an Universitäten wie auch an Fachhochschulen. Im Mittelpunkt stehen Fragen zur Beurteilung der Studienverhältnisse und Lehrangebote, womit bereits frühzeitig eine Evaluation der Lehrsituation und der Studienqualität eingeleitet wurde.

Als Erhebungsinstrument dient der *Studierendensurvey*[1], ein von der AG Hochschulforschung entwickelter umfangreicher Fragebogen zur „Studiensituation und den studentischen Orientierungen". Die erste Erhebung erfolgte 1982, seitdem wird alle 2–3 Jahre eine Befragung durchgeführt, so dass mit der aktuellen Erhebung im WS 2012/13 mittlerweile eine Zeitreihe von 12 Erhebungen vorliegt.

Inhaltlich umfasst der Survey eine breite Themenauswahl, die von Hochschulzugang, Fachwahl, Motiven und Erwartungen über den Studienverlauf, Strategien, Anforderungen, Lehrsituation und sozialem Klima, über Vorhaben, Schwierigkeiten, Belastungen, soziale Situation und studentische Partizipation, bis hin zu Berufswahl und Arbeitsmarktreaktionen, gesellschaftlichen Vorstellungen und politischen Ansichten, sowie Wünschen und Vorstellungen zur Weiterentwicklung der Hochschulen reicht. Diese Themen sind die Basis

---

1 12. Studierendensurvey. Universität Konstanz, AG Hochschulforschung, WS 2012/13.

einer breiten Berichterstattung, die Tabellenbände und Datenalmanache, allgemeine Berichte und spezielle Ausarbeitungen umfasst.

2007 wurde in Kooperation mit dem DZHW (Deutsches Zentrum für Hochschul- und Wissenschaftsforschung, Hannover; früher HIS) der *Studienqualitätsmonitor*[2] entwickelt, der jährlich als Studierenden-Online-Befragung an deutschen Hochschulen durchgeführt wird. Das Themenspektrum umfasst vier Hauptbereiche: Organisation und Qualität der Lehre, Betreuung und Beratung durch die Lehrenden, Ausstattung sowie Serviceleistungen der Hochschulen. Inhaltlich stammen die Fragen sowohl aus dem Survey als auch von bewährten Fragen der DZHW-Forschung.

Im Vergleich zum Studierendensurvey kann der Qualitätsmonitor als Online-Erhebung mehr Studierende erreichen, bleibt bedingt durch seinen Erhebungscharakter im Umfang aber deutlich kürzer und in den Antwortskalen weniger differenziert.

Beide Befragungen können umfangreiche Befunde zur Studiensituation und zur Studienqualität liefern. Ein wichtiger Bestandteil sind dabei die Angaben zu den Studienerträgen, die erfahrene Förderung von Fähigkeiten und Kompetenzen, die als Schlüsselqualifikationen betrachtet werden können.

Nachfolgend wird ein kleiner Auszug aus den vielfältigen Ergebnissen dieser Untersuchungen vorgestellt, die folgende Fragen behandeln: Was ist den Studierenden wichtig, worauf legen sie Wert und welche Erwartungen haben sie an ihre Ausbildung? Daran gemessen werden die Erfahrungen der Studierenden, die sie hinsichtlich der Erfüllung dieser Erwartungen gemacht haben. Abschließend wird der Frage nachgegangen, wodurch der Ertrag von Schlüsselqualifikationen gesteigert werden kann.

Bei den Ausführungen werden allerdings nur die Universitäten behandelt, da der Vergleich mit Fachhochschulen ein eigenes Thema darstellt und diesen Rahmen sprengen würde.

Befunde

Zwei Fragen aus dem Studierendensurvey sollen Einblicke liefern, was den Studierenden generell wichtig ist und welche Erwartungen sie an ihre Ausbildung stellen.

---

2 Fragebogen Studienqualitätsmonitor 2013. DZHW, Hannover 2013.

Die Angaben der Studierenden über den *Nutzen eines Studiums* geben Auskunft über die Erwartungen, die an ein Studium gestellt werden, und betreffen damit auch das Wertesystem der Studierenden. Den größten Nutzen sehen die Studierenden darin, später eine interessante Arbeit zu haben und mehr über das gewählte Fach zu erfahren. Somit stehen das Interesse, aber auch eine berufliche Neugier im Vordergrund. An dritter Stelle steht die Erwartung, durch das Studium eine gute wissenschaftliche Ausbildung zu erhalten. Im mittleren Bereich finden sich das Einkommen, aber auch die Autonomie und die Allgemeinbildung. Weniger von Bedeutung sind soziale Werte und das berufliche Prestige.

Im Zeitvergleich haben mit Ausnahme der Autonomie alle Erwartungen zugenommen, am stärksten die materiellen und gleichzeitig die gesellschaftlich-altruistischen Vorstellungen.

Die *Berufswerte* ergeben sich aus den Angaben der Studierenden zu der Wichtigkeit verschiedener Bereiche im späteren Beruf. Am wichtigsten ist den Studierenden eine Vereinbarkeit von Familie und Beruf. Dann folgen vier Aspekte, von denen drei der autonomen Aufgabenorientierung zugeordnet werden können, wie später im Beruf immer wieder neue Aufgaben zu haben, selbständige Entscheidungen treffen zu können und eigene Ideen zu entwickeln. Hinzu kommt der sichere Arbeitsplatz, ein extrinsisches Element, das zwar materielle Grundzüge trägt, jedoch im Vergleich zu anderen defensiv ausgerichtet ist. Danach folgen sozial-altruistische Elemente, nämlich mit Menschen zu arbeiten, Nützliches für die Allgemeinheit zu tun und anderen zu helfen. Die materiellen und Karriereaspekte wie hohes Einkommen, gute Aufstiegschancen und andere Menschen zu führen haben eine geringere Bedeutung für die Studierenden, allerdings noch mehr als Wissenschaft und Forschung, die für die Studierenden im späteren Beruf am wenigsten wichtig sind.

Im Zeitvergleich haben die autonom-aufgabenorientierten Werte etwas an Bedeutung verloren ebenso wie die forschende Tätigkeit, während die extrinsischen Werte, und hier vor allem der sichere Arbeitsplatz, deutlich an Bedeutung gewonnen haben.

Resümee

Der Blick der Studierenden richtet sich also bereits im Studium besonders stark auf die spätere Tätigkeit. Sie wollen aufgabenorientiert und autonom handeln, aber auch mit Menschen arbeiten und Nützliches für das Gemeinwohl leisten. Das Studium soll zu solch einer interessanten Arbeit führen und die dazu nötige Ausbildung liefern. Dazu gehören für die Studierenden zwar auch eine gute wissenschaftliche Ausbildung sowie Kenntnisse in der Forschung, doch ist dieser Nutzen weniger dem Interesse geschuldet als vielmehr der Qualifizierung für den Arbeitsmarkt. Denn die große Mehrheit will kein/e Wissenschaftler/in und Forscher/in werden, weshalb ihnen eine eher passive Vermittlung der wissenschaftlichen Grundlagen in den Lehrveranstaltungen ausreicht. Aktiv im Studium an Wissenschaft und Forschung teilhaben wollen nur wenige Studierende, sie erscheint vielen sogar unnötig.

Schlüsselqualifikationen

Klare Erwartungen an ihre Ausbildung haben die Studierenden auch in Hinblick auf ihre fachlichen, überfachlichen und allgemeinen Fähigkeiten, womit wir den Bogen zu den Schlüsselqualifikationen spannen können. Dazu dienen die Angaben der Studierenden zur Wichtigkeit der Förderung bestimmter Fähigkeiten und Kompetenzen im Studium.

Untersucht werden sie anhand der *Studienerträge*, die vorrangig über die erfahrenen Förderungen in den einzelnen Kompetenzen ermittelt werden. Sie bestimmen den Qualifikationsstand der Studierenden.

Die Frage zur Wichtigkeit der Förderung von Kompetenzen im Studium wird im SQM erhoben. Die größten Erwartungen haben die Studierenden an die fachlichen Kenntnisse. Fast allen Studierenden ist eine Förderung darin wichtig, der großen Mehrheit sogar sehr wichtig. Damit liegt der Anspruch der Studierenden an eine hochschulische Ausbildung auch vorrangig in der Wissensvermittlung.

Eng darauf folgen die praktischen Fähigkeiten, was unterstreicht, dass die Studierenden besonders stark der praktischen Qualifizierung für den Beruf Bedeutung beimessen. Daran schließen sich zwei überfachliche Kompetenzen an, das kritische Denken und die Fähigkeit, vorhandenes Wissen auf neue Fragen und Probleme zu übertragen. Der Mehrheit der Studierenden sind diese Fähigkeiten sehr wichtig.

Alle übrigen Kompetenzen werden zwar von den meisten Studierenden als wichtig erachtet, aber weniger als die Hälfte spricht ihnen eine besonders große Bedeutung zu. Darunter fallen die Autonomie, das fachübergreifende Denken, das ethische Verantwortungsbewusstsein und die Beschäftigungsbefähigung. Letztere besitzt damit für die Studierenden eine deutlich geringe Bedeutung als die praktischen Fähigkeiten, was darauf verweist, dass es den Studierenden nicht ausreicht, nur eine Beschäftigung erlangen zu können, sondern sie wollen eine qualifizierte praktische Ausbildung, die ihnen einen guten, interessanten und sicheren Arbeitsplatz bietet.

Noch weniger Bedeutung hat für die Studierenden die Teamfähigkeit, und den Abschluss bilden für sie die Wissenschafts- und Forschungsfähigkeiten. Nur noch einem Drittel sind sie sehr wichtig. Obwohl die Mehrheit der Studierenden dem Studium in der guten wissenschaftlichen Ausbildung einen großen Nutzen zuspricht, erwarten sie keine besonders starke Förderung ihrer wissenschaftlichen und forschenden Fähigkeiten.

Die *erfahrene Förderung* dieser Kompetenzen im Studium gibt dann Aufschluss über die resultierenden Studienerträge, also den Output des Studiums. Die Studierenden beurteilen ihren Ertrag in den einzelnen Kompetenzen sehr unterschiedlich. Am meisten fühlen sie sich in den fachlichen Kenntnissen gefördert; die große Mehrheit fühlt sich stark gefördert, allerdings nur ein Drittel sehr stark.

Es folgen die Autonomie, kritisches Denken und Kenntnisse in wissenschaftlichen Methoden, drei Qualifikationen, die in der Rangreihe der Wichtigkeiten sehr unterschiedliche Plätze einnehmen. Etwas geringer fallen die Erträge für die Teamfähigkeit und die Fähigkeit aus, vorhandenes Wissen zu übertragen. Deutlich zurück liegen erfahrene Förderungen für ethisches Verantwortungsbewusstsein und fachübergreifendes Denken, während praktische Fähigkeiten und Beschäftigungsbefähigung die Schlusslichter bilden, in denen sich weniger als 10% der Studierenden sehr stark gefördert fühlen.

Insgesamt lässt sich also aussagen, dass alle Erträge deutlich geringer ausfallen, als von den Studierenden erwartet. Besonders große Defizite zwischen Wichtigkeit und erfahrener Förderung sind bei den praktischen Fähigkeiten festzustellen, die geringste Differenz findet sich in den wissenschaftlichen Kenntnissen.

Im *Studierendensurvey* wird ebenfalls die Förderung von Studienerträgen untersucht, dabei werden aber 18 Kompetenzen nachgefragt. Aufgrund der unterschiedlichen Skalierung der Items verweisen die Befunde insgesamt zwar in die gleiche Richtung, lassen im Detail aber variablere Ergebnisse zu. Ebenfalls am meisten fühlen sich die Studierenden in den fachlichen Kenntnissen gefördert, dicht gefolgt von der Autonomie. Mehr als die Hälfte der

Abbildung 1: Wichtigkeit und Förderung von Studienerträgen im Urteil der Studierenden 2013
(Skala von 1 = völlig unwichtig/gar nicht gefördert bis 5 = sehr wichtig/sehr stark gefördert; Angaben in Prozent für Kategorien: 5 = sehr wichtig/sehr stark, 4= wichtig/stark, 3 = teils-teils)

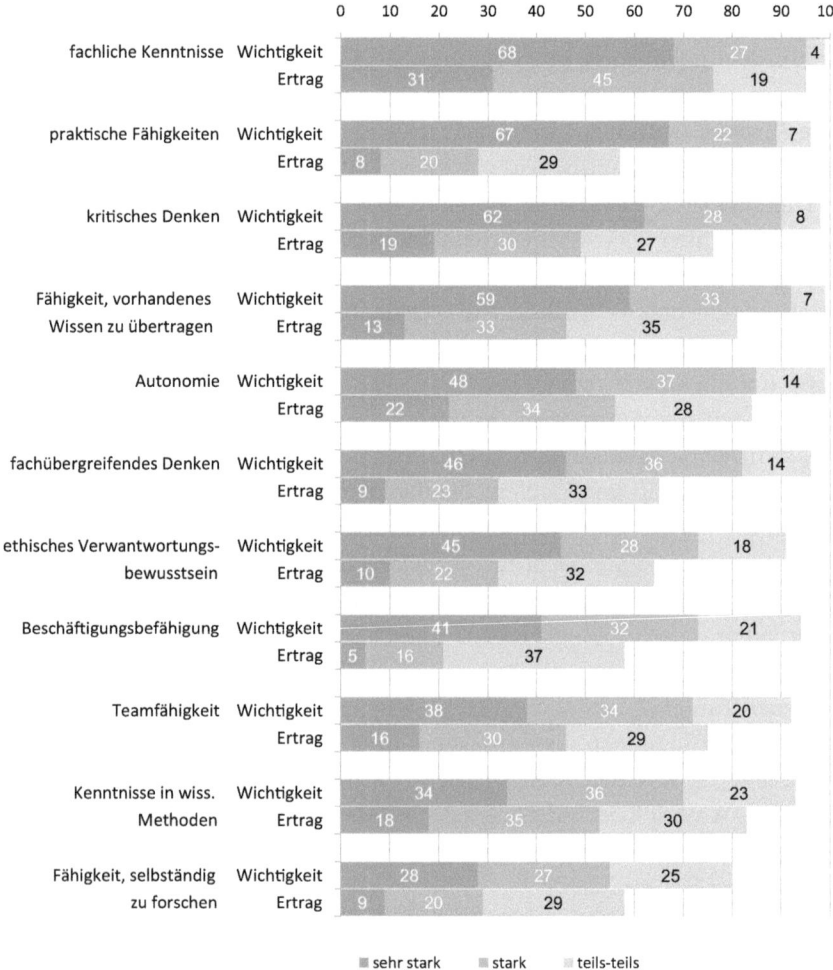

Quelle: DZHW Hannover/AG Hochschulforschung Konstanz: Studienqualitätsmonitor 2013.

Studierenden erzielt hier einen hohen Studienertrag. Mit bereits größerem Abstand folgen die Fähigkeit, Probleme zu analysieren und zu lösen, die Fähigkeit zum selbständigen Weiterlernen, intellektuelle Fähigkeiten und wissenschaftliches Arbeiten. Rund jeder Dritte fühlt sich hierbei stärker gefördert.

Den nächsten Block bilden Planungsfähigkeit, Kritikfähigkeit, Teamfähigkeit und Kenntnisse in wissenschaftlichen Methoden. Weniger als ein Drittel berichtet von hohen Erträgen.

Die Allgemeinbildung, das fachübergreifende Wissen, das soziale Verantwortungsbewusstsein und die Fähigkeit, selbständig zu forschen, erreichen noch für ein Fünftel eine starke Förderung. Die Fähigkeit, theoretisches Wissen in die Praxis umzusetzen, die praktischen Fähigkeiten und die sprachlichen Fähigkeiten erzielen nur noch bei 15% einen hohen Gewinn. Weit abgeschlagen ist die Berufsvorbereitung, die von 9% als starke Förderung erlebt wird.

Nimmt man die eher starke Förderung mit hinzu, dann fühlt sich in den meisten Kompetenzen wenigstens die Hälfte der Studierenden gefördert. Und bei Beachtung einer mittleren Förderung trifft dies auf alle Fähigkeiten zu. Im Zeitvergleich sind alle Erträge etwas angestiegen, mit Ausnahme der fachlichen Kenntnisse, die seit 2007 leicht sinken.

Fazit

Die Studierenden fühlen sich in den verschiedenen Studienerträgen also sehr unterschiedlich gefördert. Die Befunde zeigen, dass manche der als wichtig erachteten Erträge deutlich zu wenig gefördert werden. Vor allem die praktischen Fähigkeiten und die Berufsvorbereitung stellen große Mängel heraus, ebenso die Forschungsfähigkeit. Die Hochschulen achten vorrangig auf die fachliche Ausbildung, während die überfachlichen und allgemeinen Qualifikationen noch deutlich zurückstehen.

Bilanzierung

Dennoch beurteilen die Studierenden den Studienertrag insgesamt, im Vergleich der Grundelemente der Studienqualität, vergleichsweise positiv. Nur die inhaltliche Qualität des Lehrangebots, also die fachliche Kompetenz der Lehrenden, wird noch besser bewertet.

Abbildung 2: Bilanzierung der Grundelemente der Studienqualität

(Skala von −3 = sehr schlecht bis +3 = sehr gut; Angaben in Prozent für Kategorien: +3 und +3 = sehr/gut, +1= eher gut, 0 = teils-teils)

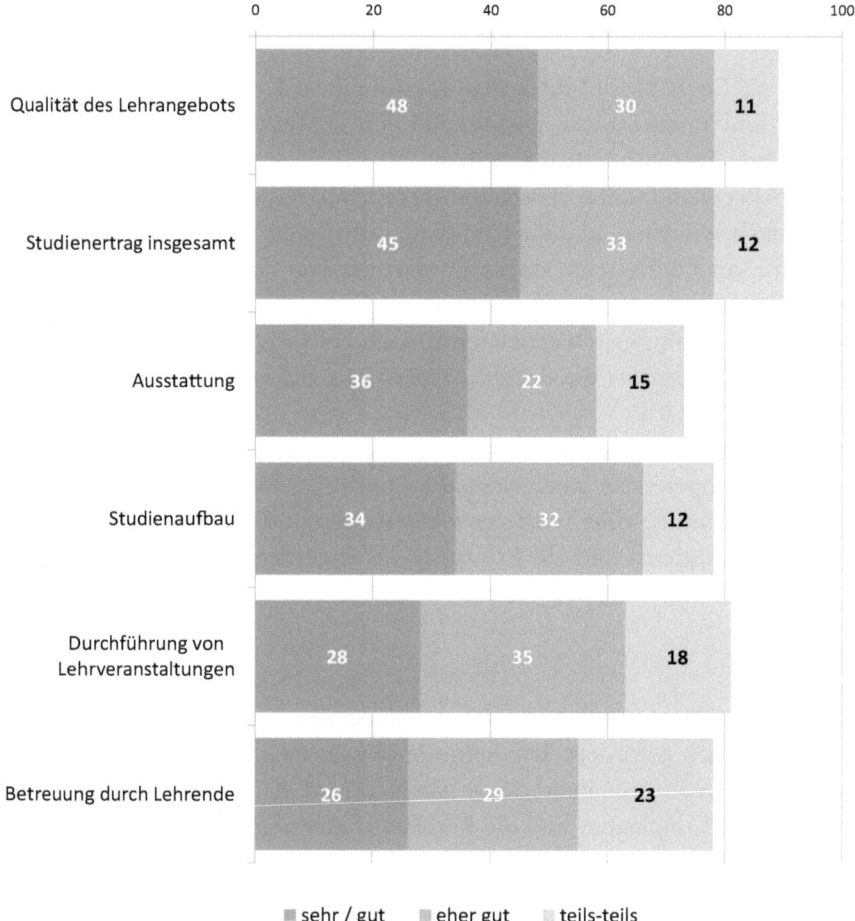

Quelle: Studierendensurvey WS 2012/13, AG Hochschulforschung, Universität Konstanz.

Die sachliche, die strukturelle, die didaktische und die tutoriale Qualität werden deutlich schwächer beurteilt. Insofern ist die Ausbildung im Studium, der Output, für eine Mehrheit der Studierenden ertragreich. Als Resümee darf es zwar durchaus weiter verbessert werden, jedoch lassen sich auch andere wichtige Aspekte aufzeigen, die einer Verbesserung bedürfen.

Vermittlung von Schlüsselqualifikationen

Wie werden Kompetenzen im Studium eigentlich gefördert? Werden sie durch die Lehre, ihre Anforderungen und Angebote inhärent mit vermittelt, wie es bisher lange Zeit der Fall war, oder werden sie in speziellen Kursen erworben, wie sie vielerorts im Zuge der Bologna-Reform eingeführt wurden? Der Studierendensurvey kann hierzu einige wenige Befunde präsentieren.

Danach befragt, inwieweit die *Vermittlung von Schlüsselqualifikationen* als Kennzeichen des Studienfaches angesehen werden kann, bestätigen dies 64% der Studierenden, doch nur 16% sehen darin ein starkes Charakteristikum. In den beiden vorangegangenen Erhebungen sahen allerdings noch weniger Studierende darin ein Kennzeichen des Faches.

Spezielle Kurse zum Erwerb von Schlüsselqualifikationen und zum Kompetenztraining haben bislang 36% der Studierenden besucht, 60% haben es zukünftig noch vor.

Erhöht nun die Teilnahme an Kursen zum Erwerb von Schlüsselqualifikationen den Studienertrag? Werden die Studienerträge nach der Teilnahmehäufigkeit an solchen Kursen unterteilt, dann zeigt sich, dass Studierende, die Kurse besucht haben, mehr Förderung erfahren als Studierende, die bislang noch nicht teilgenommen haben. Studierende, die bereits häufiger Kurse besucht haben, sehen sich jedoch nur in manchen Erträgen etwas besser gefördert als ihre Kommilitonen, die erst ab und zu teilgenommen haben. Die größten Effekte lassen sich für die sprachlichen Fähigkeiten und das fachübergreifende Wissen beobachten.

Wird das Hauptstudienfach anhand der Vermittlung von Schlüsselqualifikationen unterschieden, fallen jedoch weit stärkere Effekte auf. Studierende, die eine starke Vermittlung von Schlüsselqualifikationen erleben, bewerten sämtliche Kompetenzen weit besser als ihre Kommilitonen, die sie nur teilweise erleben, und nochmals besser als Studierende, die kaum Schlüsselqualifikationen vermittelt bekommen. Gleichzeitig fällt auf, dass jene Studierende, die ihr Fach nicht oder kaum durch eine Vermittlung von Schlüsselqualifikationen kennzeichnen, sogar besonders wenig Erträge erzielen. Dadurch wird deutlich, dass Fächer, die auf die Vermittlung von Schlüsselqualifikationen Wert legen, den Erwerb von Kompetenzen auch erkennbar fördern, während ein Ausbleiben sogar negative Effekte hat.

Abbildung 3: Erfahrene starke Förderung, nach Stärke der Vermittlung von Schlüsselqualifikationen
(Skala von 0 = gar nicht bis 6 = sehr stark; Angaben in Prozent für Kategorien: 0–2 = kaum, 3 = teilweise, 4–6 = stark)

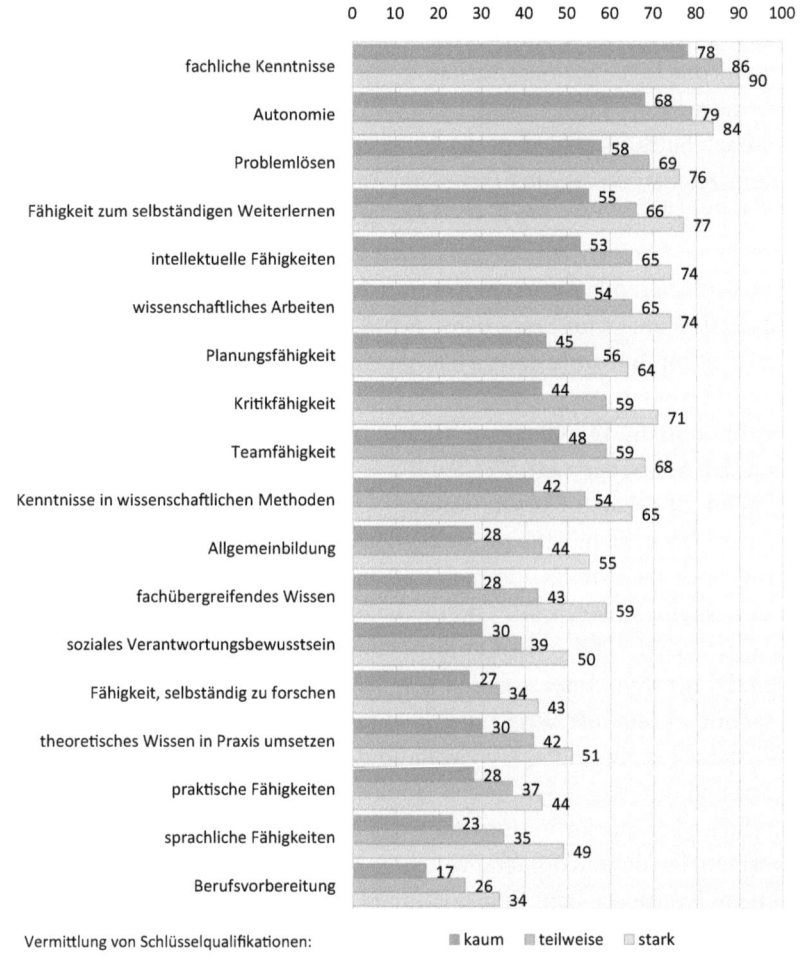

Quelle: Studierendensurvey WS 2012/13, AG Hochschulforschung, Universität Konstanz.

Die größten Effekte zeigen sich für das fachübergreifende Wissen, die Allgemeinbildung und die sprachlichen Fähigkeiten, aber auch die Fähigkeit zum selbständigen Weiterlernen, die intellektuellen Fähigkeiten, die Kritikfähigkeit, die Kenntnisse wissenschaftlicher Methoden und die Fähigkeit, theoretisches Wissen in die Praxis umzusetzen, weisen noch Unterschiede von über 20 Prozentpunkten auf.

Doch was verbirgt sich nun hinter der Kennzeichnung „Vermittlung von Schlüsselqualifikationen"? Die speziellen Kurse zum Erwerb von solchen Qualifikationen bzw. deren Teilnahme spiegeln die gefundenen Unterschiede nicht ausreichend wider. Insofern scheint die Vermittlung von Schlüsselqualifikationen kein eigenständiger Teil des Studiums zu sein, sondern eher ein Bestandteil der Lehre, die Bezüge zu diesen Kompetenzen eingebunden hat. Doch welche Bezüge muss man in die Lehre einbetten, damit dadurch gleichzeitig auch unterschiedliche Kompetenzen gefördert werden? Einige neuere Befunde aus dem Studierendensurvey können hierzu Hinweise liefern.

Forschungs- und Praxisbezüge haben ähnliche Effekte auf Studienerträge wie die Vermittlung von Schlüsselqualifikationen, allerdings mit jeweils besonderen Schwerpunkten. So werden durch gute Forschungsbezüge zwar alle Kompetenzen mehr gefördert, als wenn Forschungsbezüge fehlen, besonders stark aber Wissenschaftlichkeit und Forschungsfähigkeit. Bei Praxisbezügen liegen die Schwerpunkte auf praktischen Fähigkeiten, Berufsvorbereitung und der Fähigkeit, theoretisches Wissen in Praxis umzusetzen. Kompetenzen werden also durch Bezüge zu Forschung oder Praxis im Studium besonders gefördert.

Ein ähnliches Bild hinsichtlich der Effekte zeigen die Bilanzierungen der Studierenden zu den Grundelementen der Studienqualität. Die Teilnahme an Kursen zum Erwerb von Schlüsselqualifikationen weisen kaum Effekte auf die Bewertung der Studienqualität auf. Kontrolliert nach der Kennzeichnung des Faches durch Vermittlung von Schlüsselqualifikationen werden alle Grund-elemente weit besser beurteilt, wenn diese Vermittlung ein Charakteristikum darstellt. Und der fast gleiche Effekt ist festzustellen, wenn nach den Forschungsbezügen unterschieden wird. Sowohl Studienaufbau, inhaltliche Qualität, die Durchführung, die Betreuung und der Studienertrag insgesamt werden bei vorhandenen Bezügen viel positiver bewertet.

Abbildung 4: Erfahrene starke Förderung, nach Häufigkeit der Einführung in Anwendungen von Forschungsmethoden in Lehrveranstaltungen
(Skala von 0 = gar nicht bis 6 = sehr stark; Angaben in Prozent für Kategorien: 4–6 = stark)

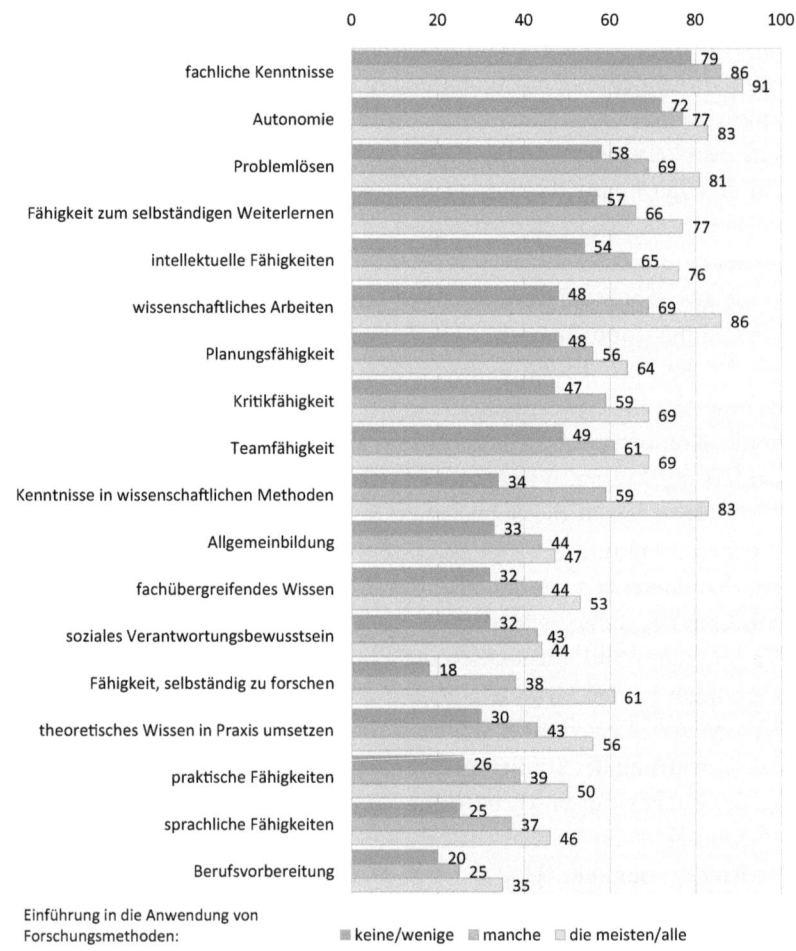

Quelle: Studierendensurvey WS 2012/13, AG Hochschulforschung, Universität Konstanz.

Befunde aus dem Studierendensurvey und dem Studienqualitätsmonitor 209

Abbildung 5: Beurteilung von Grundelementen der Studienqualität bei unterschiedlichen Bezügen im Studium
(Skala von 0 = gar nicht bis 6 = sehr stark; Angaben in Prozent für Kategorien: 4–6 = stark)

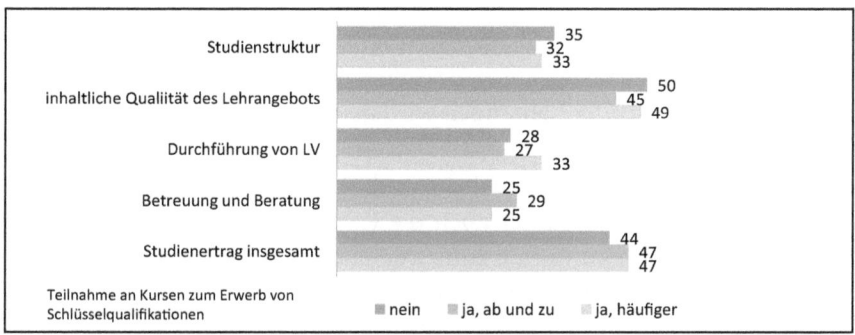

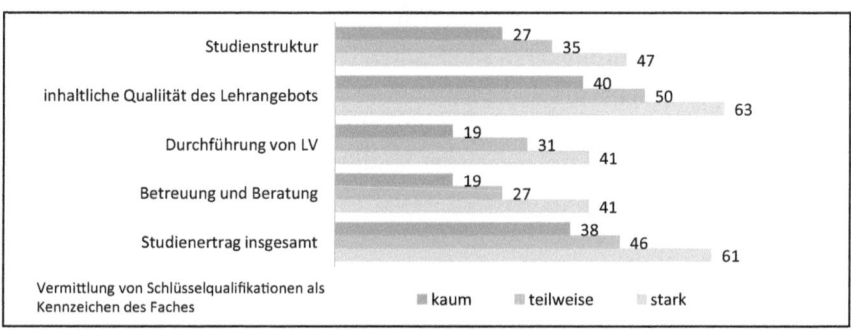

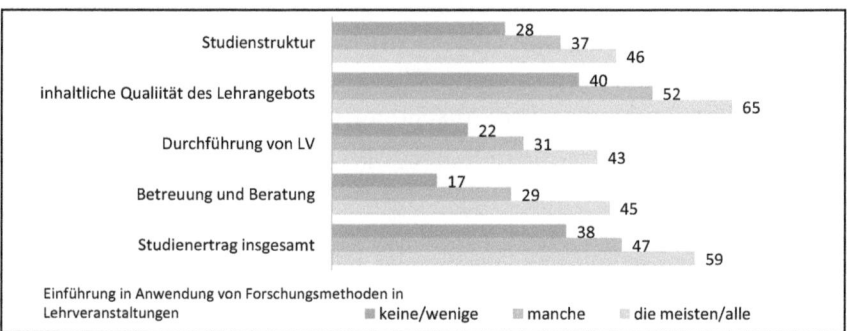

Quelle: Studierendensurvey WS 2012/13, AG Hochschulforschung, Universität Konstanz.

Zusammenfassung und Fazit

Zwar hat sich die Studiensituation in den letzten Jahren verbessert, es bleiben aber Mängel erkennbar, die die Studierenden auch klar benennen, wie z.B. der Praxisbezug und Praxisertrag. In fachlicher Hinsicht machen die Hochschulen nach Ansicht der Studierenden ihre Sache recht gut, die fachliche Kompetenz der Lehrenden wird mehrheitlich akzeptiert, die Wissensvermittlung überwiegend positiv bewertet, ebenso die Förderung in der Autonomie. Aber viele überfachliche und allgemeine Fähigkeiten bleiben zu wenig ertragreich, darunter auch die Kernaufgaben der Hochschulen. Dennoch fällt das Gesamturteil zum Studienertrag eher positiv aus, besser als manch andere Aspekte der Studienqualität.

Die Vermittlung von Schlüsselqualifikationen in Kursen hängt nur wenig mit dem Kompetenzgewinn zusammen. Weit größere Effekte werden erzielt, wenn die Vermittlung von Schlüsselqualifikationen ein Kennzeichen des Faches darstellt und Bezüge zu Kompetenzen in Studium und Lehre integriert sind. Werden Bezüge zur Forschung und zur Praxis hergestellt, zeigen sich vergleichbar deutliche Effekte auf die Studienerträge, womit Hochschulen Kompetenzen also dadurch deutlich fördern können, dass sie die Bezüge zur Forschung und zur Praxis verbessern.

Bedenklich ist allerdings das geringe Interesse an Wissenschaft und Forschung unter den Studierenden. Sie scheinen den Wert dieser Ausbildung nicht richtig zu verstehen, weshalb es Aufgabe der Hochschulen sein muss, dies frühzeitig zu vermitteln. Gleichzeitig müssen die Studierenden selbst mehr Interesse und Engagement für Wissenschaft und Forschung aufbringen, damit sie den Nutzen ihrer Ausbildung persönlich erleben. Ansonsten vergeben sie gerade das, was die universitäre Hochschulausbildung von allen anderen unterscheidet: nämlich die Wissenschaftlichkeit und die Forschungsbefähigung.

Anne Sliwka und Britta Klopsch
Service Learning als hochschuldidaktische Arbeitsform: Innovative Wege zu fachlicher Expertise und professioneller Handlungskompetenz

Abstract In German higher education, service learning is taking hold as an innovative teaching method. So far, it has mainly been framed as a means to developing student social skills. We argue that the benefits of service learning are much more far-reaching in laying a comprehensive foundation for professional expertise in different academic fields. Service learning is thus well-suited to meet the demands for a competence-based education in universities, as spelled out in the Bologna process.

Der Anspruch, nicht nur Fachwissen, sondern auch fachbezogene Handlungskompetenzen zu vermitteln, stellt die Hochschulen in Deutschland vor neue Herausforderungen. Eine Möglichkeit, beides miteinander zu verbinden, verspricht das Service Learning, eine Lehrform, in der Studierende sich in Projekten im Gemeinwesen engagieren und dabei sowohl fachliche wie auch überfachliche Kompetenzen einsetzen. Wenngleich das Service Learning als (hochschul-)didaktische Arbeitsform in englischsprachigen Ländern eine bereits vierzigjährige Tradition aufweisen kann[1], so ist es doch an Hochschulen und Universitäten im deutschsprachigen Raum eine noch junge, vielfach unterschätzte und ungenutzte Ressource[2], die sich erst langsam im Kontext einer stärker kompetenzorientierten Hochschulbildung etabliert und ausbreitet.

---

1 Cf. Furco, Andy: Foreword. In: Murphy, Timothy / Tan, Jon (Hrsg.): *Service learning and educating in challenging contexts: International perspectives*. Continuum Books: London et al. 2012, S. xiii–xvi.
2 Cf. Sliwka, Anne / Klopsch, Britta: "Service-Learning and School Development in German Teacher Education". In: op. cit. S. 89–104.

Der Blick auf die Bedeutung des Konzepts Service Learning für Lehrende, Studierende und deren Partner, auf seine Zielstellungen und Nutzungsmöglichkeiten kann aufzeigen, inwieweit eine Passung dieses Lehrformats innerhalb deutscher Hochschulen erreicht werden kann.

Service Learning – was ist das?

Der Begriff ‚*Service Learning*', der in der neueren deutschsprachigen Literatur auch als *Lernen durch Engagement (LdE)* bekannt ist[3], beschreibt eine projektorientierte Lehr-Lernform, die fachwissenschaftliches Lernen (*learning*) mit gemeinnützigem Handeln (*service*) verknüpft. Der Ursprung dieses pädagogischen Konzepts liegt in Nordamerika und ist dort ein Teilbereich der „experiential education" (Lernen durch reflektierte Erfahrung). Wissenschaftliches Fachwissen wird dabei im Kontext eines Lernsettings vermittelt, das praktische Erfahrungsmöglichkeiten in einem gemeinwesenorientierten Projekt unmittelbar mit der Vermittlung fachlichen Wissens verknüpft. Durch Elemente der bewussten Reflexion wird die Lernerfahrung im Service mit der Aneignung wissenschaftlicher Theorien und Methoden verknüpft, was erfahrungsintensive Lernprozesse ermöglicht. Das Engagement der Studierenden wird also nicht losgelöst oder zusätzlich zu Lehrveranstaltungen eingefordert, sondern ist zentraler Teil der Lehrveranstaltungen. Es wird bewusst geplant und ist explizit mit den Inhalten bzw. Kompetenzen der jeweiligen Modulhandbücher verbunden.

---

3   Cf. Seifert, Anne / Zentner, Sandra / Nagy, Franziska: *Praxisbuch Service-Learning. Beltz: Weinheim* 2013.

> Die folgenden Beispiele für Service Learning Projekte aus unterschiedlichen wissenschaftlichen Disziplinen zeigen, dass Service Learning in vielen fachlichen Zusammenhängen möglich ist:
>
> *Jura*: Studierende bieten eine kostenfreie Rechtsberatung für Menschen aus benachteiligten sozialen Gruppen an.
>
> *Ingenieurwissenschaften*: Studierende bauen spezielle Minenentschärfungsgeräte für schwer zugängliche Gebiete.
>
> *Architektur*: Studierende konzipieren winterfeste und humane Unterkünfte für Flüchtlinge.
>
> *Psychologie*: Studierende entwickeln ein Elterntraining zur Stärkung der Selbstwirksamkeit bei Kindern.
>
> *Geographie*: Studierende programmieren eine interaktive Stadtplan-App mit allen kinderfreundlichen Angeboten einer Kommune.
>
> *BWL*: Studierende entwickeln eine Marketing-Konzeption für die Produkte einer Behinderten-Werkstatt.
>
> *Biologie*: Studierende erarbeiten mit Schülern ein ökologisches Mapping eines Biotops.
>
> *Erziehungswissenschaft*: Studierende fördern Flüchtlingskinder an einer Gemeinschaftsschule im Erwerb deutscher Sprachkompetenz

Die Studierenden übernehmen Verantwortung in einem Projekt außerhalb der Hochschule und verarbeiten dabei zugleich fachliche Inhalte ihrer Studienfächer durch deren Anwendung in der Praxis. Wissen aus Theorie und Empirie wird dabei auf anschauliche Weise zur Anwendung gebracht und reflektiert, wodurch die Studierenden erste professionelle und durchaus berufsfeldbezogene Handlungskompetenzen entwickeln können.[4]

Grundsätzliche Komponenten dabei sind ein Projekt im Gemeinwesen, bewusste Kompetenzziele und eine organisierte und strukturierte Reflexion, die das fachliche Lernen mit dem Service in Verbindung setzt.[5]

---

4   Cf. http://www.netzwerk-bdv.de/content/communityservice/servicelearning.html.
5   Furco 2012, S. xiii.

Die Grundsätze des Service Learning

Die Grundsätze des Service Learning werden im amerikanischen Kontext durch drei Schlagworte umrissen und zusammengefasst:

- *Reality*: Das Engagement der Studierenden orientiert sich an realen Bedürfnissen und Problemen.
- *Reciprocity*: Alle Beteiligten, also Studierende, Partnerorganisation im Gemeinwesen und Hochschullehrende, geben und nehmen, lernen also voneinander.
- *Reflection*: Die Verknüpfung zwischen wissenschaftlichen Inhalten, der Arbeit im Projekt und der Entwicklung der eigenen Professionalität wird in der Regel schriftlich verfasst.

Qualitativ hochwertige Service Learning Projekte, die auf diesen Grundsätzen beruhen, zeichnen sich durch einen facettenreichen und komplexen gesellschaftlichen Kontext aus. Die in einem solchen Kontext durchgeführte Arbeit macht es erforderlich, unstrukturierte Probleme zu lösen und flexibel auf auftretende Situationen zu reagieren, wodurch die im Seminar erworbenen Kenntnisse und Wissensstrukturen durch die Anwendung zu transformativen Erfahrungen („transformational learning experience"[6]) werden. Transformative Lernerfahrungen werden möglich

> "where experiences lead to greater understanding, empathy and outcomes [...] [and] [...] also aim to question and to change the circumstances, conditions, values or beliefs which are at the root of the community's or society's need"[7].

Diese umfassendere Begründungslogik unterscheidet sich von der traditionell transaktionalen Logik eines Hochschulseminars, in dem bestimmte Leistungen kleinteilig mit Credit Points belegt sind. Beim Service Learning geht es um komplexe Erfahrungen, die das Potenzial haben, Wissen, Fertigkeiten und Haltungen der Studierenden auf eine transformative Weise zu verändern.

---

6 Cf. op. cit. S. xv.
7 Boland, Josephine / Keane, Elaine: "The transformative potential of service/community-based learning as a pedagogy for diversity and social justice in teacher education: A case study from Ireland", S 144. In: Murphy, Timothy / Tan, Jon (Hrsg.): *Service learning and educating in challenging contexts: International perspectives*. Continuum Books: London et al. 2012.

Service Learning als komplexes Konzept der kognitiven Aktivierung

Um Studierenden durch Service Learning nachhaltige Lernerfahrungen auf einem hohen Niveau zu ermöglichen, ist es erforderlich, die Seminare an aktuellen Maßstäben der Lehr-Lernforschung auszurichten. Forschungsergebnisse zeigen, dass der langfristige Lernerfolg von der Qualität der kognitiven Aktivierung und der inhaltlichen Strukturierung des Lehrstoffes abhängen[8]. Für Service Learning Seminare bedeutet das, dass klar strukturierte wissenschaftliche Inputphasen, in denen theoretische Konzepte und empirische Fundierungen erarbeitet werden, sich mit den begleiteten Praxisphasen in einem Service-Projekt abwechseln. Zusätzlich sind kurze Phasen der Reflexion das Bindeglied zwischen der Aneignung wissenschaftlichen Wissens und dem Erwerb praktischer Handlungskompetenzen im Service Projekt. Studierenden in Service Learning Seminaren wird dabei ermöglicht, sich entlang der drei Säulen des fachlichen Lernens, des methodischen Lernens und der professionellen Selbstregulation zu entwickeln:

a) Kompetenzziel fachliches Lernen

Auch wenn das häufig falsch verstanden wird: Beim Service Learning spielt das fachliche Lernen eine Schlüsselrolle. Das praktische Service Projekt ist ein Lernsetting für fachliches Lernen. Wissenschaftliche Theorien und empirische Erkenntnisse dienen als kognitives Gerüst zur Lösung praktischer Probleme im Service Projekt. Die Studierenden lernen dieses Wissen kennen, übertragen es auf das Service Projekt und wenden es dort an. Durch die Anwendung des Wissens eignen sie es sich an und entwickeln es zugleich weiter. Wenn wissenschaftlich fundiertes Wissen im aktiven Problemlösen zur Anwendung kommt, dient es dem Verstehen und Bewältigen komplexer Handlungszusammenhänge. Es findet ein wechselseitiger Transfer, eine Befruchtung von Wissenschaft und Praxis statt. Studierende erhalten auf diese Weise die Möglichkeit, wissenschaftliche Konzepte an praktische

---

8 Lipowsky, Frank: „Auf den Lehrer kommt es an. Empirische Evidenzen für Zusammenhänge zwischen Lehrerkompetenzen, Lehrerhandeln und dem Lernen der Schüler". *Zeitschrift für Pädagogik,* 51 Beiheft, 2006, S. 47–65.

Handlungsfragen anzuknüpfen. Auf ihrem Weg vom Novizen zum Experten legen sie erste Fundamente einer vernetzten Expertise.

b) Kompetenzziel: methodisches Lernen (Sozial- und Prozesskompetenz)

In Projekten kommt dem methodischen Lernen eine besondere Bedeutung zu. Sozial- und Prozesskompetenzen kommen in jedem Service Learning Projekt zur Anwendung. Die Studierenden arbeiten typischerweise in Teams, professionellen Lerngemeinschaften (PLC), in denen sie ihr Wissen austauschen, über wirksame Problemlösungen und nächste Schritte im Projekt reflektieren und komplementär zusammenarbeiten[9]. Darüber hinaus kommen im praktischen Teil der Lehrveranstaltung Kompetenzen im Projektmanagement zur Anwendung. So planen die Studierenden ihren Arbeitsprozess und die verfügbaren Zeiträume. Sie müssen gemeinsam auch schwierige Projektphasen durchstehen, sich gegenseitig motivieren und Handlungsentscheidungen treffen und vor anderen verantworten und erproben damit typische Kompetenzen von Führungskräften in Change-Prozessen[10].

c) Kompetenzziel: professionelle Selbstregulation/Metakognition

Neben den fachlichen und den methodischen Kompetenzen bietet das Service Learning auch ein Lernsetting für die Entwicklung professioneller Selbstregulation. Die Reflexion des Vorgehens im Projekt gilt hierbei als Schlüsselelement des Lernens[11]. Drei unterschiedliche Schritte sind notwendig, um zu einer reflexiven Praxis zu gelangen: Zunächst steht das Bewusstsein des eigenen (Fach-)Wissens für die jeweilige Handlung im Vordergrund („knowing-in-action"), das durch die Reflexion des eigenen Handelns im Projekt („reflection-in-action") ergänzt wird. Diese Reflexion

---

9 Cf. Bonsen, Martin / Rolff, Hans-Günter: „Professionelle Lerngemeinschaften von Lehrerinnen und Lehrern". Zeitschrift für Pädagogik 52(2) 2006, S. 167–184.
10 Cf. Kulmer, Ulla / Trebesch, Karsten: „Der kleine Unterschied und die großen Folgen. Von der Organisationsentwicklung zum Change Management". Organisationsentwicklung. Zeitschrift für Unternehmensentwicklung und Change Management 23(4), 2004, S. 80–86.
11 Cf. Sliwka, Anne / Klopsch, Britta 2012, S. 94f.

in der Handlungssituation wird nicht zwangsläufig als „stop-and-think"[12] wahrgenommen, sondern entsteht oft unbewusst innerhalb einer Handlung und nimmt direkten Einfluss auf sie, ohne diese zu unterbrechen. Neben dieser impliziten Form der Reflexion finden Lernprozesse auch im Rahmen der „reflective conversation with the situation"[13] statt, die als bewusst organisierte und methodisch geleitete Reflexion von Handlungssituationen („reflection-on-action") gilt[14]. Durch die Verbindung von wissenschaftlich fundiertem Fach- und Methodenwissen können sich Grundlagen einer „adaptiven Expertise" herausbilden, d.h. der Kompetenz, flexibel auf unstrukturierte Probleme einzugehen, indem auf der Basis des vorhandenen Wissens neue Handlungsmuster erarbeitet werden.

Hinsichtlich der Effekte des Service Learnings bescheinigen unterschiedliche Studien Auswirkungen auf alle beteiligten Personengruppen. Bei den Studierenden lässt sich ein positiver Effekt auf deren Persönlichkeitsentwicklung und ihr zivilgesellschaftliches Engagement[15] sowie ihre Fähigkeiten in den Bereichen Leadership, Projektmanagement und Kommunikation sowie die Fähigkeit zu selbstgesteuertem Lernen und dem Transfer des erworbenen fachlich-theoretischen Wissens nachweisen[16].

Neben den Studierenden profitieren auch die Hochschulen sowie ihre Partnerorganisationen im Gemeinwesen von qualitätsvollen Service Learning Angeboten. Service Learning Seminare erweitern das hochschuldidaktische Repertoire und entsprechen in hohem Maße der in den Modulhandbüchern postulierten „Kompetenzorientierung". Als weiterer Mehrwert ist zu sehen, dass eine Universität oder Hochschule, die systematisch Service Learning Projekte durchführt, ihr Image weg vom „Elfenbeinturm" verändert hin zu einem

---

12 Schön, Donald: „The Theory of Inquiry: Dewey's Legacy to Education". *Curriculum Inquiry* 22(2), 1992, S. 125.
13 Op. cit., S. 126.
14 Cf. op. cit., S. 123ff.
15 Cf. Speck, Karsten / Ivanova-Chessex, Oxana / Wulf, Carmen: *Wirkungsstudie Service Learning in Schulen*, retrieved 19.12.2014, http://www.aktive-buergeschaft.de/fp_files/sozialgenial_Print/ Wirkungsstudie_Service_Learning_ForschungsberichtUni_Oldenburg_web.pdf.
16 Cf.: *The International Journal of Research on Service-Learning and Community Engagement*, retrieved 15.01.2015, from http://journals.sfu.ca/iarslce/index.php/journal/index.

wichtigen Partner der Zivilgesellschaft, der Wissen und Handlungskompetenz in den Dienst des Gemeinwohls stellt. Zivilgesellschaftliche Partnerorganisationen können so oft Projekte durchführen, die ohne ein Engagement der Hochschulen nicht finanzierbar wären. Gemeinwesen orientierte Projekte können durch die enge Zusammenarbeit mit Hochschulen wissenschaftlich fundiert durchgeführt, begleitet oder evaluiert werden.

Konzeption und Durchführung eines Service Learning Seminars

Service Learning Seminare sind durch das Zusammenwirken von Studierenden, Hochschullehrenden und Projektpartnern komplexer als traditionelle Hochschulseminare. Das betrifft zunächst die Aufgaben der Beteiligten: Den Lehrenden obliegt weiterhin die fachlich-inhaltliche Seminargestaltung, die neben theoretischen wissenschaftlichen Inputs auch Phasen der Reflexion von Praxiserfahrung umfassen sollte.

Um die Verbindung zwischen Wissenschaft und Praxis passgenau zu gestalten, wird darüber hinaus die Kontaktpflege mit Projektpartnern notwendig. Die Partner formulieren dazu möglichst konkret ihre Bedürfnisse und Erwartungen an das Service Projekt. Manchmal tauchen in der Praxis Fragen auf, die von den Hochschullehrenden nicht beantwortet werden können[17]. Die Projektpartner sollten deshalb den Studierenden als Ansprechpartner mit Expertise zur Verfügung stehen.

Von den Studierenden werden die aktive Teilnahme am Hochschulseminar und die praktische Projektarbeit im Service Projekt erwartet.

Die Arbeit mit zivilgesellschaftlichen Partnern

Die vertrauensvolle Kooperation mit Partnerorganisationen im Gemeinwesen ist eine gute Grundlage für wirksame Service Projekte. Die Auswahl einer geeigneten Partnerorganisation sollte daher von ausreichend Zeit zum

---

17 Cf. Baltes, Anna Maria / Kroneberg, Schima: „Passt es? Reflexionen über ein anglo-amerikanisches Lehrkonzept an deutschen Hochschulen". In: Baltes, Anna Maria / Hofer, Manfred / Sliwka, Anne (Hrsg.): *Studierende übernehmen Verantwortung. Service-Learning an deutschen Hochschulen*. Beltz: Weinheim et al. 2007, S. 123–141, S. 146.

gegenseitigen Kennenlernen geprägt sein. Die schriftliche Fixierung wechselseitiger Erwartungen und Ziele für das Service Projekt dient dabei der Transparenz und Rollenklärung. In der Kooperation zwischen Hochschullehrenden und ihren Partnern in der Zivilgesellschaft ist zudem auf eine fortlaufende Kommunikation auf „Augenhöhe" zu achten[18]. Erfahrungen aus Service Learning Projekten an deutschen Universitäten haben auch gezeigt, dass Service Projekte in den zivilgesellschaftlichen Partnerorganisationen, seien es Bildungseinrichtungen oder NGOs, gut erklärt und kommuniziert werden sollten, um dort gut verankert zu sein. Formative Evaluationen und summative Evaluationen, also die gemeinsame Überprüfung von Optimierungsmöglichkeiten im Dialog zwischen Universität und Partnerorganisationen, können dazu beitragen. Bewährt hat sich auch ein gemeinsam mit der Partnerorganisation organisierter Projektauftakt und/oder Projektabschluss. Erfolge zu würdigen und gemeinsam zu feiern („celebration of success" heißt es bei den Amerikanern), schafft eine vertrauensvolle Grundlage für weitere gemeinsame Vorhaben.

Phasenverlauf des Service Projekts

In der Umsetzung von Service Learning in der Lehre sind vier Phasen zu gestalten: die Projektplanung, der Projektstart, der -verlauf und der -abschluss.

In der *Projektplanungsphase* stehen konzeptionelle Überlegungen und Vorgespräche mit den Partnern im Gemeinwesen an. Es hat sich bewährt, in der Seminarkonzeption nicht nur die fachlichen Lern- und Kompetenzziele, sondern auch die Ziele der Projektarbeit mit den Partnern abzustimmen und klar zu benennen.

Im Rahmen des *Projektstarts* liegt der Fokus auf der Gewinnung von Studierenden. Das Konzept des Service Learning und die damit verbundene Arbeitsweise sind den Studierenden häufig noch nicht bekannt und sollten daher erklärt werden. Anders als bei traditionellen Hochschulseminaren ist es beim Service Learning wichtig, über den Zeitraum von mindestens einem Semester mit einer verlässlichen Gruppe von Studierenden zu arbeiten. Wenn Studierende sich nur unverbindlich festlegen, kann das die Durchführung

---

18 Cf. Sliwka, Anne / Klopsch, Britta 2012, S. 97.

des Projekts erschweren oder gefährden. Ein Auftaktworkshop und eine schriftliche Vereinbarung, die die Erwartungen deutlich macht und von den Studierenden, den Partnern und den Dozenten unterzeichnet wird, trägt zur Orientierung bei und begrenzt die Gruppe der Studierenden auf diejenigen, die ernsthaft am Projekt mitarbeiten möchten.

Im *Projektverlauf* kommt es vor allem auf ein ausgeglichenes Verhältnis zwischen der wissenschaftlichen Fundierung und dem praktischen Projekt an. Die Verzahnung von Wissenschaft und Praxis wird durch Reflexionsgespräche sichergestellt. Die fortlaufende Kommunikation „im Dreieck" zwischen Hochschullehrenden, Studierenden und Partnern im Gemeinwesen sorgt dafür, dass Probleme gelöst werden können.

Zum *Projektabschluss* sollten nicht nur die Ergebnisse und Erfolge der Projektarbeit gemeinsam gewürdigt und gefeiert werden, sondern auch die von den Studierenden erworbenen Kompetenzen dokumentiert und zertifiziert werden. Dies dient einerseits der Wertschätzung der Studierenden, die im Rahmen des Service Learning in der Regel mehr Engagement zeigen, als dies in einem traditionellen Seminar notwendig wäre. Zur Dokumentation der Leistungen können die Studierenden ein „Seminarportfolio" anfertigen, in dem sie sowohl die wissenschaftlich-fachlichen Leistungen als auch die Dokumentation und Reflexion ihrer Praxiserfahrungen zusammenführen. Neben den üblicherweise in Hochschulseminaren vergebenen Credit Points hat es sich bewährt, den Studierenden ein vom Hochschullehrer und der Partnerorganisation unterzeichnetes „Zertifikat" zu vergeben, das das Engagement und den Kompetenzerwerb kurz beschreibt und die individuelle Arbeitsleistung, vergleichbar einem Arbeitszeugnis, würdigt. Viele Studierende sind dankbar für diese Dokumente, da sie in der Phase des Berufseinstiegs Türen öffnen können.

Abschließend sollte eine Auswertung des Seminars und des Projekts erfolgen, die mit einem Fazit für kommende Projekte verbunden wird.

> **Beispiel für ein Service Learning-Projekt in der universitären Lehrerbildung: „Wir schreiben Bücher"**
> Im Kontext der universitären Lehrerbildung liegen gute Erfahrungen mit Projekten vor, bei denen Studierende an Schulen und anderen Bildungseinrichtungen Projekte der Schul- und Unterrichtsentwicklung durchführen und zugleich zentrale Studieninhalte durch deren Anwendung in der Praxis verarbeiten. So haben Lehramtsstudierende zum Beispiel ein Lehr-Lern-Konzept für die Literacy-Bildung entwickelt und an einer Grundschule realisiert, in dem Kinder in 4. Klassen im Laufe von drei Monaten jeweils ein eigenes Buch schreiben und illustrieren[19].
>
> Die erforderlichen Arbeitsschritte der Studierenden, die in themenspezifischen Sitzungen gerahmt und reflektiert wurden, umfassten
>
> - strukturierte Interviews mit Schulleitung und Lehrkräften
> - Unterrichtsbeobachtung
> - Analyse des Bildungsplans und Studium wissenschaftlicher Schriften (z.B. im Themenbereich „cognitive apprenticeship")
> - Entwicklung von Materialien für Lehrkräfte, Schüler und Eltern
> - Durchführung des Projekts „Wir schreiben ein Buch": Erprobung des Materials im Unterricht
> - Evaluation des Projekts und des Materials
> - Überarbeitung des Materials
>
> Abschließend erhielt die Schule ein „Handbuch", das Arbeitsschritte und Materialien umfasst und eine weitere Durchführung ermöglicht. Diese Arbeitsergebnisse wurden auch in Buchform veröffentlich, um sie für andere Schulen nutzbar zu machen[20].
>
> Zur Leistungsdokumentation erstellten die Studierenden ein Portfolio, in dem sie die wissenschaftlichen Grundlagen, darauf basierende erarbeitete Materialien sowie die Reflexion von Seminar und Projektarbeit dokumentierten.
>
> Zusätzlich zur Benotung wurde ein Zertifikat über die erworbenen Kompetenzen ausgestellt.

(Wie) passt Service Learning in deutsche Hochschulen und Universitäten?

Service Learning, so zeigen viele Leuchtturmprojekte[21], lässt sich in die Strukturen und Kulturen der Universitäten und Hochschulen in Deutschland

---

19 Cf. Klopsch, Britta / Sliwka, Anne / Schmitt, Mara-Sophie: *Wir schreiben Bücher. Ganzheitliche Literacy-Förderung für die 3. und 4. Klasse.* Beltz: Weinheim 2013.
20 Cf. op. cit.
21 Siehe die Dokumentation des bundesdeutschen Hochschulnetzwerks „Bildung durch Verantwortung": http://www.netzwerk-bdv.de/content/home/index.html.

einfügen. Dies erfordert jedoch, zunächst unterschiedliche Barrieren zu überwinden, die den universitären Lernbegriff, die Studienstruktur nach Bologna sowie die Leistungsdokumentation betreffen.

Der vergleichsweise eng ausgerichtete universitäre Lernbegriff, der die theoretische Auseinandersetzung und Aufbereitung von Lerninhalten in den Vordergrund stellt, kann so erweitert werden, dass neben der theoretischen Durchdringung eines Stoffes nun auch dessen Anwendung in einem Praxisfeld als Säule des Lernens wahrgenommen und dokumentiert wird. „Leadership, Citizenship und Personal Growth"[22] sind dabei neue Aspekte der Hochschulbildung, wie sie ja im Kompetenzbegriff zur Anwendung kommen. Universitäre Studienleistungen erfolgen dabei nicht mehr ausschließlich zu einem fixierten Zeitpunkt in einem „klassischen Setting", sondern werden in facettenreichen und komplexen Lernsettings, die auch Orte außerhalb der Universitäten einschließen, erbracht. Neben der Auseinandersetzung mit Theorie und Empirie wird nun auch Wissenstransfer und Anwendung im Praxisfeld als Teilbereich der Leistung relevant. Ein Prüfungsformat, mithilfe dessen diese komplexe Leistung der Studierenden dokumentiert werden kann, ist das Portfolio, innerhalb dessen alle theorie- und praxisbasierten Arbeitsschritte beschrieben und reflektiert werden können. Im Idealfall wird die Portfolioarbeit durch die Bereitstellung entsprechender Kompetenzraster gerahmt mit deren Hilfe sich die Studierenden einschätzen und gezielt weiterentwickeln können.

Neben der beschriebenen Veränderung des Lern- und Leistungsbegriffs werden als Hindernis in der Realisierung von Service Learning oftmals die strukturellen und organisatorischen Veränderungen durch den Bologna-Prozess genannt. Die Abbildung eines anspruchsvollen Studienformats wie Service Learning durch ETCS-Punkte sowie dessen Einbindung in das enge Zeitkorsett von Bachelor- und Masterstudiengängen ist aber nur scheinbar ein Problem: In Wirklichkeit bietet gerade die an studentischen Workloads orientierte und auf Kompetenzen ausgerichtete Studienorganisation des Bologna-Prozesses einen guten Rahmen für Service Learning, wenn die Workloads in Seminar und Projektarbeit entsprechend abgebildet werden und die umfassenden Möglichkeiten zum Kompetenzerwerb, die das Service Learning zweifelsohne bietet, als Bereicherung eines Hochschulstudiums gesehen werden.

---

22 Baltes 2007, S. 147.

Anreize für Hochschullehrende, Service Learning umzusetzen, sind an Hochschulen und Universitäten in Deutschland jedoch noch relativ schwach entwickelt. Eine Ursache dafür könnte darin liegen, dass Service Learning noch nicht hinreichend als wirksame Strategie zur Entwicklung fachlicher und fachmethodischer Kompetenz und als gute Grundlage für fachspezifische Professionalisierungsprozesse erkannt wird. Erst langsam verschiebt sich der Fokus des Service Learning, das in Deutschland zunächst unglücklicherweise als Methode zur Vermittlung von „soft skills" gesehen wurde, auf die tiefgreifende kognitive Aktivierung der Studierenden in einer wissenschaftlichen Domäne. Um Service Learning erfolgreich und flächendeckender in das universitäre Lehrangebot einzubinden, muss genau dieser Aspekt des Service Learning noch weiter entwickelt und besser beforscht werden. Die im Vergleich zum Ursprungsland des universitären Service Learning, den USA, vergleichsweise hohen Lehrdeputate von Hochschullehrenden hierzulande können die Bereitschaft mindern, ein neues Lehrformat wie das Service Learning einzuführen. Dass viele der Pioniere des universitären Service Learning unter den Hochschullehrenden diese hochschuldidaktische Arbeitsform allerdings auch für die persönliche Arbeit in Forschung und Lehre als großen Gewinn erleben, kann hier als Anreiz für andere Kolleginnen und Kollegen dienen.

Der Blick auf die Studierenden zeigt, dass Service Learning insbesondere das Interesse von leistungsstarken Studierenden weckt, die im Sinne eines transformativen Ansatzes die Vorteile des Service Learning für ihre eigene professionelle Weiterentwicklung erkennen und aktiv nutzen. Um das darin liegende Potenzial nutzbar zu machen, sollte das Angebot von Service Learning Seminaren sich an der realen Lebenssituation der Studierenden ausrichten. Der zeitliche Umfang eines solchen Seminars sollte durch passende Zeitfenster für Studierende gedeckt sein, die oftmals zwar mobil sind und damit eine große Reichweite möglicher Projektpartner bedienen können, auf der anderen Seite aber nicht selten neben dem Studium arbeiten, wodurch ihre zeitliche Flexibilität eingeschränkt wird.

Fazit

Service Learning, eine hochschuldidaktische Arbeitsform, die mittlerweile in vielen Ländern der Erde eingesetzt wird, ist in hohem Maße mit dem empirischen Stand der Lehr-Lernforschung kompatibel. Lernen erfordert demnach die kognitive Aktivierung in anspruchsvollen Lernsettings und dient der umfassenden Kompetenzentwicklung. In der Durchführung neuartiger Projekte und der Lösung unstrukturierter Probleme an der Schnittstelle zwischen Wissenschaft und Praxis legen Studierende das Fundament einer professionellen Handlungskompetenz.

Literatur

Baltes, Anna Maria / Kroneberg, Schima: „Passt es? Reflexionen über ein anglo-amerikanisches Lehrkonzept an deutschen Hochschulen". In: Baltes, Anna Maria / Hofer, Manfred / Sliwka, Anne (Hrsg.): *Studierende übernehmen Verantwortung. Service-Learning an deutschen Hochschulen.* Beltz: Weinheim et al. 2007, S. 123–141.

Bonsen, Martin / Rolff, Hans-Günter: „Professionelle Lerngemeinschaften von Lehrerinnen und Lehrern". *Zeitschrift für Pädagogik* 52(2), 2006, S. 167–184.

Boland, Josephine / Keane, Elaine: "The transformative potential of service/community-based learning as a pedagogy for diversity and social justice in teacher education: A case study from Ireland". In: Murphy, Timothy / Tan, Jon (Hrsg.): *Service learning and educating in challenging contexts: International perspectives.* Continuum Books: London et al. 2012, S. 139–156.

Furco, Andy: Foreword. In: Murphy, Timothy / Tan, Jon (Hrsg.): *Service learning and educating in challenging contexts: International perspectives.* Continuum Books: London et al. 2012, S. xiii–xvi.

Klopsch, Britta / Sliwka, Anne / Schmitt, Mara-Sophie: *Wir schreiben Bücher. Ganzheitliche Literacy-Förderung für die 3. und 4. Klasse.* Beltz: Weinheim 2013.

Kulmer, Ulla / Trebesch, Karsten: „Der kleine Unterschied und die großen Folgen. Von der Organisationsentwicklung zum Change Management". *Organisationsentwicklung. Zeitschrift für Unternehmensentwicklung und Change Management* 23(4), 2004, S. 80–86.

Lipowsky, Frank: Auf den Lehrer kommt es an. Empirische Evidenzen für Zusammenhänge zwischen Lehrerkompetenzen, Lehrerhandeln und dem Lernen der Schüler. *Zeitschrift für Pädagogik,* 51 Beiheft, 2006, S. 47–65.

Scriven, Michael: *Evaluation Thesaurus.* Sage: Newbury Park 1991.

Schön, Donald: „The Theory of Inquiry: Dewey's Legacy to Education". *Curriculum Inquiry* 22(2), 1992, S. 119–139.

Seifert, Anne / Zentner, Sandra / Nagy, Franziska: *Praxisbuch Service-Learning*. Beltz: Weinheim 2013.

Sliwka, Anne / Klopsch, Britta: "Service-Learning and School Development in German Teacher Education". In: Murphy, Timothy / Tan, Jon (Hrsg.): *Service learning and educating in challenging contexts: International perspectives*. Continuum Books: London et al. 2012, S. 89–104.

Sliwka, Anne / Frank, Susanne: *Service-Learning. Verantwortung lernen in Schule und Gemeinde*. Beltz: Weinheim 2004.

Speck, Karsten / Ivanova-Chessex, Oxana / Wulf, Carmen: *Wirkungsstudie Service Learning in Schulen*, retrieved 19.12.2014 from http://www.aktive-buergerschaft.de/fp_files/sozialgenial_Print/Wirkungsstudie_Service_Learning_Forschungsbericht_Uni_Oldenburg_web.pdf.

Welch, Marshall: *Service Learning as Deeper Education*. Service Learning Academy: Hodson Bay 2006.

Was ist Service Learning?, retrieved 11.12.2014, from http://www.netzwerk-bdv.de/content/communityservice/servicelearning.html.

The international journal of research on service-learning and community engagement, retrieved 15.1.2015, from http://journals.sfu.ca/iarslce/index.php/journal/index.

Julia Gerstenberg
Humboldt reloaded: Ein Beispiel zur Umsetzung Forschenden Lernens

Abstract The University of Hohenheim developed, within the project "Humboldt reloaded. Science in practice right from the beginning", a varied and broad course offer of research-based learning for undergraduate students. Scientific staff of the relevant fields of study proposes projects in which they provide insight into their current research. Of these projects students can choose the one they are most interested in. The voluntary project work is usually not graded and can be credited in their studies. The format is suitable as an introduction to research-based learning. Professional and methodological skills are in particular promoted before personal and social skills.

Zur Universität Hohenheim

Die Universität Hohenheim (UHOH) besteht aus drei Fakultäten – Agrarwissenschaften, Naturwissenschaften sowie Wirtschafts- und Sozialwissenschaften. Im Wintersemester 2013/2014 waren 9.918 Studierende eingeschrieben.[1] Von 2011 bis 2016 läuft an der UHOH im Rahmen des Qualitätspaktes für Lehre das Projekt „Humboldt reloaded: Wissenschaftspraxis von Anfang an".[2]

Die Universität hat sich mit Humboldt reloaded vorgenommen, die Lehre zu verbessern, indem günstigere Lehrbedingungen geschaffen, Lehrende hochschuldidaktisch aus- und weitergebildet sowie neue Lehrformate ausprobiert werden. Das Augenmerk wird bei der Umsetzung auf das Format des Forschenden Lernens gelegt.

---

1 Universität Hohenheim: Zahlen & Fakten, retrieved 27.12.2014, from https://www.uni-hohenheim.de/zahlen.
2 Universität Hohenheim: Humboldt reloaded, retrieved 29.12.2014 from https://studium-3-0.uni-hohenheim.de/humboldt-reloaded.

Die Elemente des Projektes „Humboldt reloaded"

Fünf Elemente bilden Humboldt reloaded. Das wichtigste und umfangreichste Element sind studentische Forschungsprojekte, die im Grundstudium der zwölf Bachelorstudiengänge innerhalb der gesamten Universität Hohenheim angeboten werden. Die vier weiteren Elemente ummanteln diese studentischen Projekte.

Die Zentrale Studienberatung bietet innerhalb einer „Lernwerkstatt" für alle Studierenden Kurse in den Bereichen Lern-, Arbeits- und Entspannungstechniken an. Hier gibt es eine Lernpartnerbörse, Selbstlernmaterialien, eine Sprechstunde zur Prüfungsbewältigung und E-Learning-Angebote. Für die hochschuldidaktische Aus- und Fortbildung der Lehrenden bietet die „Methodenwerkstatt" Informationen, kollegiale Beratung, Hospitation und Seminare zur Durchführung von studentischen Forschungsprojekten im Format des Forschenden Lernens an. Das dritte Element ist die Berichterstattung über Humboldt reloaded innerhalb des universitätsinternen „Hohenheimer Online-Kuriers". Die Online-Zeitung stellt studentische Projekte vor, in der Rubrik „Zur Sache, Prof" werden Einschätzungen von Professoren zu aktuellen Themen eingeholt und in der Rubrik „besser wär' besser" werden jeweils Zuständige zu Verbesserungsvorschlägen von Studierenden und Universitätsmitarbeitern[3] befragt. Als fünftes Element laufen zwei Begleitstudien zu den studentischen Forschungsprojekten – eine Evaluation und eine Akzeptanzstudie. Während die Akzeptanzstudie untersucht, ob und wie Humboldt reloaded mit seinen Maßnahmen bei den Studierenden und Lehrenden angenommen wird, warum wer teilnimmt oder gerade nicht, beschäftigt sich die Evaluation mit dem Lerngewinn der teilnehmenden Studierenden und Lehrenden.

Aufbau und Struktur

Humboldt reloaded ist an der gesamten Universität angesiedelt. Die Studiendekane sind jeweils weisungsbefugt für ein Team aus wissenschaftlichen Mitarbeitern an ihrer Fakultät. Insgesamt umfasst das Projekt über

---

3 Um die Lesbarkeit nicht zu beeinträchtigen, wird auf einen integrativen Sprachgebrauch verzichtet. Sofern nicht anders angegeben, sind im Folgenden mit der männlichen Form jeweils beide Geschlechter gemeint.

30 Mitarbeiter, darunter auch Mitarbeiter der fakultätsübergreifenden Projektkoordination und -verwaltung. Die Mitarbeiter an den Fakultäten sind an ihren Herkunftsfachgebieten angesiedelt und in der dortigen Forschung eingebunden. Zusätzlich bieten sie studentische Forschungsprojekte an und werben Kollegen als Betreuer für weitere Projekte. Sie fungieren als Multiplikatoren in ihren Fachbereichen. Mitwirkende am gesamten Projekt Humboldt reloaded sind Studierende, wissenschaftliche Mitarbeiter, Professoren und Angestellte in der Verwaltung.

Studentische Forschungsprojekte

Da die studentischen Forschungsprojekte das Hauptelement von Humboldt reloaded darstellen, soll ihre Form an dieser Stelle ausführlicher beschrieben werden. In den Fachbereichen der UHOH bereiten wissenschaftliche Mitarbeiter, darunter oft Doktoranden, ein Projekt vor, das Teil ihrer Forschungsarbeit ist und in dem ein oder mehrere Studierende Aufgaben übernehmen können. Zweimal jährlich können Studierende aus einer Vielzahl von solchen vorbereiteten Projekten auswählen und sich für ein Projekt bewerben. Die Projekte sind offen für Bachelorstudierende, vorrangig für Dritt- und Viertsemester, da sie bereits über Grundlagenwissen verfügen. Die Teilnahme an den studentischen Forschungsprojekten ist freiwillig, meist unbenotet und in fast allen Bachelorstudiengängen in einem Wahlpflichtmodul anrechenbar. Die Projekte umfassen 30 bis 180 Stunden, was einem bis sechs ECTS-Punkten entspricht, und laufen innerhalb von einem oder zwei Semestern geblockt oder semesterbegleitend. Die Projekte sind experimentell, theoretisch und/ oder empirisch aufgebaut. Die geringe Teilnehmerzahl von einem bis zwanzig Teilnehmern, das ist je nach Fachgebiet verschieden, ermöglicht eine intensive Betreuung. Die Studierenden können sich ausprobieren, die gelernte Theorie mit praktischer Arbeit verknüpfen und Einblick in den Wissenschaftsalltag erhalten. Am Ende und auch als Auftakt eines Humboldt reloaded-Jahres findet zu Beginn des Wintersemesters eine studentische Jahrestagung statt. Bei dieser stellen alle Studierenden, die im zurückliegenden Jahr an einem Forschungsprojekt teilnahmen, ihre Arbeit mit einem Abstract im Tagungsband, mit einem wissenschaftlichen Poster und teilweise mit einem Vortrag während der Tagung vor. An diesem Tag werden meist auch neue Projekte vorgestellt, für die sich Studierende bewerben können.

Forschendes Lernen

Das Konzept des Projektes Humboldt reloaded orientiert sich an den Definitionen des Forschenden Lernens von Ludwig Huber:

> „Forschendes Lernen zeichnet sich vor anderen Lernformen dadurch aus, dass die Lernenden den Prozess eines Forschungsvorhabens, das auf die Gewinnung von auch für Dritte interessanten Erkenntnissen gerichtet ist, in seinen wesentlichen Phasen – von der Entwicklung der Fragen und Hypothesen über die Wahl und Ausführung der Methoden bis zur Prüfung und Darstellung der Ergebnisse in selbstständiger Arbeit oder in aktiver Mitarbeit in einem übergreifenden Projekt – (mit) ge-stalten, erfahren und reflektieren."[4]

und Karin Reiber: „Lernen, […] das sich im Ablauf an den Schritten eines Forschungsprozesses orientiert, der darauf abzielt, neues Wissen zu generieren und rückgebunden […] an eine Forschungsgemeinschaft"[5] ist.

Huber weist darauf hin, dass es Vorstufen des Forschenden Lernens gibt – das forschungsbasierte und das forschungsorientierte Lernen, die aufeinander aufbauen können.[6] Diese Vorstufen finden sich unter den Humboldt reloaded-Projekten auch wieder. Denn so verschieden die Fachbereiche sind, so verschieden sind auch die Haltungen zu Forschung und dazu, inwieweit Studierende in die eigene Arbeit miteinbezogen werden können. Der Zugang zu Forschendem Lernen führt über Studierende und Lehrende. Die unterschiedlichen fachlichen Methoden, die Leistungsbereitschaft und das Leistungsvermögen der Studierenden und Betreuer, die Möglichkeiten im Fachbereich ergeben eine Fülle verschiedener Projekte in Format und Niveau, zum Beispiel Exkursionen, Recherche-, Labor- und Schreibprojekte. Es gibt Projekte, bei denen Studierende beinahe ein Jahr in einem Forschungsprozess mitwirken können und ihre Arbeitsergebnisse mit in Publikationen einfließen. Da werden in Feldversuchen Bodenproben genommen oder Pflanzenwuchs

---

4 Huber, Ludwig: „Warum Forschendes Lernen nötig und möglich ist". In: Huber, Ludwig et al. (Hrsg.): *Forschendes Lernen im Studium. Aktuelle Konzepte und Erfahrungen.* UVW UniversitätsVerlagWebler: Bielefeld 2009, S. 11.
5 Reiber, Karin: „Forschendes Lernen im Zeichen von Bologna". In: Kossek, Brigitte (Hrsg.): *Universität in Zeiten von Bologna. Zur Theorie und Praxis von Lehr- und Lernkulturen.* V & R Unipress: Göttingen et al. 2012, S. 112.
6 Huber, Ludwig et al. (Hrsg.): *Forschendes Lernen als Profilmerkmal einer Universität: Beispiele aus der Universität Bremen.* (Motivierendes Lehren und Lernen in Hochschulen 16). UVW UniversitätsVerlagWebler: Bielefeld 2013, S. 23 f.

bei bestimmten Wetterbedingungen beobachtet. Es werden Planspiele entwickelt und durchgeführt, um den Einfluss und die Wechselwirkung einzelner Komponenten auf Systeme zu verstehen. In Laboren entwickeln Studierende neue Nahrungsmittel oder tragen einen kleinen Teil zur Erforschung eines noch weitgehend unbekannten Organs bei. Andere Studierende erstellen Fragebögen, führen Umfragen durch und werten diese aus. Je nach Interesse und Leistungsbereitschaft können Studierende kleine Ausschnitte oder große Zusammenhänge sehen.

Reaktionen der Teilnehmer

Die langsame Etablierung einer Haltung Forschenden Lernens ist zu beobachten. Projekte, die Methodenkenntnisse vermitteln und üben, werden stark nachgefragt. Ein Teil der Studierenden wirkt in mehreren Projekten mit. Die Selbstständigkeit wächst mit jedem Semester, die Nachfrage nach stark strukturierten Aufgaben lässt nach, und mehr Freiraum für freie Ideen- und Lösungsentwicklung entsteht. So ändert sich auch der Führungsstil der Projektbetreuer – je öfter sie studentische Projekte angeboten haben, desto sicherer sind sie in der Betreuung eines Projektes und probieren neue Formate aus.[7] Die ersten erprobten Methoden wurden in reguläre Lehrveranstaltungen übertragen. Auch das Gespür für die Suche nach guten Arbeitssettings sowohl seitens der Betreuer als auch der studentischen Teilnehmer wird ausgeprägter – welche Bedingungen und Vorkenntnisse wichtig für das Gelingen eines Projektes sind. Je länger Humboldt reloaded läuft, desto mehr Studierende trauen sich, auch eigenständig Forschungsfragen einzubringen und sich für ihr Wunschprojekt Betreuer in den Fachgebieten zu suchen.

Als Reaktionen seitens der Studierenden zu den studentischen Forschungsprojekten sind zwei Seiten anzusprechen. Einerseits stellen die Studierenden

---

7   Oberhauser, Elisabeth / Schröter, Daniela / Badermann, Mandy: *Wie wirkt Humboldt reloaded? Eine Untersuchung der Wirksamkeit der Humboldt reloaded-Projekte an der Universität Hohenheim.* (Forschungsbericht vom Sommersemester 2012 – Wintersemester 2013/14), Universität Hohenheim 2015. „https://studium-3-0.uni-hohenheim.de/fileadmin/einrichtungen/studium-3-0/ Humboldt_reloaded/Begleitstudien/Abschlussbericht_Evaluation_HR_EOberhauser__2_.pdf, Stand 22.05.2015).

deutlich fest, dass die studentischen Forschungsprojekte zeitintensiv und anspruchsvoll sind. Überforderung und Zeitmangel sind daher auch die maßgeblichen Abbruchgründe. Andererseits schätzen sie den Einblick in den Forschungsalltag, die Zusammenhänge und die intensive Betreuung. So meinen die meisten Teilnehmer, dass der Aufwand lohnt. Nicht selten werden weitere Projekte belegt, dann in einer anderen Richtung, mit anderer Methodik oder freierer Aufgabenstellung. Häufiger setzen ehemalige Teilnehmer auch als studentische Hilfskräfte am jeweiligen Fachgebiet fort oder beschäftigen sich in ihrer Bachelorarbeit weiter mit dem Thema ihres studentischen Forschungsprojektes. Oft nehmen Teilnehmer der Projekte im Anschluss auch an Weiterbildungskursen der Lernwerkstatt teil, um ihre Soft Skills weiter zu schulen.

Durch regelmäßigen Austausch unter den Mitarbeitern aus den drei Fakultäten innerhalb des Projektteams werden die verschiedenen Haltungen zu Forschung in den Fachgebieten und die Einbindung Studierender in die Forschung im Sinne der Lehre diskutiert und angeregt. Auch die universitätsinterne Berichterstattung leistet hierfür ihren Beitrag.

Die Zahlen belegen die Entwicklung und Annahme des Forschenden Lernens in Form der studentischen Projekte. Im ersten Jahr von Humboldt reloaded (Wintersemester 2011/12 und Sommersemester 2012) nahmen 355 Studierende an 95 studentischen Forschungsprojekten teil, im zweiten Jahr 530 Studierende an 148 Projekten und im dritten Jahr 665 Studierende an 160 Projekten. Auch die Zahl der beteiligten wissenschaftlichen Mitarbeiter als Projektbetreuer ist im Laufe der Zeit gestiegen von anfangs 102 mitwirkenden Betreuern auf über 150 Personen. Pro Projekt wirkten ein bis vier Projektbetreuer mit. Projektbetreuer(-gruppen) boten ein bis fünf studentische Forschungsprojekte innerhalb eines Semesters an.

Schlüsselqualifikationen

Innerhalb der prozessbegleitenden Evaluation wurden die Studierenden vor und nach der Teilnahme an einem studentischen Forschungsprojekt befragt, wie hoch sie ihrer Meinung nach verschiedene Kompetenzen einschätzen. Es wurden Fach-, Methoden-, Sozial- und Lernkompetenzen sowie die Selbstwirksamkeit befragt. Interessant ist, dass die Studierenden ihre Kompetenzen vor der Teilnahme an einem Projekt meist höher einschätzten als nach dem Projekt.[8] Dieses Ergebnis weist zum einen darauf hin, dass den Studierenden oft erst während der Projekte klar wird, was die Kompetenzen beinhalten. Meist sind die Projekte der erste Einblick in die Forschung und damit auch die erste Möglichkeit für eine reelle Einschätzung zu den gefragten Kompetenzen. Zum anderen wird ersichtlich, dass es Zeit braucht, bis Gelerntes bewusst wird und umgesetzt werden kann.

Auf die Frage, welche Qualifikationen über Humboldt reloaded erworben werden konnten, ordneten die 62 antwortenden Studierenden im Sommersemester 2012 folgende vorgegebene Punkte zwischen 1 für „gar nicht" und 6 für „sehr" ein: „sehr gutes Fachwissen" bei einem Durchschnittswert von 4,05; „Probleme analysieren" bei einem Wert von 4; „kreative Ideen" bei 3,98; „strategisch denken und planen" bei 3,92; „eigenverantwortlich lernen" bei 4,37; „offen auf Menschen zugehen" bei 4,37 und „Verantwortung übernehmen" bei 4,08.[9]

Fazit

Forschendes Lernen ist geeignet, um Schlüsselqualifikationen zu vermitteln. Im Format, wie es innerhalb von Humboldt reloaded vermittelt wird (Fachgebiete schlagen Projekte vor, für die sich Studierende bewerben können), liegt der Fokus neben dem Lernen lernen stark auf dem Forschen lernen. Damit liegt der Schwerpunkt der geförderten Schlüsselqualifikationen im Bereich der Fach- und Methodenkompetenzen. Der fachspezifische Bezug zu Forschung spielt hier jedoch auch eine große Rolle. Im Format – Studierende entwickeln selbst Projekte und suchen sich dafür Unterstützung in den Fachgebieten – könnte der Schwerpunkt der ausgeprägten Schlüsselqualifikationen stärker auf den personalen und sozialen Kompetenzen liegen als bei Humboldt reloaded.

---

8 Oberhauser, Elisabeth / Schröter, Daniela / Badermann, Mandy: *Wie wirkt Humboldt reloaded? Eine Untersuchung der Wirksamkeit der Humboldt reloaded-Projekte an der Universität Hohenheim.* (Forschungsbericht vom Sommersemester 2012 – Wintersemester 2013/14) Universität Hohenheim 2015, S. 35.
9 Oberhauser, Elisabeth: Folien für den Vortrag zu Humboldt reloaded. Bildungstagung Forum SQ, Hegne 2014.

Literatur

Huber, Ludwig: „Warum Forschendes Lernen nötig und möglich ist". In: Huber, Ludwig et al. (Hrsg.): *Forschendes Lernen im Studium. Aktuelle Konzepte und Erfahrungen.* UVW UniversitätsVerlag Webler: Bielefeld 2009, S. 11.

Huber, Ludwig et al. (Hrsg.): *Forschendes Lernen als Profilmerkmal einer Universität: Beispiele aus der Universität Bremen.* (Motivierendes Lehren und Lernen in Hochschulen 16). UVW UniversitätsVerlag Webler: Bielefeld 2013, S. 23f.

Oberhauser, Elisabeth: Folien für den Vortrag zu Humboldt reloaded. Bildungstagung Forum SQ, Hegne 2014.

Oberhauser, Elisabeth / Schröter, Daniela / Badermann, Mandy: *Wie wirkt Humboldt reloaded? Eine Untersuchung der Wirksamkeit der Humboldt reloaded-Projekte an der Universität Hohenheim.* (Forschungsbericht vom Sommersemester 2012 – Wintersemester 2013/14) Universtität Hohenheim, S. 35[1].

Reiber, Karin: „Forschendes Lernen im Zeichen von Bologna". In: Kossek, Brigitte (Hrsg.): *Universität in Zeiten von Bologna. Zur Theorie und Praxis von Lehr- und Lernkulturen.* V & R Unipress: Göttingen et al. 2012, S. 112.

Universität Hohenheim: Humboldt reloaded, retrieved 29.12.2014 from https://studium-3-0.uni-hohenheim.de/humboldt-reloaded.

Universität Hohenheim: Zahlen & Fakten, retrieved 27.12.2014, from https://www.uni-hohenheim.de/zahlen.

Janine Wiese und Petra Kleinser

Forschungsnahes Lehren und Lernen im Service Learning an der Universität Tübingen

Abstract Research-based teaching and learning within the Service Learning is an educational approach offering two combined and complex teaching and learning formats. By linking the two formats the University of Tübingen (amongst others) aims to convey to students the responsibility of science towards society.

Allgemeines Ziel

Die konzeptuelle Entwicklung und Implementierung des Lehr-/Lernformates Service Learning in der Kombination mit forschungsnahem Lehren und Lernen beinhaltet mehrere Ziele. Für die Studierenden ist damit ein Bildungsziel verbunden, für den Arbeitsbereich innerhalb des Studium Professionale ein Anwendungs- und Forschungsziel, für die universitäre Lehre als Ganzes eine Ausweitung ihres gemeinwohlorientierten wissenschaftsbasierten Engagements und der Kooperationen mit der regionalen Zivilgesellschaft.

Strukturelle Einordnung an der Universität Tübingen

Der Arbeitsbereich Service Learning[1] ist an der Universität Tübingen im Studium Professionale – dem Kursprogramm für Schlüsselqualifikationen – angesiedelt. Er ist somit zwar im überfachlichen Bereich verortet, arbeitet allerdings in Kooperation mit Vertreter/innen aus den Fächern an einem gesamtuniversitären Service Learning Konzept, das in möglichst viele Fächer übertragbar sein soll. So ist eines der Hauptziele die Implementierung des Formats in Modulhandbücher verschiedener Fachbereiche und Studiengänge. Im Arbeitsbereich werden für den überfachlichen Bereich des Studium Professionale regelmäßig (möglichst inter- bzw. transdisziplinäre) Projektseminare

---

1 Die nachhaltige Implementierung des Lehr-/Lernformats Service Learning an der Universität Tübingen ist eine Teilmaßnahme des Projekts „Erfolgreich studieren in Tübingen" (ESIT). Dieses ist vom Bundesministerium für Bildung und Forschung (BMBF) im Rahmen des „Qualitätspakt Lehre" von Oktober 2011 bis Oktober 2016 finanziert.

entwickelt, die das Format des Service Learning mit dem Format des forschungsnahen Lehrens und Lernens verbinden.

Das Konzept „Forschendes Lernen im Service Learning"

Das Lehrkonzept des forschungsnahen Lehrens und Lernens wurde schon bei der Planung der Implementierung des Lehr-/Lernformats Service Learning an der Universität Tübingen mitbedacht. Da sich die Universität Tübingen als Forschungs- und Volluniversität versteht[2], ist das Hauptziel des Arbeitsbereichs Service Learning, ein Konzept zu entwickeln, das beide Formate zusammenführt. Die Zusammenführung der beiden komplexen Formate zielt vorrangig auf den Bildungs- und Lernprozess der Studierenden. Diese erhalten die Möglichkeit, an Forschungsprozesse herangeführt zu werden bzw. sie von der Fragestellung bis zur Dokumentation und Veröffentlichung der Ergebnisse zu verstehen und durchzuführen, dabei ihre persönliche Verantwortung für ihr wissenschaftliches Handeln (möglicherweise auch ein Scheitern) gegenüber gemeinnützigen Kooperationspartnern reflektiert zu übernehmen, Perspektivenwechsel auf ein Problem einzuüben sowie sich der grundsätzlichen Verantwortung von Wissenschaft und ihrer Wirkungen gegenüber der bzw. auf die Gesellschaft bewusst zu werden. Studierende können so im Idealfall gleichzeitig soziale, persönliche und demokratische sowie wissenschaftliche Kompetenzen entwickeln. In überfachlichen Seminaren wird für die teilnehmenden Studierenden zusätzlich interdisziplinäres Arbeiten und, gemeinsam mit dem gemeinnützigen Partner, transdisziplinäres Arbeiten ermöglicht.

Mit dem Ziel, sich über die relevanten Inhalte und didaktischen Herausforderungen der beiden Formate und ihrer Zusammenführung auszutauschen, wurde auf der Herbsttagung des Hochschulnetzwerks „Bildung durch Verantwortung" 2011 an der Universität Augsburg innerhalb des Hochschulnetzwerks die Arbeitsgruppe „AG Forschendes Lernen"[3] auf Initiative der Universität Tübingen gegründet.

---

2 Universität Tübingen: Leitbild für die Universität Tübingen, retrieved 04.02.2015 from http://www.uni-tuebingen.de/de/13046.
3 Hochschulnetzwerk Bildung durch Verantwortung: Arbeitsgruppen des Hochschulnetzwerks, retrieved 12.03.2015 from http://www.bildung-durch-verantwortung.de/arbeitsgruppen.

Die konzeptionelle Arbeit des Arbeitsbereichs „Service Learning und gesellschaftliches Engagement" an der Universität Tübingen ist einer der Schwerpunkte. Die konzeptionelle Arbeit besteht aus einem Anwendungsziel (der Planung und Durchführung von Lehrveranstaltungen, der Herausarbeitung von Qualitätsmerkmalen des Kombinationsformates und der Übertragung in jeweils fachliche Kontexte) und einem Forschungsziel (der quantitativen und in Zukunft auch qualitativen Evaluation des Formates im Hinblick auf seine unterschiedlichen Ziele für die unterschiedlichen beteiligten Akteure). Die Arbeit in Bezug auf das Anwendungsziel basiert auf theoretischen Grundlagen (philosophischer und bildungstheoretischer Ansätze sowie aus der Lehr- und Lernforschung zu beiden Lehrformaten), den eigenen Erfahrungen aus den Seminaren und dem Erfahrungsaustausch im Rahmen des jährlich stattfindenden Workshops „Forschendes Lernen und Service Learning". Insbesondere die Verbindung der beiden Formate in *einem* Seminar ist mit verschiedenen konzeptionellen Herausforderungen und mit einer immensen Komplexitätssteigerung verbunden. Zur gemeinsamen konzeptionellen Weiterentwicklung findet im Rahmen der „AG Forschendes Lernen" seit dem Frühjahr 2012 regelmäßig, wie oben schon erwähnt, ein Workshop in Tübingen unter bundesweiter Beteiligung statt. In den bisherigen Workshops wurden folgende Themen bearbeitet: (1.) 2012 ging es um die Annäherung an Konzepte bzw. Definitionen Forschenden Lernens sowie die Einordung in den hochschuldidaktischen Kontext: Welche Phasen eines Forschungsprozesses sollten sinnvollerweise in einem Seminar des Forschenden Lernens durchlaufen werden, und wie lässt sich der erweiterte Lehransatz in den verschiedenen Abschnitten des BA-Studiums einerseits sowie im überfachlichen Seminarangebot für alle Studierenden andererseits integrieren? Insbesondere die Überlegungen zum Forschenden Lernen von Ludwig Huber[4] und Karin Reiber[5] und die Erfahrungen der Kollegin aus der Universität Hohenheim (siehe hierzu den

---

4 Huber, Ludwig: „Warum Forschendes Lernen nötig und möglich ist". In: Huber, Ludwig et al. (Hrsg*.)*: *Forschendes Lernen im Studium. Aktuelle Konzepte und Erfahrungen.* UVW Universitäts Verlag Webler: Bielefeld 2009, S. 11.
5 Reiber, Karin: „Forschendes Lernen im Zeichen von Bologna". In: Kossek, Brigitte (Hrsg.): *Universität in Zeiten von Bologna. Zur Theorie und Praxis von Lehr- und Lernkulturen.* V & R Unipress: Göttingen et al. 2012, S. 112.

Beitrag von Julia Gerstenberg in diesem Band) lieferten die theoretische Basis des Workshops. (2.) 2013 war das Thema „Zur Herausforderung und Bedeutung (schriftlicher) Reflexion bei Service Learning und Forschendem Lernen". Der Workshop ging den Fragen[6] nach, wie der Stellenwert von Reflexion für Studierende erfahrbar gemacht werden kann und ob eine verschriftlichte Reflexion ein notwendiger Bestandteil von Service Learning Seminaren ist. (3.) 2014 haben wir die Fragen: „Was sind die Bildungsziele von Forschendem Lernen und Service Learning? Welche gemeinsamen Bildungsziele lassen sich identifizieren? Welche Rahmenbedingungen ermöglichen das Erreichen der Bildungsziele? Was ist bei der praktischen Umsetzung zu bedenken?" bearbeitet. Die Komplexität durch die Zusammenführung von zwei unterschiedlichen Lernformaten kann sich durchaus auch anfällig in Bezug auf ein potenzielles Scheitern von Seminaren auswirken. Geht man damit reflektiert um, sind mögliche Lernerfahrungen manches Mal genauso vorhanden wie bei einem gelingenden Projekt.

Der Arbeitsbereich in Tübingen konnte aus den Workshops und den Erfahrungen aus den Seminaren insgesamt bereits wichtige Erkenntnisse für die Weiterentwicklung des Konzepts gewinnen. So führt forschungsnahes Lehren und Lernen im Service Learning von Studienbeginn an zu wissenschaftlicher Forschung hin, die Umsetzung von forschungsnahem Lehren und Lernen kann, jedoch nicht immer, an die jeweilige Qualifikationsstufe angepasst werden. Studierenden wird ermöglicht, den Forschungsprozess in einem realen Projekt zu erleben. Dies kann zu hohem wissenschaftlichem Interesse am jeweiligen Thema und zur kreativen Entwicklung eigener Forschungsfragen führen. Die Anwendungsorientierung an einem realen gemeinnützigen Projekt kann insbesondere für Studienanfänger/innen die Motivation fördern, an einem Seminar forschungsnahen Lehren und Lernens teilzunehmen und die Neugier auf Wissenschaft wecken. Erkenntnisse aus Seminaren verschiedener Universitäten zeigen, dass dies auch für die eher unbeliebten Methodenseminare in den Sozialwissenschaften gilt. Zusammengefasst fördert das Konzept des „Forschungsnahen Lehrens und Lernens im Service Learning" eine explizit wissenschaftliche Haltung in Bezug auf den Erkenntnis- und Untersuchungsgegenstand, Studierende

---

6 Mit der Unterstützung der Kollegin Swantje Lahm vom Bielefelder Schreibzentrum.

können darüber hinaus an die Relevanz von Wissenschaft gegenüber der Gesellschaft herangeführt werden. Die größte Herausforderung für alle Beteiligten bei diesen Seminaren ist der reflektierte Umgang mit ergebnisoffenen Forschungsfragen und -prozessen, der die Möglichkeit des Scheiterns eines Projektes beinhalten kann. Erfahrungen mit der schriftlichen und mündlichen Reflexion im Seminarkontext haben gezeigt, dass diese im Wesentlichen fachlicher Natur ist. Das lernende Selbst, der Bildungs- und Lernprozess wird selten von Studierenden thematisiert. Wird das gefordert, dann geschieht das oft gegen den Widerstand der Studierenden. Denn Selbstreflexion, herausgelöst aus der wissenschaftlichen Reflexion, wird meist als lästiger Mehraufwand im Kontext zeitintensiver Seminare bewertet. Es stellt sich die Frage, wie bei Studierenden das Selbstverständnis von wissenschaftlicher (Selbst)Reflexion gefördert werden kann, ohne diese als Überlastung zu erfahren.

Der große Mehrwert in der Zusammenführung beider Konzepte besteht darin, dass Studierende gewissermaßen „hautnah" Wissenschaft und Forschung als Bestandteil der Gesellschaft erfahren und individuell mit Verantwortungsübernahme bzw. verantworteter Wissenschaft konfrontiert werden. Die Kombination von selbstständigem wissenschaftlichen Arbeiten innerhalb eines Forschungsprozesses in einem gemeinnützigen Projekt lässt die Teilnehmenden erleben, dass sie als Forscher/innen bzw. Wissenschaftler/innen einen konkreten Beitrag innerhalb der Gesellschaft leisten können. Darüber hinaus können sie die Fähigkeit erlangen, sowohl kritisch die Folgen von Wissenschaft und Forschung abschätzen zu können, als auch eine kritische Distanz gegenüber Auftraggebern zu entwickeln und so nicht zuletzt ethische und politische Urteilskraft auszubilden. Möchte man diese Bildungsziele vermitteln bzw. erlernen, ist der Mehraufwand aus Sicht der Dozent/innen bzw. Studierenden durchaus lohnenswert. Allerdings sind alle Beteiligten mit verschiedensten organisatorischen Herausforderungen konfrontiert. Insbesondere bei größeren Projekten (z.B. zweisemestrigen Seminaren) ist der zeitliche Arbeitsaufwand innerhalb des Stundenplans selten reibungslos zu realisieren. Vor allem für Bachelorstudierende ist eine langfristige Festlegung fast unmöglich, wenn diese nicht in den Modulhandbüchern der Fächer curricular verankert wurde. In Bezug auf die Leistungspunkte kann eine hohe Punktzahl eine berechtigte Anerkennung für den Mehraufwand und das Engagement der Studierenden bedeuten, doch kann sie auf potenzielle Teilnehmer/innen gleichzeitig abschreckend wirken. Um einen Schwund an Studierenden in den Seminaren zu verhindern, ist von Beginn an Transparenz über den Umfang des Projekts, die Verantwortung gegenüber den Kooperationspartnern und die Möglichkeit eines Scheiterns zu schaffen. In Konfliktfällen müssen Lösungsmöglichkeiten von allen beteiligten Partnern gemeinsam mit den Studierenden gesucht werden. Für Dozent/innen bedeuten die Vorbereitung, Durchführung und Nachbereitung der Service Learning Seminare einen sehr hohen Zeitaufwand im Vergleich zu „normalen" Seminaren, und sie übernehmen eine große Verantwortung, insbesondere gegenüber Kooperationspartnern. Rückfragen an die Dozent/innen haben diesbezüglich ergeben, dass sie zwar diese Form der Praxisseminare immer wieder anbieten würden, dies für viele aber nicht regelmäßig zu bewerkstelligen ist.

Kritischer Ausblick mit den Studierenden

Ob die Einführung eines neuen Lehr-/Lernformats an Universitäten Erfolg hat, hängt maßgeblich davon ab, wie es von den Studierenden angenommen wird. Die Qualitätssicherung als wichtiges Instrument, um ein Feedback der Studierenden einzuholen, findet im überfachlichen Lehrbereich des Studium Professionale in Tübingen in Form eines teilstandardisierten Fragebogens statt. Um differenziertere Meinungsbilder der Studierenden zum Lehr-/Lernformat zu erhalten, wird in einem Pilotprojekt eine qualitative Evaluation erprobt. In den nachfolgenden Zitaten werden Sichtweisen und Standpunkte der teilnehmenden Studierenden abgebildet, um abschließend deren Eindrücke zum beschriebenen Format an der Universität Tübingen zu veranschaulichen:

Das Interesse sowie das Gelernte spiegeln sich in den folgenden ausgewählten Beispielen wider: „Es hat vor allem dazu beigetragen, dass ich das vorhandene Interesse institutionell erfahre. Gleichzeitig hat es Wissen vertieft, sodass ich mit neuen Perspektiven und neuen Fragestellungen aus dem Seminar gehe. […]"; „Die Forschungsmethoden […] konkret anzuwenden, fand ich sehr interessant. Die Praxis sieht meist anders aus […]"; „Forschungsmethoden anzuwenden, Kritik an Theorien und Konzepten zu üben, Kritisches Hinterfragen ist sehr wichtig." (vgl. Evaluation Service Learning Sommersemester 2015)

Wie bereits aufgezeigt wurde, ist der Zeit- und Arbeitsaufwand in den Seminaren verhältnismäßig hoch. Die nachfolgenden Zitate zeigen, wie die

Studierenden dies einordnen: „Hoher Arbeitsaufwand, um Forschungsergebnisse zu erhalten."; „Er war zwar größer, aber man hat auch mehr davon gelernt, da es ein sehr praxisorientiertes Seminar war."; „Sehr intensiv und zeitaufwändig, was aber genau das Seminar so besonders gemacht hat." (vgl. Evaluation Service Learning Sommersemester 2015)

Und zum Abschluss ausgewählte Eindrücke der Studierenden zur Kooperation mit gemeinnützigen Partnern innerhalb der Lehrveranstaltungen: „Der Kontakt mit den Initiativen war ein Schlüsselerlebnis und mir hat der Vergleich zwischen den Organisationen und die anschließende Reflexion sehr viel gebracht."; „[…] Wir haben uns auch wertgeschätzt gefühlt, da uns kommuniziert wurde, dass der Austausch unserer Ideen auch wichtig für deren Arbeit ist." (vgl. Evaluation Service Learning Sommersemester 2015)

Das abschließende Zitat verdeutlicht den sinnstiftenden Aspekt der Wertschätzung. Studierende können im Rahmen des Formats sowohl für ihr gemeinnütziges Engagement als auch als angehende Wissenschaftler/in Anerkennung erfahren, eine für das Gelingen des Studiums ohne Zweifel sehr wichtige Erfahrung.

Literatur

Universität Tübingen: Leitbild für die Universität Tübingen, retrieved 04.02.2014 from http://www.uni-tuebingen.de/de/13046.

ESIT-Antrag (unveröffentlicht).

Evaluation Service Learning Sommersemester 2015 (unveröffentlicht).

Huber, Ludwig: „Warum Forschendes Lernen nötig und möglich ist". In: Huber, Ludwig et al. (Hrsg.): *Forschendes Lernen im Studium. Aktuelle Konzepte und Erfahrungen.* UVW UniversitätsVerlag Webler: Bielefeld 2009, S. 11.

Reiber, Karin: „Forschendes Lernen im Zeichen von Bologna". In: Kossek, Brigitte (Hrsg.): Universität in Zeiten von Bologna. Zur Theorie und Praxis von Lehr- und Lernkulturen. V & R Unipress: Göttingen et al. 2012, S. 112.

Sibylle Mühleisen

Das Forum SQ Baden-Württemberg

Die Umstellung auf die Bachelor- und Master-Studiengänge im Rahmen der Einrichtung eines einheitlichen europäischen Hochschulraums, der mit den Beschlüssen der Konferenz in Bologna 1999 geplant wurde, erforderte auch in Deutschland eine neue Auseinandersetzung mit dem Verhältnis von universitärem Studium und dem geforderten Praxisbezug. Diese Auseinandersetzung, im weiteren Verlauf der Umsetzung der Beschlüsse als „Employability"-Diskurs bezeichnet, ließ in der Bundesrepublik ab ca. 2000 auch an den Universitäten neue Konzepte für die Vermittlung überfachlicher und vor allem berufsfeldorientierter Qualifikationen, der sogenannten Schlüsselqualifikationen, entstehen. Die Umsetzung und Integration dieser Schlüsselqualifikationsangebote in die Studiengänge wurde jedoch den einzelnen Hochschulen als frei zu gestaltende Aufgabe überlassen. An einigen Universitäten sind dafür zentrale Einrichtungen gegründet worden, an anderen Universitäten organisieren Career Services, Fachbereiche, Fakultäten oder einzelne Fächer ein überfachliches Lehrangebot.

Das Forum Schlüsselqualifikationen (SQ) wurde 2004 von den Universitäten Freiburg, Mannheim und Tübingen gegründet, die zu den Vorreitern der Umsetzung der geforderten Reformen zählten. Die Idee des informellen Zusammenschlusses aller neun baden-württembergischen Universitäten war, den Prozess der Einführung der Schlüsselqualifikationen gemeinsam voranzutreiben und zu gestalten, um somit voneinander und miteinander zu lernen. Anschubfinanzierungen für gemeinsame Seminarkonzeptentwicklungen zur Implementierung der Schlüsselqualifikationen durch das Ministerium für Wissenschaft, Forschung und Kunst des Landes Baden-Württemberg als universitäre Verbundprojekte auszuschreiben, war ein Verdienst des neu gegründeten Netzwerkes, um die weitere Verzahnung der Universitäten auf dieser Ebene zu fördern. Die Begutachtung der eingereichten Anträge im SQ Bereich und deren Bewilligung zu befürworten oder abzulehnen, wurde dem Forum SQ übertragen.

Das Forum SQ versteht sich als ExpertInnengruppe, die es sich zum Ziel gesetzt hat, neue Entwicklungen im Bereich SQ in Baden-Württemberg zu beobachten, zu initiieren und voranzutreiben. Das Forum SQ trifft sich ca. zwei- bis dreimal im Jahr im Wechsel an den beteiligten Universitäten und bietet Raum für einen gemeinsamen Austausch über Ideen, SQ-Begrifflichkeiten, inhaltliche Konzepte, DozentInnen, aber auch Organisationsformen, geeignete Verwaltungssoftware und Finanzierungsansätze. Darüber hinaus bietet es eine Plattform für gemeinsame Veranstaltungen, Weiterbildungen, Publikationen und Öffentlichkeitsarbeit. Das Forum SQ ist als informeller Zusammenschluss institutionalisiert, berichtet regelmäßig in der Prorektorenrunde des MWK und finanziert sich über Mitgliedsbeiträge der Universitäten. Die kommissarische Geschäftsstelle des Forums SQ befindet sich zurzeit am SQ-Zentrum der Universität Konstanz.

Neben der bundesweiten Bildungstagung in Hegne im Jahr 2014 hat das Forum SQ bereits zwei landesweite Veranstaltungen für Studierende zu den Themen „Kreatives Schreiben" und „Debatte" initiiert. Ein weiterer wichtiger Punkt ist die Erstellung eines gemeinsamen (internen) Qualitätshandbuches. Der jahrelange inhaltlich sehr kontroverse Diskussionsprozess dieses internen Handbuches war für alle Mitarbeiterinnen sehr lehrreich und für die gemeinsame Arbeit grundlegend.

Das Forum SQ ist bundesweit ein einzigartiger Zusammenschluss, der für andere Bereiche und Bundesländer Vorbildcharakter haben kann. Unser Verständnis von Bildung und unsere jeweiligen Auffassungen von Schlüsselqualifikationen unterscheiden sich durchaus, so dass wir in einem permanenten fruchtbaren kritischen Dialog stehen.

Weitere Informationen sowohl zu den Mitgliedsinstitutionen als auch zu den durchgeführten Kooperationsprojekten sind auf der Homepage unter www.forum-sq.de abrufbar.

Dank

Bedanken möchten wir uns als Forum SQ beim MWK Baden-Württemberg und den Baden-Württembergischen Universitäten für die finanzielle Unterstützung sowohl der Tagung als auch bei der Drucklegung dieses Tagungsbandes. Ein Dank für die großartige Tagungsbetreuung im Kloster Hegne geht an das Team der Universität Konstanz. An der Erstellung der Druckvorlage dieses Bandes in vielerlei Hinsichten waren beteiligt: Dorothee Burgmer, Martha Dörfler, Susanne Heinzelmann, Stefanie Kern, Mareike Ströbel und Maria Temkina, allen einen herzlichen Dank der Herausgeberinnen.

Autor/innen

Karin Amos, Prof. Dr., ist Professorin für Erziehungswissenschaft mit dem Schwerpunkt Allgemeine Pädagogik unter besonderer Berücksichtigung International vergleichender Bildungsforschung und Interkultureller Pädagogik am Institut für Erziehungswissenschaft der Universität Tübingen. Zugleich hat sie seit dem Wintersemester 2013/14 das Amt der Prorektorin für Studierende, Studium und Lehre mit Venia Legendi für das Fach Erziehungswissenschaft inne.
Publikationen (Auswahl):
Amos, S. K., Schmid, J., Schrader, J., Thiehl, A. (Hrsg.): *Kultur – Ökonomie – Globalisierung. Eine Erkundung von Rekalibrierungsprozessen in der Bildungspolitik*. Nomos Verlag: Baden-Baden 2012; Schmid, J., Amos, S. K., Schrader, Thiel, A. (Hrsg.): *Welten der Bildung? Vergleichende Analysen von Bildungspolitik und Bildungssystemen*. Nomos Verlag: Baden-Baden 2011; Amos, S. K., Meseth W., Proske, M. (Hrsg.): *Öffentliche Erziehung revisited. Erziehung, Politik und Gesellschaft im Diskurs*. VS Verlag: Wiesbaden 2011.

Ralf Becker, Prof. Dr., ist Gastprofessor für Philosophie an der Universität Ulm. Seine Arbeitsbereiche sind Philosophische Anthropologie, Erkenntnistheorie, Phänomenologie, Kulturphilosophie und Wissenschaftsphilosophie.
Publikationen (Auswahl):
Becker, R.: *Sinn und Zeitlichkeit: vergleichende Studien zum Problem der Konstitution von Sinn durch die Zeit bei Husserl, Heidegger und Bloch*. Königshausen & Neumann: Würzburg 2003; Becker, R.: *Der menschliche Standpunkt: Perspektiven und Formationen des Anthropomorphismus*. Klostermann: Frankfurt a.M. 2011.

Andreas Dörpinghaus, Prof. Dr., ist Professor für Systematische Bildungswissenschaft an der Universität Würzburg. Seine Arbeitsschwerpunkte liegen in den Bereichen Bildungsphilosophie, Bildungsgeschichte, Kulturtheorie, Normentheorie, systematische Bildungswissenschaft, Bildung und Zeit und pädagogische Rhetorik.

Publikationen (Auswahl):
Dörpinghaus, A., Platzer, B., Mietzner, U. (Hrsg.): *Bildung an ihren Grenzen: Zwischen Theorie und Empirie*. Wissenschaftliche Buchgesellschaft: Darmstadt 2015; Dörpinghaus, A., Poenitsch, A., Wigger, L.: *Einführung in die Theorie der Bildung*. Wissenschaftliche Buchgesellschaft: Darmstadt 2012; Dörpinghaus, A., Uphoff, I.: *Grundbegriffe der Pädagogik*. Wissenschaftliche Buchgesellschaft: Darmstadt 2013; Dörpinghaus, A., Uphoff, I.: *Die Abschaffung der Zeit. Wie man Bildung erfolgreich verhindert*. Wissenschaftliche Buchgesellschaft: Darmstadt 2012.

Stefanie Enderle ist wissenschaftliche Mitarbeiterin am Lehrstuhl für Soziologie des Wissens am Karlsruher Institut für Technologie (KIT). Ihre Arbeitsschwerpunkte liegen im Bereich der Studierendenforschung.
Publikationen (Auswahl):
Pfadenhauer, M., Enderle, S., Albrecht, F.: "Cultures of studying under conditions of Big Science". In: Fischer, M., Lange Meyer, I., Pfadenhauer, M. (Hrsg): *Epistemic and Learning Cultures at the University of the 21st Century*. Juventa: Weinheim 2014.

Miriam Friedrichs, M.A., ist wissenschaftliche Mitarbeiterin am Zentrum für Angewandte Kulturwissenschaft und Studium Generale (ZAK) am Karlsruher Institut für Technologie (KIT) und dort im Bereich Koordination der Lehre tätig.

Julia Gerstenberg ist Koordinatorin des Projektes „Humboldt reloaded" an der Universität Hohenheim. Zu ihrem Aufgabenbereich gehören die Erarbeitung und Weiterentwicklung der Konzeption des Projektes sowie die Durchführung der Methodenwerkstatt.
Publikationen (Auswahl):
Gerstenberg, Julia: Schlüsselwörter. In: Hiller, Gundula Gwenn; Vogler-Lipp, Stefanie (Hrsg.): *Schlüsselqualifikation Interkulturelle Kompetenz an Hochschulen. Grundlagen, Konzepte, Methoden*. Wiesbaden 2010, S. 283–285.Gerstenberg, Julia: Über den offenen Raum zum Forschenden Lernen. Wie der Open Space die Haltung von Studierenden und Hochschullehrern

wandeln kann. In: Mieg, H.A.; Lehmann, J. (Hrsg.): *Forschendes Lernen. Ein Praxisbuch.* FHP-Verlag (im Erscheinen).

Selje-Aßmann, N.; Gölz, H.; Gerstenberg, J.; Blum, M.: Aufbau einer fakultätsübergreifenden Struktur zur Implementierung von Forschendem Lehren (Arbeitstitel). In: Mieg, H.A.; Lehmann, J. (Hrsg.): Forschendes Lernen. Ein Praxisbuch. FHP-Verlag (im Erscheinen).

Ludwig Huber, Prof. (em.) Dr. Dr. h.c., war von 1989 bis 2002 als Professor für Pädagogik (Wissenschaftsdidaktik) an der Universität Bielefeld und zugleich Wissenschaftlicher Leiter des Oberstufen-Kollegs des Landes Nordrhein-Westfalen an der Universität Bielefeld. Seine Schwerpunkte sind Curriculumentwicklung, Allgemeine Didaktik und Hochschuldidaktik.

Publikationen (Auswahl):
Huber, L., Pilniok, A., Sethe, R., Szczyrba, B., Vogel, M. (Hrsg.): *Forschendes Lehren im eigenen Fach. Scholarship of Teaching and Learning in Beispielen.* (Blickpunkt Hochschuldidaktik 125). Bertelsmann: Bielefeld 2014; Huber, L., Kröger, M., Schelhowe, H. (Hrsg.): *Forschendes Lernen als Profilmerkmal einer Universität. Beispiele aus der Universität Bremen.* UVW Webler: Bielefeld 2013.

Sebastian Jünger, Prof. Dr., ist Leiter der Professur für Professionsentwicklung und Leiter der Berufspraktischen Studien Sekundarstufe II an der Pädagogischen Hochschule der FHNW Brugg und Basel, Schweiz. Zudem war er von 2011–2015 Fachbereichsleiter MPK am Zentrum für Schlüsselqualifikationen der Universität Freiburg. Seine Arbeitsschwerpunkte liegen in der Forschung und Entwicklung im Bereich Professionalisierung von Fachlehrpersonen auf der Sekundarstufe II, hier u.a. zu den Themen Partnerschulen, Unterrichtsbeobachtung und -bewertung mit CLASS sowie Fragen der personalen Kompetenzen in Assessment und Praxisbegleitung.

Publikationen (Auswahl):
Jünger, Sebastian: Lehrerpersönlichkeiten auf dem Weg durch die Hochschulen. In: *bildung und wissenschaft* (b&w) 05/2013; Jünger, Sebastian: *Selbstorganisation, Lernkultur und Kompetenzentwicklung – Arbeitsbericht über die Erforschung ihrer theoretischen Bedingungsverhältnisse und praktischen Gestaltungsmöglichkeiten.* DUV: Wiesbaden 2004.

Hans-Klaus Keul, Dr., ist Koordinator für Additive Schlüsselqualifikationen an der Universität Ulm. Seine Arbeitsschwerpunkte sind Praktische Philosophie/Ethik, Geschichte der Philosophie und Bereichsethiken.
Publikationen (Auswahl):
Keul, H.-K.: „Kultur und Leben : Faktizität und Geltung bei Rickert und Habermas." In: Alexy, R. (Hrsg.): *Neokantianismus und Rechtsphilosophie*. Nomos-Verlag: Baden-Baden 2002.

Petra Kleinser ist wiss. Mitarbeiterin beim Career Service der Universität Tübingen im Bereich Service Learning und zugleich in der Gesamtleitung des Tübinger Qualitätspakt Lehre Projekts „ESIT – Erfolgreich studieren in Tübingen" tätig. Im Career Service ist sie schwerpunktmäßig für die konzeptionelle (Weiter-)Entwicklung des Tübinger Service Learning Angebots und die hochschuldidaktische Weiterbildung von Lehrenden zu Service Learning zuständig sowie Ansprechpartnerin für die Fächer und gemeinnützige Institutionen.
Publikationen im Bereich Erwachsenenbildung und Genderforschung.

Britta Klopsch, Dr., ist wissenschaftliche Mitarbeiterin am Institut für Bildungswissenschaft an der Universität Heidelberg. Ihre Forschungsschwerpunkte liegen im Bereich der Schul- und Unterrichtsentwicklung.
Publikationen (Auswahl):
Klopsch, B., Sliwka, A., Schmidt, M.-S.: *„Wir schreiben Bücher. Ganzheitliche Literacy-Förderung für die 3. und 4. Klasse*. (Reihe: Pädagogik Praxis). Weinheim 2013.

Ursula Konnertz ist Dozentin für Philosophie am Leibniz Kolleg Tübingen seit 1993; beim Dezernat Studium und Lehre/ Abt. 6 der Universität Tübingen seit 2008, dort (zusammen mit Thomas von Schell) Leitung des Studium Professionale, zuständig für Konzeption und Weiterentwicklung des überfachlichen Lehrangebots „Studium Professionale und Orientierungswissen", für den Aufbau (und Lehre) des Bereichs Service Learning und der Zertifizierungsschwerpunkte der Optionalen individuellen Studien.
Zahlreiche Publikationen seit 1986 vor allem im Bereich Philosophie, Genderforschung, Wissenschaftsethik.

Alexa Maria Kunz ist stellvertretende Geschäftsführerin am House of Competence (HoC) des Karlsruher Instituts für Technologie (KIT). Ihre Arbeitsschwerpunkte liegen im Bereich Studierendenforschung, nichtstandardisierte Methoden der Sozialforschung (v.a. ethnographische Forschungsdesigns, Selbstreportverfahren) und Entwicklung kompetenzorientierter Lehr-/Lern-Formate.

Publikationen (Auswahl):
Kunz, Alexa Maria (2015): „Log- und Tagebücher als Erhebungsmethode in ethnographischen Forschungsdesigns". In: Hitzler, Ronald/Gothe, Miriam (Hg.): *Ethnographische Erkundungen. Methodische Aspekte explorativinterpretativer Forschungsprojekte*. Wiesbaden: Springer VS, S. 141–162; Enchelmaier, Meike/Kunz, Alexa Maria (2012): „Zur Zeitverwendung von Bachelor-Studierenden in der vorlesungsfreien Zeit". In: *Journal of New Frontiers in Spatial Concepts*, ISSN 1868–6648, vol. 4 (2012), S. 44–47, online verfügbar unter: http://ejournal.uvka.de/spatialconcepts/archives/1523; Pfadenhauer, Michaela/Kunz, Alexa Maria (Hrsg.): *Kompetenzen in der Kompetenzerfassung. Ansätze und Auswirkungen der Vermessung von Bildung*, Juventa: Weinheim 2012.

Marco Ianniello, M.A., ist redaktioneller Mitarbeiter am Zentrum für Angewandte Kulturwissenschaft und Studium Generale (ZAK) am Karlsruher Institut für Technologie (KIT). Seine Themenschwerpunkte sind Migration, Interkulturalität und Medien.

Publikationen (Auswahl):
Ianniello, Marco: "Germany: Evolving Forms of Citizen Activism", in: The Anna Lindh Euro-Mediterranean Foundation for the Dialogue between Cultures (Hrsg.): *The Anna Lindh Report 2014. Intercultural Trends and Social Change in the Euro-Mediterranean Region*, Alexandria 2014, S. 99–100 (zusammen mit Caroline Y. Robertson von-Trotha und Swenja Zaremba).

Andrea Liesner, Prof. Dr., ist Professorin für Allgemeine, Interkulturelle und International Vergleichende Erziehungswissenschaft an der Universität Hamburg. Schwerpunktemäßig beschäftigt sie sich mit der Universität im Bologna-Prozess, dem Einfluss globaler Akteure auf die Entwicklung nationaler Bildungssysteme und Privatisierungstendenzen im Schul- und Hochschulbereich.

Publikationen (Auswahl):
Liesner, A.: *Gesellschaftliche Bedingungen von Bildung und Erziehung. Eine Einführung*. Hrsg. zusammen mit Ingrid Lohmann. Kohlhammer: Stuttgart 2010; Liesner, A.: „Die Standardisierung der deutschen Hochschullandschaft – Dynamik der Autonomiedemontage". In: DGfE (Hrsg.): *Erziehungswissenschaft*. H. 41, 2010; Liesner, A.: "Peer pressure: comments on the European educational Reform." In: *Policy Futures in Education (PFIE)*, Vol. 10, 2012, No. 3.

Sibylle Mühleisen ist Mitarbeiterin des SQ-Zentrums der Universität Konstanz und ist zuständig für Konzeption und Weiterentwicklung der Bereiche Kommunikative, Soziale und Persönliche-Kompetenzen, Projektmanagement und Service Learning

Frank Multrus, Dr., ist wissenschaftlicher Mitarbeiter in der Leitung der AG Hochschulforschung an der Universität Konstanz. Seine Schwerpunkte sind Bildungs- und Hochschulforschung, Studiensituation und studentische Orientierungen, Studierbarkeit und Studienqualität, Kompetenzen und Qualifikationen, Fragebogenentwicklung und Datenanalyse.

Publikationen (Auswahl):
Multrus, F.: *Forschung und Praxis im Studium. Befunde aus Studierendensurvey und Studienqualitätsmonitor*. Bundesministerium für Bildung und Forschung (Hrsg.).: Bonn, Berlin 2012; Multrus, F.: „Referenzrahmen zur Lehr- und Studienqualität." *Hefte zur Bildungs- und Hochschulforschung* (67), Konstanz 2013.

Caroline Y. Robertson-von Trotha, Prof. Dr., ist Direktorin des ZAK | Zentrum für Angewandte Kulturwissenschaft und Studium Generale am Karlsruher Institut für Technologie (KIT) und Professorin für Soziologie und Kulturwissenschaft. Ihre Forschungsschwerpunkte sind Kulturwandel und Globalisierung, Internationalisierung und Integration sowie Theorie und Praxis der ‚Öffentlichen Wissenschaft'.

Publikationen (Auswahl):
Robertson-von Trotha, C.: „Studierende aus aller Welt – interkulturelle Kommunikation als Chance". Impulsreferat auf der ‚Zukunftskonferenz

Musikhochschulen'. 5. Symposium „Qualität und Vollangebot" an der Hochschule für Musik in Karlsruhe, Onlinepublikation 2014: http://www.zukunftskonferenz-musikhochschulen-bw.de/dokumentation/5-symposium; Robertson-von Trotha, C.: Schüsselqualifikationen revisited. Ein altes Thema in Zukunftskontexten. In: dies. (Hrsg.): *Schlüsselqualifikationen für Studium, Beruf und Gesellschaft (= Problemkreise der Angewandten Kulturwissenschaft, Bd. 14)*. Universitätsverlag Karlsruhe: Karlsruhe 2009, S. 17–58; Robertson-von Trotha, C.: Fachübergreifende Lehre und Schlüsselkompetenz als Programm. 60 Jahre Studium Generale und 20 Jahre Angewandte Kulturwissenschaft an der Universität Karlsruhe (TH). In: dies. (Hrsg.): *Schlüsselqualifikationen für Studium, Beruf und Gesellschaft (= Problemkreise der Angewandten Kulturwissenschaft, Bd. 14)*, Universitätsverlag Karlsruhe: Karlsruhe 2009, S. 97–134; Robertson-von Trotha, C., Schneider, R. H.: "Zum Begriff ‚Kulturerbe' und seiner Funktion für die diachrone Zugänglichmachung". In: Hollmann, M., Schüller-Zwierlein, A. (Hrsg.): *Diachrone Zugänglichkeit als Prozess*. Berlin/Boston 2014; Robertson-von Trotha, C.: *Dialektik der Globalisierung. Kulturelle Nivellierung bei gleichzeitiger Verstärkung kultureller Differenz*. Karlsruhe 2009.

Jens Joachim Rogmann, Dr., ist Fakultätsreferent für den Studienbereich „Fachüberschreitendes Studium" an der Fakultät für Erziehungswissenschaft der Universität Hamburg. Seine Arbeitsschwerpunkte liegen im Bereich Hochschuldidaktik und Erwachsenenbildung sowie computergestützte Förderung sozialen Lernens, insbesondere für das Gebiet zwischenmenschlicher Konflikte.

Publikationen (Auswahl):
Rogmann, J. J.: Die „Passung" zwischen Studierenden und den Studienanforderungen verbessern: Grundfragen von Self-Assessments und Fremdauswahlsystemen. *Kolleg-Bote, 26*, 1–4. 2014 Hamburg: Universität Hamburg, Universitätskolleg. Abrufbar online unter http://d-nb.info/1062499468/34; Rogmann, J. J., Meyer, M.: „Affirmatives Kompetenztraining oder reflexive Bildungserfahrung: Ist die Förderung von Schlüsselkompetenzen an deutschen Universitäten am Scheidepunkt?". *SQ-Forum: Schlüsselqualifikationen in Lehre, Forschung und Praxis*, Heft 1/2013, Bochum: FH Bochum, Institut für Zukunftsorientierte Kompetenzentwicklung; Schroeter,

K., Rogmann, J., Redlich, A.: „Interne Konfliktberatung in Organisationen: Informelle Konfliktkompetenzen stärken." In: *Konfliktdynamik*, Heft 1/2013, Stuttgart.

Anne Sliwka, Prof. Dr., ist Professorin für Bildungswissenschaft an der Universität Heidelberg und Gastprofessorin an der Pädagogischen Hochschule Heidelberg. Ihre Arbeitsschwerpunkte sind Schul- und Schulsystementwicklung in international vergleichender Perspektive, Professionalisierung von Lehrkräften, Diversität, Differenzierung und Inklusion in Schulen sowie Bildung für Demokratie und Zivilgesellschaft.

Publikationen (Auswahl):
Klopsch, B., Sliwka, A., Schmidt, M.-S.: „*Wir schreiben Bücher. Ganzheitliche Literacy-Förderung für die 3. und 4. Klasse*. (Reihe: Pädagogik Praxis). Weinheim 2013; Esslinger-Hinz, I., Sliwka, A.: „*Schulpädagogik*" (Reihe: Bachelor/Master) Weinheim 2011, Sliwka, A., Frank, S.: „Service Learning – Verantwortung Lernen in Schule und Gemeinde". Weinheim 2004.

Janine Wiese ist Mitarbeiterin beim Career Service der Universität Tübingen im Bereich Service Learning. Sie ist für die Weiterentwicklung des Konzeptes von Service Learning, die Kooperation des Projektes mit gemeinnützigen Partnern und die curriculare Einbindung der Service Learning Seminare in die Studiengänge zuständig.

Zivilisationen & Geschichte / Civilizations & History / Civilisations & Histoire

Herausgegeben von / edited by / dirigée par Ina Ulrike Paul und / and / et Uwe Puschner

Bd. / Vol. 1 Ljiljana Heise: KZ-Aufseherinnen vor Gericht. Greta Bösel – „another of those brutal types of women"? 2009.

Bd. / Vol. 2 Ivonne Meybohm: Erziehung zum Zionismus. Der Jüdische Wanderbund Blau-Weiß als Versuch einer praktischen Umsetzung des Programms der Jüdischen Renaissance. 2009.

Bd. / Vol. 3 Tamara Or: Vorkämpferinnen und Mütter des Zionismus. Die deutsch-zionistischen Frauenorganisationen (1897-1938). 2009.

Bd. / Vol. 4 Sonja Knopp: „Wir lebten mitten im Tod". Das „Sonderkommando" in Auschwitz in schriftlichen und mündlichen Häftlingserinnerungen. 2010.

Bd. / Vol. 5 Vera Kallenberg: Von „liederlichen Land-Läuffern" zum „asiatischen Volk". Die Repräsentation der ‚Zigeuner' in deutschsprachigen Lexika und Enzyklopädien zwischen 1700 und 1850. Eine wissensgeschichtliche Untersuchung. 2010.

Bd. / Vol. 6 Stefan Gerbing: Afrodeutscher Aktivismus. Interventionen von Kolonisierten am Wendepunkt der Dekolonisierung Deutschlands 1919. 2010.

Bd. / Vol. 7 Karena Kalmbach: Tschernobyl und Frankreich. Die Debatte um die Auswirkungen des Reaktorunfalls im Kontext der französischen Atompolitik und Elitenkultur. 2011.

Bd. / Vol. 8 Monika Brockhaus: „Ein Ereignis von weltgeschichtlicher Bedeutung". Die Balfour-Deklaration in der veröffentlichten Meinung. 2011.

Bd. / Vol. 9 Klaus Geus (Hrsg.): Utopien, Zukunftsvorstellungen, Gedankenexperimente. Literarische Konzepte von einer „anderen" Welt im abendländischen Denken von der Antike bis zur Gegenwart. 2011.

Bd. / Vol. 10 Gregor Hufenreuter: Philipp Stauff. Zur Geschichte des Deutschvölkischen Schriftstellerverbandes, des Germanen-Ordens und der Guido-von-List-Gesellschaft. Ideologe, Agitator und Organisator im völkischen Netzwerk des Wilhelminischen Kaiserreichs. 2011.

Bd. / Vol. 11 Ghazal Ahmadi: Iran als Spielball der Mächte? Die internationalen Verflechtungen des Iran unter Reza Schah und die anglo-sowjetische Invasion 1941. 2011.

Bd. / Vol. 12 Thomas Brünner: Public Diplomacy im Westen. Die Presseagentur *Panorama DDR* informiert das Ausland. 2011.

Bd. / Vol. 13 Jonas Kleindienst: Die Wilden Cliquen Berlins. „Wild und frei" trotz Krieg und Krise. Geschichte einer Jugendkultur. 2011.

Bd. / Vol. 14 Anne Katherine Kohlrausch: Literarische Selbstverortung als historische Handlung. *The Travels of Dean Mahomet*, 1794. 2011.

Bd. / Vol. 15 Reinhard Blänkner: „Absolutismus". Eine begriffsgeschichtliche Studie zur politischen Theorie und zur Geschichtswissenschaft in Deutschland, 1830-1870. 2011.

Bd. / Vol. 16 Jens Flemming, Klaus Saul, Peter-Christian Witt (Hrsg.), unter Mitarbeit von Simona Lavaud: Lebenswelten im Ausnahmezustand. Die Deutschen, der Alltag und der Krieg, 1914-1918. 2011.

Bd. / Vol. 17 Philipp Küsgens: Horizonte nationaler Musik. Musiziergesellschaften in Süddeutschland und der Deutschschweiz 1847-1891. 2012.

Bd. / Vol. 18 Anette Dietrich / Ljiljana Heise (Hrsg.): Männlichkeitskonstruktionen im Nationalsozialismus. Formen, Funktionen und Wirkungsmacht von Geschlechterkonstruktionen im Nationalsozialismus und ihre Reflexion in der pädagogischen Praxis. 2013.

Bd. / Vol. 19 David Hamann: Gunther Ipsen in Leipzig. Die wissenschaftliche Biographie eines „Deutschen Soziologen" 1919-1933. 2013.

Bd. / Vol. 20 Richard Faber / Uwe Puschner (Hrsg.): Intellektuelle und Antiintellektuelle im 20. Jahrhundert. 2013.

Bd. / Vol. 21 Nicola Kristin Karcher / Anders G. Kjøstvedt (eds.): Movements and Ideas of the Extreme Right in Europe. Positions and Continuities. 2013.

Bd. / Vol. 22 Klaus Geus / Elisabeth Irwin / Thomas Poiss (Hrsg.): Herodots Wege des Erzählens. Logos und Topos in den *Historien*. 2013.

Bd. / Vol. 23 Alina Soroceanu: Niceta von Remesiana. Seelsorge und Kirchenpolitik im spätantiken unteren Donauraum. 2013.

Bd. / Vol. 24 Horst Junginger / Andreas Åkerlund (eds.): Nordic Ideology between Religion and Scholarship. 2013.

Bd. / Vol. 25 Richard Faber (Hrsg.): Totale Erziehung in europäischer und amerikanischer Literatur. 2013.

Bd. / Vol. 26 Silke Segler-Meßner / Isabella von Treskow (éd.): Génocide, enfance et adolescence dans la littérature, le dessin et au cinéma. 2014.

Bd./Vol. 27 Michael Meyer : Symbolarme Republik? Das politische Zeremoniell der Weimarer Republik in den Staatsbesuchen zwischen 1920 und 1933. 2014.

Bd./Vol. 28 Enno Schwanke: Die Landesheil- und Pflegeanstalt Tiegenhof. Die nationalsozialistische *Euthanasie* in Polen während des Zweiten Weltkrieges. 2014.

Bd./Vol. 29 Christina Stange-Fayos: Publizistik und Politisierung der Frauenbewegung in der wilhelminischen Epoche. Die Zeitschrift *Die Frau* (1893–1914). Diskurs und Rhetorik. 2014.

Bd./Vol. 30 Susanne Wein: Antisemitismus im Reichstag Judenfeindliche Sprache in Politik und Gesellschaft der Weimarer Republik. 2014.

Bd./Vol. 31 Uwe Puschner / Christina Stange-Fayos / Katja Wimmer (Hrsg.): Laboratorium der Moderne. Ideenzirkulation im Wilhelminischen Reich / Laboratoire de la modernité. Circulation des idées à l'ère wilhelminienne. 2015.

Bd./Vol. 32 Simona Lavaud: Gleichberechtigung und Gleichwertigkeit? Jüdische Wohlfahrt in der Weimarer Republik zwischen privaten Initiativen und öffentlichem Engagement am Beispiel der Berliner Gemeinde. 2015.

Bd./Vol. 33 Annika Haß: Der Verleger Johann Friedrich Cotta (1764-1832) als Kulturvermittler zwischen Deutschland und Frankreich. Frankreichbezüge, Koeditionen und Übersetzungen. Mit einem Vorwort von Hans-Jürgen Lüsebrink. 2015.

Bd./Vol. 34 Joris Corin Heyder / Christine Seidel (eds.): Re-Inventing Traditions. On the Transmission of Artistic Patterns in Late Medieval Manuscript Illumination. 2015.

Bd./Vol. 35 Tetyana Pavlush: Kirche nach Auschwitz zwischen Theologie und Vergangenheitspolitik. Die Auseinandersetzung der evangelischen Kirchen beider deutscher Staaten mit der Judenvernichtung im „Dritten Reich" im politisch-gesellschaftlichen Kontext. 2015.

Bd./Vol. 36 Luiz Estevam de Oliveira Fernandes / Luísa Rauter Pereira / Sérgio da Mata (eds.): Contributions to Theory and Comparative History of Historiography. German and Brazilian Perspectives. 2015.

Bd./Vol. 37 Alexandra Ludewig: Zwischen Korallenriff und Stacheldraht. Interniert auf Rottnest Island, 1914-1915. 2015.

Bd./Vol. 38 Michel Lefèvre/Katharina Mucha-Tummuseit/Rainer Hünecke (Hrsg.): Rhetorik und Kulturen 2016.

Bd./Vol. 39 Ursula Konnertz / Sibylle Mühleisen (Hrsg.): Bildung und Schlüsselqualifikationen. Zur Rolle der Schlüsselqualifikationen an den Universitäten. 2016.

Bd./Vol. 40 Ernst Baltrusch /Uwe Puschner (Hrsg.): Jüdische Lebenswelten. Von der Antike bis zur Gegenwart. 2016

Bd./Vol. 41 Luitgard Sofie Löw: Gottessohn und Mutter Erde auf bronzezeitlichen Felsbildern. Herman Wirth und die völkische Symbolforschung. 2016

www.peterlang.com

www.ingramcontent.com/pod-product-compliance
Ingram Content Group UK Ltd.
Pitfield, Milton Keynes, MK11 3LW, UK
UKHW041923210426
5322IPUK00002B/33